Ralf Eric Kluschatzka · Sigrid Wieland (Hrsg.)

Sozialraumorientierung im ländlichen Kontext

VS RESEARCH

Forschung und Entwicklung in der Sozial(arbeits)wissenschaft

Herausgegeben von
Prof. Dr. Frederic Fredersdorf, Fachhochschule Vorarlberg

„Forschung und Entwicklung in der Sozial(arbeits)wissenschaft" präsentiert Studien, Projekte, Modellvorhaben und Konzepte mit evidenzbasiertem Bezug zu Handlungsfeldern der Sozialen Arbeit. Die Klammer im Zentralbegriff bringt das noch nicht etablierte Dasein einer Sozialarbeitswissenschaft zum Ausdruck und regt zum kontroversen Diskurs an. Beiträge von Projekten und Theoriediskursen, aber auch von Tagungen und Dissertationen fokussieren die Grundlage einer zunehmend anerkannten eigenständigen Disziplin, die einerseits ein spezifisches Profil zu entwickeln vermag, andererseits auf bezugswissenschaftlichen Ansätzen und Erkenntnissen basiert. Insofern transportiert der Reihentitel den hier bewusst vermiedenen Plural „Sozialarbeitswissenschaften" implizit. Der beabsichtigte transdisziplinäre und zugleich anwendungsorientierte Anspruch trägt dazu bei, fachliche Barrieren zu überwinden, um eine fundierte Handlungswissenschaft für die Soziale Arbeit zu gestalten. Zielgruppe der Reihe sind Studierende, Lehrende, WissenschaftlerInnen und Professionelle in der Sozialen Arbeit.

Ralf Eric Kluschatzka
Sigrid Wieland (Hrsg.)

Sozialraumorientierung im ländlichen Kontext

VS RESEARCH

Bibliografische Information der Deutschen Nationalbibliothek
Die Deutsche Nationalbibliothek verzeichnet diese Publikation in der
Deutschen Nationalbibliografie; detaillierte bibliografische Daten sind im Internet über
<http://dnb.d-nb.de> abrufbar.

1. Auflage 2009

Alle Rechte vorbehalten
© VS Verlag für Sozialwissenschaften | GWV Fachverlage GmbH, Wiesbaden 2009

Lektorat: Christina M. Brian / Anita Wilke

VS Verlag für Sozialwissenschaften ist Teil der Fachverlagsgruppe
Springer Science+Business Media.
www.vs-verlag.de

Umschlaggestaltung: KünkelLopka Medienentwicklung, Heidelberg
Gedruckt auf säurefreiem und chlorfrei gebleichtem Papier
Printed in Germany

ISBN 978-3-531-15557-9

Inhaltsverzeichnis

Theorie und Methodik

Handlungsfelder und Erfahrungsbericht

Vorwort

St. Pölten ist die kleine Hauptstadt eines für österreichische Verhältnisse großen Bundeslandes. Niederösterreich ist flächenmäßig das größte österreichische Bundesland, seine Wohnbevölkerung wird nur von der Wiens übertroffen. Um von St. Pölten in ländliche Regionen zu gelangen, benötigt man nur eine Viertelstunde. Peripherieregionen wie das Waldviertel sind in einer halben Autostunde erreichbar. Die Peripherie, das sind Orte mit langsam verschwindender Wohnbevölkerung, mit fortschreitender Überalterung, mit langen Wegen zur sozialen, medizinischen, ökonomischen Infrastruktur – Dörfer ohne die Möglichkeit, Güter des täglichen Bedarfs einzukaufen, ohne ein Wirtshaus als Ort der Begegnung und Selbstorganisation. Im Europa des beginnenden 21. Jahrhunderts entstehen zahlreiche periphere Regionen, in denen die Negativspirale der Ausdünnung der Infrastruktur, der Abwanderung von Arbeitsgelegenheiten anhält und sich altbekannte Probleme verschärfen, unter denen vor allem die ökonomisch schwächsten Schichten zu leiden haben.

Sozialer Arbeit kann es zwar nicht gelingen, die großen demographischen und ökonomischen Entwicklungen aufzuhalten, sie ist aber mit deren Auswirkungen konfrontiert. Mit ihren Mitteln – das sind Mittel der Kommunikation, der Beratung, der Unterstützung und Anregung von Eigenaktivitäten, der Moderation und der fallbezogenen Hilfekoordination – kann Soziale Arbeit wesentlich dazu beitragen, dass die Auswirkungen der beschriebenen Prozesse für die betroffenen Menschen, vor allem für die Verletzlichsten unter ihnen, in Grenzen gehalten werden. Periphere Regionen fordern die Soziale Arbeit heraus, denn auch die Organisationen des Sozialwesens sind zumeist überregional aufgestellt und damit kaum darauf vorbereitet, in peripheren Landstrichen auf lokale Bedürfnisse und Bedarfe einzugehen bzw. mit der lokalen Zivilgesellschaft zusammenzuarbeiten. Das ist die Herausforderung für die Soziale Arbeit: Ihr eigenes und das (breitere) Angebot der Trägerorganisationen auf die lokalen Lebenswelten, deren spezifische Bedürfnisse und Voraussetzungen abzustimmen und der Enteignung und Ausdünnung sozialen Lebens in lokalen Communities entgegenzuwirken.

Um dieses Ziel zu erreichen, bedarf es des Blicks auf die spezifischen Bedingungen der Peripherie, bedarf es der Bereitschaft, die Konzepte zu variieren und nicht ideenlos die für Ballungsräume entwickelten Angebote „eins zu eins" im ländlichen Bereich fortzuschreiben. Soziale Arbeit steht nicht allein da, wenn sie das versucht, denn raumplanerische Forschungen, theoretische und praktische

Konzepte für Kommunen werden auch in anderen Wissenschaftsbereichen entwickelt und diskutiert. Aus sozialarbeitswissenschaftlicher Sicht gilt es daher, den transdisziplinären Dialog und transdisziplinäre Kooperation zu entwickeln. Das Ilse Arlt Institut für Soziale Inklusionsforschung an der FH St. Pölten verpflichtet sich der Entwicklung der Sozialarbeitswissenschaft und hat sich in den letzten Jahren ausführlich mit Fragen sozialräumlicher Arbeit in ländlichen Regionen beschäftigt. Trotz (oder wegen) unseres Selbstverständnisses als überregional wirkendes Institut mit vielen europäischen PartnerInnen halten wir die Probleme lokaler Communities im Blick. Dabei gehen wir davon aus, dass österreichische Peripherieregionen ähnliche Strukturprobleme haben wie andere europäische Randlagen. Österreichische sozialraumorientierte Soziale Arbeit kann also von internationalen Initiativen lernen – und umgekehrt.

Der vorliegende Band wurde von zwei AbsolventInnen des (inzwischen auslaufenden) Diplomstudiengangs Sozialarbeit der Fachhochschule St. Pölten zusammengestellt. Das Ilse Arlt Institut für Soziale Inklusionsforschung war gerne bereit, diese Initiative zu unterstützen. Sie zeigt, dass die Orientierung auf ein qualitativ hochwertiges und wissenschaftsorientiertes Studium der Sozialen Arbeit Früchte trägt und von hervorragenden Studierenden professionell aufgegriffen und in Praxis und Forschung weitergeführt werden kann. Für Österreich ist das ein Novum. Wir sind sicher, dass die Professionalisierung der Sozialen Arbeit durch Lehre *und* Forschung nach der Studienreform im Zuge des Bologna-Prozesses ähnlich gut, vielleicht sogar noch ermutigender verlaufen wird.

Das Arlt-Institut wird seine Bemühungen um eine wissenschaftlich basierte Soziale Arbeit, um die Entwicklung der Sozialarbeitswissenschaft fortsetzen. Wieweit sich diese junge, aber nicht traditionslose, Wissenschaft profilieren kann, hängt auch von ihren seriösen Beiträgen zu den Problemen der Europäischen Union, zur Entwicklung einer inklusiven Demokratie ab. Der vorliegende Band ist da, so meinen wir, eine ganz gute Referenz. Herzlichen Dank dem Herausgeber der Reihe, an deren Anfang dieser Band steht, dem wohl noch viele folgen werden. Dank Sigrid Wieland und Ralf Kluschatzka als den Initiatoren dieses Bandes, Dank auch an die Autorinnen und Autoren. Das Buch möge dazu beitragen, dass sich die Debatte zur Sozialraumorientierung auch dem ländlichen Raum widmet und sich nicht in Variationen des Themas stadtteilbezogener Arbeit erschöpft.

Peter Pantucek
Leiter des Ilse Arlt Instituts
für Soziale Inklusionsforschung an der FH St. Pölten

Sozialraumorientierung im ländlichen Kontext. Eine kurze Einführung

Ralf Eric Kluschatzka und Sigrid Wieland

In der Sozialwissenschaft scheint eine neue Epoche angebrochen, die „Epoche des Raumes" (Kessl/Reutlinger 2007:8). Die Kategorie Raum schien aufgrund der Debatte rund um die Globalisierung und die damit diagnostizierte Entlokalisation menschlichen Handelns und menschlicher Kommunikation verloren gegangen zu sein. Aber gerade jene Phänomene bewirken nun einen „neuen Willen zum Raum" (Maresch/Werber 2002:9). Neue Konzepte müssen erarbeitet werden, die angesichts einer veränderten globalen Gesellschaft einerseits und dem (post-) modernen Menschenbild andererseits Erklärungsansätze bieten. Hier ist auch Soziale Arbeit als Funktionssystem der Gesellschaft gefordert.

Vorerst wird in aktuellen Publikationen für die Soziale Arbeit konstatiert, dass es zwar Konzepte gebe, die sich mit der (Sozial-)Räumlichkeit Sozialer Arbeit beschäftigen, dass aber kein Einvernehmen darüber herrsche, was nun Sozialraumorientierung sei (vgl. Früchtel/Cyprian/Budde 2007). „Raum" oder „Sozialer Raum" wird zwar von Konzepten erfasst, als Grundbegriff für die Soziale Arbeit scheint er aber nicht präzisiert zu sein, so wie etwa Martina Löw „Raum als Grundbegriff der Soziologie" versteht (Löw 2001:12ff.).

Dies kann Zeichen dafür sein, dass dieses Konzept noch vergleichsweise jung ist und eine eindeutige Herausbildung erst im Lauf der Zeit erfolgen kann, sei es nun durch Theorie- und Methodenbildung, durch Forschung oder auch Probation in der Praxis.

Wie Roland Merten bemerkt, ist Sozialraumorientierung „ein professionelles Projekt, das sich aus der Sozialen Arbeit selbst entwickelt hat und das sie weiter vorantreibt" (Merten 2002:13). Daran angelehnt, verstehen wir diesen Sammelband als einen Beitrag zur aktuellen Debatte und als eine weitere Anregung, das Projekt voranzutreiben.

Als die Idee zu diesem Buch geboren wurde, waren bereits einige Publikationen zum Thema Sozialraumorientierung vorzufinden. Zunächst fiel uns das berühmte Schlagwort „Vom Fall zum Feld" ins Auge (vgl. Hinte/Litges/Springer 2000). Wir lasen aber auch über „sozialräumliche Jugendarbeit" (vgl. Deinet 2005). Selbst ein dickes „Handbuch Sozialraumorientierung" war bereits erhältlich (vgl. Kessl/Reutlinger/Maurer u.a. 2005). Warum also zusätzlich zum Thema Sozialraumorientierung publizieren?

Überblickt man den aktuellen Kanon themenbezogener Literatur, fallen drei Themenschwerpunkte auf, die beinahe allen aktuellen Publikationen gemein sind: Zunächst scheint sich die Diskussion rund um Sozialraumorientierung vorerst auf Deutschland zu erstrecken. Auf den zweiten Blick entdeckt man, dass die Debatte meist um Sozialraumorientierung mit Jugendlichen kreist (etwa in Bezug auf flexible Hilfen zur Erziehung u.a.), und diese drittens in Städten wohnen. Wir fassen zusammen: Aktuellen Publikationen sind meist drei Schwerpunkte inhärent: Deutschland, Städte, Jugendliche.

Wie schon der Titel nahelegt, differiert der vorliegende Sammelband hier in der Schwerpunktsetzung: Zum Ersten werfen wir einen Blick auf das scheinbar verwaiste Land als Zielfeld sozialraumorientierter Sozialer Arbeit. Zum Zweiten versammeln sich nachfolgend auch Beiträge österreichischer AutorInnen, welche die allgemeine Diskussion befruchten. Zum Dritten enthält dieser Sammelband Beiträge aus verschiedenen Arbeitsbereichen der Sozialen Arbeit, so dass die beinahe ausschließliche Konzentration auf Jugendliche überwunden werden kann.

In der Konzipierung dieses Sammelbandes leitete uns eine Frage: Was benötigen PraktikerInnen, um sozialraumorientiert denken und handeln zu können? Als Antwort ergeben sich zwei Teile, in die wir dieses Buch gliedern. Zunächst umspannt der erste Teil aktuelle Theorien und Methoden, die entsprechende „Werkzeuge" für PraktikerInnen zur Verfügung stellen. Im zweiten Teil finden sich Beispiele zur Sozialraumorientierung in verschiedenen Handlungsfeldern aus Deutschland und Österreich, die wir gerne im Sinne eines „Good Practice" vorstellen wollen.

Insofern denken wir, mit dem vorliegenden Sammelband den aktuellen Kanon einschlägiger Literatur gut zu ergänzen, und harren gespannt der weiteren Entwicklung dieses Projekts der Sozialarbeit.

Das Buch zum Thema Sozialraumorientierung am Land ist inhaltlich in zwei Teile gegliedert. Im ersten Abschnitt finden sich Artikel, die theoretische Fragen zur Eigenheit ländlicher Strukturen und kommunaler Sozialpolitik, zur Organisation Sozialer Arbeit unter der Prämisse Sozialraumorientierung, zur Methodik selbst, zu benötigten Voraussetzungen und Haltungen wie auch zum Thema Sozialmanagement als Instrument für Sozialraumorientierung, diskutieren.

Zu Beginn stellt Wolfgang Hinte in seinem Artikel den Weg von der Gemeinwesenarbeit zur Sozialraumorientierung vor und beschreibt Methoden und Arbeitsfelder der Sozialraumorientierung.

Im Anschluss daran beleuchtet Peter Pantucek den ländlichen Raum – insbesondere das Dorf – als sozialen Raum und Lebensfeld und geht grundlegenden Fragen des theoretischen Verständnisses und der Arbeitsmethodik der Sozialen Arbeit im Sozialraum nach.

Sandra Rostock präsentiert in ihrem Beitrag, wie Sozialmanagement im Dienste der Sozialraumorientierung zur Verbesserung von Lebenswelten und zur Professionalisierung von Sozialer Arbeit dienen kann.

Danach gibt Tom Schmid in seinem Artikel über Daseinsvorsorge Einblick in die Funktion von Gemeinden als Träger sozialer Netze und zeigt auf, welche Möglichkeiten Gemeinden ihren BewohnerInnen bieten können, aber auch an welche Grenzen Kommunen stoßen.

Den ersten Teil des Buches beendet Manuela Brandstetter damit, kommunale Sozialpolitik aus der Perspektive von BürgermeisterInnen und MandatarInnen Niederösterreichs zu beleuchten. Aus der Sichtweise dieser ExpertInnen werden sowohl der Aufbau ländlicher (Klein-) Kommunen und die Herausforderungen beschrieben, vor die sie täglich gestellt sind, als auch das Leben der BewohnerInnen einer solchen kommunalen Gesellschaft vorgestellt.

Der zweite Abschnitt widmet sich der Praxis im Sozialraum. Die Beiträge beschreiben praktische Erfahrungen und aktuelle Handlungsfelder sozialraumorientierter Sozialer Arbeit auf dem Land – wie etwa die Situation weiblicher Landbevölkerung, Katastrophenmanagement oder Sozialraumanalysen einzelner ländlicher Gebiete und Bundesländer in Österreich und Deutschland.

Den Praxisteil dieses Buches leitet Katrin Pollinger mit einem Einblick in die Lebenswelt von Frauen im ländlichen Raum mit Schwerpunkt auf Lebensführung und Arbeit ein. Hierzu werden Ergebnisse aus Interviews mit Frauen aus verschiedenen Dörfern Niederösterreichs vorgelegt.

Diesem Artikel folgt Gertraud Pantucek mit ihrem Beitrag zu sozialraumorientierter Katastrophenhilfe. Sie stellt dar, wie ein Hochwasserereignis in Niederösterreich und die darauf folgenden Hilfeleistungen das gesellschaftliche Leben und die Kommunikation in den betroffenen Gemeinden beeinflusst haben und wie die Geschehnisse verarbeitet werden können. Der Erfahrungsbericht präsentiert sowohl den Ablauf als auch die Ergebnisse des Gemeinwesenprojekts.

Weiters gibt Werner Freigang einen Einblick in Hilfen zur Erziehung im Rahmen der Sozialraumorientierung. Er beleuchtet lebensweltorientierte Jugendhilfe in Deutschland und deren Grenzen, außerdem lotet er die Beziehung zwischen den Begriffen Lebensweltorientierung und Sozialraumorientierung aus.

Martin Geser und Peter Hämmerle schreiben über sozialraumorientierte Handlungsansätze im Bundesland Vorarlberg. Im Detail erläutern die Autoren die Begriffe Sozialzentrum bzw. Sozialsprengel und geben dafür zahlreiche Beispiele in Vorarlberg an. Abschließend werden noch aktuelle Entwicklungen im Sozialraum Vorarlberg bestimmt.

Danach analysiert Sabine Wolf den Sozialraum Triestingtal in Niederösterreich hinsichtlich der Zusammenhänge der Sozialraumentwicklung und der Lebensbedingungen seiner BewohnerInnen, um daraus Schlussfolgerungen für die Soziale Arbeit ziehen zu können. Die Autorin geht dabei genau auf den Vorgang und die Methoden einer solchen Sozialraumanalyse ein.

Zum Abschluss gibt Ursula Stattler Einblick in die Methodik der sozialraumorientierten Kurzintervention als Angebot für Gemeinden und SozialarbeiterInnen. Es werden Chancen und Grenzen der Beratung zwischen ExpertInnen und GemeindevertreterInnen aufgezeigt.

Unser Dank gilt dem Ilse-Arlt-Institut der Fachhochschule St. Pölten und hier sei im Besonderen die Mitarbeiterin Lisa Gaupmann erwähnt, die entscheidend an dem Entstehen des Buches in der aktuellen Form mitgewirkt hat.

Sigrid Wieland und Ralf Eric Kluschatzka

Literatur

Deinet, Ulrich (Hrsg.) (2005): Sozialräumliche Jugendarbeit. Grundlagen, Methoden und Praxiskonzepte. Wiesbaden. 2. völlig überarbeitete Auflage.

Früchtel, Frank / Cyprian, Gudrun / Budde, Wolfgang (2007): Sozialer Raum und Soziale Arbeit. Textbook. Theoretische Grundlagen. Wiesbaden.

Hinte, Wolfgang / Litges, Gerd / Springer, Werner (2000): Soziale Dienste. Vom Fall zum Feld. Soziale Räume statt Verwaltungsbezirke. Berlin. 2. unveränderte Auflage.

Kessl, Fabian / Reutlinger, Christian (2007): Sozialraum. Eine Einführung. Wiesbaden.

Kessl, Fabian / Reutlinger, Christian / Maurer, Susanne (2005): Handbuch Sozialraum. Wiesbaden.

Low, Martina (2001): Raumsoziologie. Frankfurt am Main.

Maresch, Rudolf / Weber, Niels (2002): Permanenzen des Raumes. In: Maresch, Rudolf / Weber, Niels (Hrsg.): Raum. Wissen. Macht. Frankfurt am Main. S. 7-32.

Merten, Roland (2002): Sozialraumorientierung im Widerstreit zwischen fachlicher Innovation und rechtlicher Machbarkeit. In: Merten, Roland (Hrsg.) Sozialraumorientierung. Zwischen fachlicher Innovation und rechtlicher Machbarkeit. Weinheim und München. S. 9-18.

Theorie & Methodik

Arrangements gestalten statt erziehen
Methoden und Arbeitsfelder der Sozialraumorientierung

Wolfgang Hinte

Das Fachkonzept „Sozialraumorientierung" hat seine Wurzeln in den theoretischen und praktischen Suchbewegungen der Gemeinwesenarbeit (GWA) der 60er, vor allem aber der 70er Jahre. Der damals in der Sozialarbeit propagierte und gelegentlich auch praktizierte Aufbruch erweiterte das konzeptionelle Spektrum wie auch das Handlungsrepertoire der sozialen Arbeit um zahlreiche Aspekte. Diese wurden zwar nicht systematisch entwickelt und entstanden erst recht nicht im Rahmen einer konsistenten Theoriebildung, beeinflussten aber auf nachhaltige Weise zumindest den Bereich der sozialen Arbeit, der über die unmittelbare Arbeit am Einzelfall hinausging.

Damalige Veröffentlichungen zur Gemeinwesenarbeit (etwa von R. und H. Hauser 1971, Aich/Bujard 1972, Kelm 1973, Müller/Nimmermann 1973, Bahr/ Gronemeyer 1974 und Seippel 1976) stellten zahlreiche sozialarbeiterische und auch gesellschaftspolitische Selbstverständlichkeiten grundlegend in Frage. Es war die Rede von Widerstand, Betroffenenbeteiligung, Veränderung von Verhältnissen, Organisation von Gegenmacht, Kampf gegen das Establishment und systematischer Suche nach kollektiver Betroffenheit; Vokabeln, die das etablierte Bürgertum, aber auch die dadurch geprägte bürgerliche Soziale Arbeit, nachhaltig irritierten. GemeinwesenarbeiterInnen initiierten Mietergruppen, Demonstrationen und Stadtteilfeste, sie skandalisierten unzumutbare Wohnverhältnisse, infrastrukturelle Mängel, unsinnige Prestigeprojekte oder korrupte Funktionsträger, sie organisierten öffentliche Foren und Pressekampagnen und sorgten auf vielfältige Weise dafür, dass sich unterschiedliche Bevölkerungsgruppen im Wohnquartier artikulierten, engagierten und organisierten. Irgendwo zwischen Ignorieren und Verschweigen, Verteufeln und Bekämpfen, sowie Umarmen und Vereinnahmen waren die Reaktionen des damaligen Establishments angesiedelt, mit denen es versuchte, diesem aufbegehrenden, basisdemokratischen und gesellschaftskritischen Impetus zu begegnen.

Doch die Blütezeit der GWA währte nicht lange; heute ist sogar strittig, ob es sie überhaupt jemals gab. Ein wenig ging es der GWA wie der Moral – irgendwie sind alle dafür, aber kaum jemand hält sich so richtig daran. Die „Ver-

änderung von Lebensbedingungen" tauchte in keinem Pflichtkatalog leistungsge-
setzlicher Maßnahmen auf, die öffentlichen Kostenträger fühlten sich angesichts
knapperer Kassen ohnehin völlig überlastet mit den gesetzlichen Einzelfall-
Pflichtleistungen, die Ausbildungsstätten bildeten (mit wenigen Ausnahmen)
nicht für GWA aus, erfolgreiche Projekte scheiterten langfristig entweder an
eigenen strategischen Dummheiten oder an chronischer Finanzierungsschwäche,
verursacht durch wenig zugeneigte Geldgeber. Perspektivisch gab es kein tra-
gendes gesellschaftliches Umfeld für einen Arbeitsansatz, der jenseits leistungs-
gesetzlicher Bestimmungen die Interessen der Wohnbevölkerung eines Quartiers
in den Vordergrund stellte und damit erst einmal fast alle gegen sich hatte: Par-
lamentarische Instanzen, die nicht mehr genau wussten, wen sie nun vertreten
sollten; die Jugend- und Sozialbürokratie, die das Chaos heraufzogen sah, wenn
man dem vermeintlichen Anarchismus benachteiligter Bevölkerungsgruppen
Raum gab; und nicht zuletzt die Konzerne der freien Träger (zwar frei, aber
träge), die angesichts ihrer Abhängigkeit von staatlichen Geldern möglichst vermieden, irgendwelche Aktivitäten subversiver Art zu unterstützen. In der öffentlichen Diskussion wurden diese Ängste in dieser Konkretheit natürlich nicht
benannt. Vielmehr lobte man die Betroffenenorientierung der GWA, man be-
glückwünschte erfolgreiche BewohnerInneninitiativen und hörte sich gern auch
mal den einen oder anderen Vortrag über das Innovationspotential der GWA an.
Gleichzeitig verwies man auf die knappen öffentlichen Haushalte, die wachsenden Kosten für die Sozial- und Jugendhilfe sowie die fehlenden gesetzlichen
Grundlagen für GWA-Projekte – kurz gesagt: „Schön, dass es euch gibt, aber
Geld gibt es für euch nicht."

1   Von der GWA zur Sozialraumorientierung

Angesichts dieser Sachlage, aber auch wegen der zunehmenden terminologi-
schen Unschärfe sowie der uneinheitlichen und eher dahin dümpelnden Praxis in
GWA-Projekten, wurde zu Beginn der 80er Jahre am „Institut für Stadtteilbezogene Soziale Arbeit und Beratung" (ISSAB) der (damaligen) Universität Essen[1]
das Konzept „Stadtteilbezogene Soziale Arbeit" entwickelt (vgl. Hinte/Metzger-
Pregizer/Springer 1982; ISSAB 1989). Unter ausdrücklichem Rückgriff auf die
Tradition der GWA, aber auch unter Bezug auf erziehungskritische (Braunmühl
1975; Hinte 1980) und feld- und gestalttheoretische Ansätze (Lewin 1968) wur-

---

[1]   Heute: Universität Duisburg-Essen

16

de der soziale Raum als zentrale Bezugsgröße für an den Interessen der Wohnbevölkerung ansetzendes sozialarbeiterisches Handeln propagiert.[2]

Die Entwicklung des Fachkonzepts „Stadtteilbezogene Soziale Arbeit" entsprang sowohl dem Wissen um die Defizite der GWA als auch strategischen Überlegungen, die sich aus jahrelangen Erfahrungen mit kommunalen und freien Trägern der Sozialen Arbeit ableiteten. GWA war dort eher als kooperationsunwillige, überhebliche, undurchsichtige und lästige Instanz verrufen, die immer Geld forderte aber nicht bereit war, sich in die „kommunale Familie" einzuordnen. Mit GWA assoziierte man dogmatische Linke aus der 68er Zeit, unbelehrbare BesserwisserInnen auf Seiten vermeintlich Sozialhilfe missbrauchender Betroffener oder schlichtweg Gutmenschen ohne Bodenhaftung. „Stadtteilorientierung" – später dann „Sozialraumorientierung" – war dagegen ein relativ unverbrauchter Begriff. Darüber konnte man sich wieder mehr auf Inhalte konzentrieren, konnte Berührungspunkte insbesondere zu Innovationsträgern innerhalb der Institutionen ausloten und nach Möglichkeiten der Verankerung gemeinwesenarbeiterischen Gedankenguts im Alltagshandeln der Institutionen suchen. Das Konzept „Sozialraumorientierte Soziale Arbeit" nahm folglich einige Diskussionslinien, Erkenntnisse und methodische Prinzipien aus der GWA auf und präzisierte, ergänzte und erweiterte sie mit Blick auf die Erfordernisse im Kontext institutioneller Sozialer Arbeit.

Grundlegendes Ziel sozialraumorientierter Sozialer Arbeit ist es, dazu beizutragen Lebensbedingungen so zu gestalten, dass Menschen dort entsprechend ihrer Bedürfnisse zufrieden(er) leben können. Materielle und kommunikative Bedingungen sowie institutionell/professionell gestaltete Arrangements beeinflussen die sozialräumlich vorgenommenen Definitionen der in den Stadtteilen lebenden Menschen. Wenn es keinen Kinderarzt in einem Stadtteil gibt, sind (meist) die Mütter gezwungen, umständliche Wege in einen anderen Stadtteil in Kauf zu nehmen. Wenn es keine Räume gibt, in denen sich Jugendliche treffen können, müssen sie sich diese entweder selbst beschaffen (was oft in Auseinandersetzung mit anderen Bevölkerungsgruppen geschieht) oder mehr Geld in ihre Mobilität investieren. Wenn man sich in einem zwar schön gestalteten, aber von dunklen Gestalten bevölkerten Park nicht durchzugehen traut, entfällt für viele alte Leute die Ressource „Spaziergang". Es gibt also materiell und atmosphärisch geprägte Bedingungen – das „sichtbare und unsichtbare Gemeinwesen" – welche die Grundlage für die individuellen Sozialraumdefinitonen der Menschen darstellen.

Doch auch benachteiligende Bedingungen, karge Ressourcen, mangelhafte Infrastruktur und völlig verbaute Quartiere werden von Menschen belebt, genutzt und gestaltet. Im Rahmen ihrer Möglichkeiten machen sie das Beste aus ihren schwierigen Bedingungen, aber die Bedingungen selbst ermöglichen Manches und verhindern Vieles. Deshalb setzt sozialräumliche Arbeit immer bei den Bedingungen an und versucht, diese mit den dort lebenden Menschen auf der Grundlage von deren Wahrnehmungen und Markierungen zu verändern, anzureichern oder immer wieder neu zu gestalten. Darüber hinaus ist es erfolgversprechender, von Menschen geschaffene Bedingungen so zu verändern, dass sie die Integration unterschiedlicher Bevölkerungsgruppen in ein demokratisches Gemeinwesen fördern, als mit erzieherischer Absicht zu versuchen, das Verhalten oder sogar den Charakter eigensinniger Persönlichkeiten zu verändern ohne zu berücksichtigen, wie sehr beides mit sozialräumlichen Bedingungen zusammenhängt. Das konkrete Handeln, die Beteiligung am Leben im Stadtteil – seien es die Organisation einer Mieterinitiative oder auch das aggressive Zertrümmern einer Telefonzelle – werden von räumlich-materiellen wie auch „unsichtbar"-kommunikativen Bedingungen nachhaltig beeinflusst.

2 Arrangements schaffen statt Menschen erziehen

Gerade in Zeiten gesellschaftlicher Krisen und wachsender Verunsicherung taucht angesichts kollektiv auftretenden, unliebsamen Verhaltens bestimmter Kohorten von Kindern und Jugendlichen immer wieder die Forderung nach „mehr" oder „besserer" Erziehung auf. In der Politik und im Feuilleton, aber auch im komplexen Alltag eines „Normalbürgers", scheint Erziehung so etwas zu sein wie ein Verfahren, das bei richtiger bzw. gezielter und intensiver Anwendung gewünschte Ergebnisse im Verhalten von Menschen (am besten ganzer Generationen) zeitigt. Was es jeweils heißt „gut erzogen zu sein", differiert je nach Milieu, Epoche, Interesse der SprecherInnen oder Zustand einer jeweiligen Gesellschaft. Vorausgesetzt wird auf jeden Fall, dass es grundsätzlich möglich sei, „gut erzogen" zu werden.

Doch Menschen verändern zu wollen ist ein aussichtsloses Unterfangen. Seit der antipädagogischen Aufklärung (von Braunmühl 1975; Hinte 1980), spätestens aber seit der Rezeption gestalttheoretischer (Metzger 1962; Walter 1985) und systemischer Ansätze (vgl. Willke 2000; Kleve 2003) wissen es jene, die es wirklich interessiert. Insbesondere neuere Thesen aus der systemtheoretischen Diskussion unterstützen eine *erziehungskritische* Einstellung. Mit geradezu antipädagogischem Impetus weisen manche systemisch denkende WissenschaftlerInnen inzwischen darauf hin, dass Erziehung nicht nur ein schwieriges, sondern ein geradezu unmögliches Geschäft sei. Ein „System" zielgerichtet steuern zu wollen, sei geradezu ausgeschlossen und könne nur schief gehen. Nicht nur unter pragmatischen Gesichtspunkten lässt sich daraus die Folgerung ziehen, schlichtweg mit diesem Geschäft aufzuhören. Man muss sich seine Niederlagen ja nicht auch noch selber bereiten.

Wir wissen nicht, ob ein Türsteher, ein Preisboxer, eine Prostituierte, ein Arbeitsloser oder eine Sozialhilfeempfängerin grundsätzlich „glücklicher" sind als eine Sozialarbeiterin, ein Lehrer, eine Rechtsanwältin oder ein Professor. Annähernd einvernehmlich lassen sich allenfalls Arbeitsplatzsicherheit, Unterschiedlichkeiten in der Höhe der Entlohnung sowie gesellschaftliche Akzeptanz dieser beruflichen bzw. nichtberuflichen Existenzen beurteilen. Dessen ungeachtet sind jedoch die individuell vorgenommenen Definitionen für die jeweilige Zufriedenheit in spezifischen Lebenskontexten nur schwer prognostizierbar und erst recht nicht systematisch zu beeinflussen. Menschen entscheiden sich in recht eigensinniger Weise und auf oft nur schwer nachvollziehbare Art für bestimmte Lebenswege, und es steht keiner öffentlichen Instanz zu, diese Entscheidung zu bewerten – es sei denn, die Folgen dieser Entscheidung tangieren gesetzlich geregelte Bereiche (wenn etwa Eltern ihr Kind misshandeln).

Fachkräfte in der sozialen Arbeit stehen immer wieder vor der Herausforderung, von ihren eigenen Vorstellungen über ein gelingendes Leben soweit Abstand zu nehmen, dass sie nicht als normative Messlatte für die Lebensentwürfe ihrer Klientel fungieren und damit wahlweise zu notorischen Spaßbekämpfern oder lebensfremden Mahninstanzen degenerieren. Wie Menschen ihr eigenes Leben sowie das Zusammenleben mit anderen Menschen in Familie und Stadtteil gestalten, gilt es immer wieder aufs Neue zu verstehen, zu bestaunen oder auch zu beargwöhnen, wenn es denn Recht und Gesetz nicht verletzt oder zu verletzen droht. Soziale Arbeit kann in diesem Zusammenhang dazu beitragen, Leistungsgerechtigkeit herzustellen, Chancengleichheit zu erhöhen und immer wieder neue Optionen für individuelle Entscheidungen zu schaffen. Wenn sie aber versucht, normativ in individuelle Entscheidungen einzugreifen, verfehlt sie ihre Funktion und überhebt sich.

Schon die in der etablierten Pädagogik nur widerwillig geführte Debatte um erziehungskritische Ansätze („Antipädagogik") verdeutlicht, dass eine wesentliche Grundlage für eine nicht-erzieherische Umgangsweise die innere Einstellung, die Haltung der professionellen ErzieherInnen bzw. der erziehenden Erwachsenen ist (vgl. dazu Braunmühl 1975; Hinte 1980; Flitner 1982). Wenn Kinder oder andere „Zu-Erziehende" tendenziell als unfertige Wesen gesehen werden, die es aus einer Haltung der Überlegenheit heraus zu formen gilt (egal, ob offen-autoritär oder partnerschaftlich), wird das immer zu einer kommunikativen Subjekt-Objekt-Situation führen, geprägt durch vermeintliche Überlegenheit, Besserwisserei und Verschlossenheit der Erziehenden. Wer sich etwa darüber Gedanken macht, was Kinder *brauchen*, offenbart schon in der Art der Fragestellung seine patriarchale Haltung. Wenn ich jemanden frage: „Was brauchst Du?", degradiere ich bereits in der Fragestellung den Angesprochenen zu einem vermeintlich bedürftigen Objekt, das etwas benötigt – zumeist noch durchzogen von der Suggestion, dass ich ihm das Erhoffte großzügig geben könnte. Eine alternative Haltung dagegen ist gekennzeichnet durch das Bemühen, herauszufinden, was mein Gegenüber *will*. Die Suche nach dem Willen (oder auch: den Interessen, Bedürfnissen) der Menschen führt mich zum aktiven Subjekt, das unabhängig von meiner erzieherischen Absicht eine eigene Weltsicht, einen eigenen Willen hat, der ihm zwar nicht immer im klassisch bürgerlichen Sinne reflexiv bewusst ist, den es aber im Kontakt zu PartnerInnen, die es als wollendes Subjekt mit spezifischen Interessen akzeptieren, entdecken und formulieren kann. Der geäußerte Wille mag nicht immer das Herz der Fragenden erfreuen. Ein Wille ist potenziell subversiv, er ist nicht berechenbar, gelegentlich lästig und störrisch, nicht domestizierbar und folgt keinem pädagogischen Plan. Aber er ist Ausdruck eigensinniger Individualität und führt oft zu den psychischen Kraftquellen des Menschen, aus denen er Energie und Würde schöpft. Die Alternative zu einem erzieherischen Akt ist also eine kommunikative Situation, in der die Beteiligten sich wechselseitig respektieren, sich über ihre Interessen klar werden, sie mitteilen und darüber verhandeln und dann versuchen, die entsprechenden Situationen so zu gestalten, dass man möglichst vielen Interessen gerecht wird. Vielleicht können dabei Interessen der jeweiligen Organisation berücksichtigt werden – aber bei Bedarf kann durchaus auch subversiv agiert oder konfliktreich miteinander verhandelt werden.

Die Funktion von (professionellen oder Laien-) PädagogInnen besteht dann darin, Bedingungen für solche Dialoge zu schaffen und sie zu organisieren. Hierbei bedarf es bestimmter Regeln, die man aushandeln und benennen muss (etwa: keine Gewalt auszuüben). Es bedarf bestimmter Umfeldbedingungen, für die man sorgen kann (etwa: beheizte Räume bereitzustellen). Es bedarf unterschiedlicher Ressourcen (etwa: Honorare für einen Kursleiter zu budgetieren), und es bedarf einer guten Organisation des Dialogs (wohlgemerkt: nicht der erzieherischen Interaktion).

Sozialräumliche Arbeit richtet sich an im Sozialraum tätige Subjekte (also auch und gerade an heranwachsende Menschen), die in ihrer Gestaltungsfähigkeit ernst genommen werden, und an deren subjektiven Wahrnehmungen und Bedeutungen sowie materiellen und kommunikativen Lebensbedingungen konsequent angeknüpft wird. Insofern unterscheidet sich dieser Ansatz in eklatanter Weise von zahlreichen Spielarten traditioneller und auch „moderner" Pädagogik. Selbst Autoren mit einem durchaus aufgeklärten sozialwissenschaftlichen Hintergrund formulieren auch heute noch Aussagen, welche aufdecken, wie wenig Kindern und Jugendlichen Autonomie zugesprochen wird, die sie nach einem humanistischen Menschenbild tatsächlich besitzen. Der erzieherische Impetus führt in allen pädagogischen Berufsfeldern immer noch dazu, dass Kindern und Jugendlichen, speziell solchen in prekären Verhältnissen, genau jene Mündigkeit abgesprochen wird, von deren Herstellung doch die Pädagogik seit jeher träumt. So heißt es etwa in einem Text aus dem Jahr 2000:

> „...Kinder und Jugendliche in stationären Hilfen sollen zwar zu mündigen Bürgern und autonom handelnden Personen erzogen werden, sind aber genau dies zum Zeitpunkt, zu dem sie partizipieren sollen, noch nicht. Aus diesem Grunde können deren Willensbekundungen auch nicht so behandelt werden wie die von Erwachsenen, bei denen Mündigkeit in vollem Umfang unterstellt werden kann." (Hansbauer 2000, S. 53)

Donnerwetter! Kinder partizipieren also nicht, nein, sie „sollen" partizipieren. Sie sind keine „autonom handelnden Personen". Willensbekundungen von Kindern in der Heimerziehung haben weniger Bedeutung als die von Erwachsenen. Kinder und Jugendliche „sollen" erzogen werden – kein Wunder, dass manche sich wehren.

Im Unterschied zu derartig reaktionären sozialpädagogischen Zuständen geht es bei der Sozialraumorientierung nicht darum, mit großem Methodenarsenal und pädagogischer Absicht Menschen zu verändern. Vielmehr geht es darum, Lebenswelten zu gestalten und Arrangements zu kreieren, die dazu beitragen, dass Menschen auch in prekären Lebenssituationen zurechtkommen und menschenwürdig leben.

3 Methodische Prinzipien

Für die sozialraumorientierte Arbeit sind folgende Prinzipien bedeutsam (vgl. Hinte/Treeß 2007):
1. Ausgangspunkt jeglicher Arbeit sind der Wille und die Interessen leistungsberechtigter Menschen (in Abgrenzung zu Wünschen oder naiv definierten Bedarfen).
2. Aktivierende Arbeit hat grundsätzlich Vorrang vor betreuender Tätigkeit.
3. Bei der Gestaltung einer Hilfe spielen personale und sozialräumliche Ressourcen eine wesentliche Rolle.
4. Aktivitäten sind immer zielgruppen- und bereichsübergreifend angelegt.
5. Vernetzung und Integration der verschiedenen sozialen Dienste sind Grundlage für funktionierende Einzelhilfen.

Sozialraumorientierung besteht als fachliches Konzept im Kern aus diesen fünf Prinzipien. Doch die AkteurInnen greifen bei deren Realisierung oftmals herkömmliche und aktuelle methodische Ansätze eklektizistisch auf. Sozialraumorientierung ist aber weder ein beliebiges methodisches oder theoretisches Sammelsurium noch eine neue „Theorie" oder ein mit anderen „Schulen" konkurrierender Ansatz. Vielmehr verstehen wir unter Sozialraumorientierung eine unter Nutzung und Weiterentwicklung verschiedener theoretischer und methodischer Blickrichtungen entwickelte Perspektive, die als konzeptioneller Hintergrund dem Handeln in zahlreichen Feldern Sozialer Arbeit dient (als „Modell zwischen Lebenswelt und Steuerung" anschaulich beschrieben von Budde/Früchtel 2005). Um den Kern des Konzepts herum werden ständig Anpassungsleistungen vorgenommen. Diese reichen von Stilwechseln über Darstellungsvarianten bis hin zum Austausch von Vokabeln. „Sozialraumorientierung" wird zwar kontinuierlich erneuert, sein partizipativer demokratischer Charakter bleibt dabei aber erhalten.

> „Sozialräumliches Denken in der Jugendhilfe ist ... ein an Menschen-Stärken orientiertes Denken, ein Denken in vernetzten Strukturen, interessiert an ganzheitlichen Lösungen, an Unterstützung statt an aufoktroyierter Hilfe. Es konzentriert sich auf den Alltag und das soziale Umfeld, es akzeptiert auch originelle Lebensformen. Es bemüht sich, Menschen mit Hilfe anderer – Professionellen und Laien – aus zerstörerischen und einengenden Milieus heraus zu lösen und für neue Erfahrungen zu öffnen, ohne die Bindung an das je spezifische Milieu zu diffamieren." (Blandow 2002:61)

Im Grunde existiert der hier vertretene Ansatz in seinen Prinzipien seit den 1970er Jahren. Um es in neueren Vokabeln zu sagen: Sozialraumorientierung ist systemisch, lebensweltorientiert, ökosozial, lösungsorientiert und „empowernd", doch es gab sie schon, bevor sie diese zeitgenössischen Strömungen adaptierte.

4   Zum Unterschied zwischen Wille und Wunsch

Prononciert gesagt, steht Sozialraumorientierung als Chiffre für die im Geist der alten Gemeinwesenarbeit fortentwickelte Sozialarbeit. Sie distanziert sich von einer bevormundenden Haltung („Ich weiß, was für dich gut ist, und das tun wir jetzt."). Sie überwindet eine pseudo-rezeptive Haltung („Eigentlich weiß ich schon, was für dich gut ist, aber ich höre dir erstmal zu."). Schließlich nähert sie sich einer konsequent betroffenenorientierten Haltung („Dein Wille wird ernst genommen – er ist mir nicht Befehl, aber ich will mich ihm mit meinen fachlichen und den leistungsgesetzlichen Möglichkeiten stellen.").

Von Bedeutung ist dabei die Unterscheidung zwischen Wunsch („Ich hätte gern etwas, wozu andere etwas für mich tun müssen.") und Wille („Ich bin entschlossen, mit eigener Aktivität zum Erreichen meines Ziels beizutragen."). Mit dem Begriff „Willen" (und dann noch bezogen auf Kinder) hat die pädagogisch inspirierte Soziale Arbeit gewisse Probleme – anders etwa als in der juristischen Fachdiskussion, wo die Bezeichnung „Kindeswille" erheblich häufiger und auch unbefangener gebraucht wird als in der erziehungswissenschaftlichen. Man denke nur an die aufschlussreiche Diskussion über den Unterschied zwischen „Kindeswohl" und „Kindeswille", die nach Meinung urteilender Instanzen durchaus miteinander in Konflikt geraten können (vgl. dazu die umfangreiche Übersicht von Zitelmann 2001). In der Erziehungswissenschaft haben Interessen von Kindern – zumindest vorübergehend – erst im Rahmen der Kinderrechtsbewegung im Umfeld der Antipädagogik in den 1980er Jahren Aufmerksamkeit erhalten (vgl. Farson 1975). Aber auch unter JuristInnen ist der Umgang mit dem Willen von Kindern durchaus kontrovers. Interessant ist, dass die Tatsache, dass es so etwas wie einen „Kindeswillen" gibt, kaum bestritten wird. Wie man jedoch damit umgeht, ist stark dadurch geprägt, wie man erwachsenerseits das „Wohl des Kindes" definiert.

Die Unterscheidung zwischen Wunsch und Wille ist in der Form, wie sie im sozialraumorientierten Konzept vertreten wird (vgl. Hinte/Treeß 2007), weder in der rechtswissenschaftlichen, noch in der erziehungswissenschaftlichen Literatur auffindbar. Selbst in der aktuellen Literaturflut zur Betroffenenbeteiligung in der Jugendwohlfahrt taucht die Kategorie „*Wille* der Betroffenen" schlichtweg nicht auf (Merchel 2006; Sozialpädagogisches Institut 2005) – man behilft sich mit Begriffen wie Wünsche, Bedürfnisse, Perspektiven oder Vorstellungen. Dass Erwachsene und – ja auch – Kinder tatsächlich einen „Willen" haben, wird noch Gegenstand einiger harter Lernprozesse in der sozialpädagogischen Community werden.

Der konsequente Bezug auf die Interessen und den Willen der Menschen kennzeichnet also das Fachkonzept Sozialraumorientierung und bildet damit den „inneren Kern" des Ansatzes, dem Aspekte wie der geografische Bezug, die Ressourcenorientierung, die Suche nach Selbsthilfekräften und der über den Fall hinausreichende Feldblick logisch folgen. Dass die Assoziationen zur Vokabel Sozialraumorientierung bei vielen RezipientInnen fast immer beim geografischen Bezug stecken bleiben, ist mit etwas Nachsicht verständlich und allenfalls verzeihlich, wenn man gedankliche Bequemlichkeit als Konstante im durch Routine geprägten beruflichen Alltag und im darauf bezogenen wissenschaftlichen Diskurs grundsätzlich akzeptiert. Wer jedoch mit über das Normalmaß hinausreichenden Tiefgang auf die Geschichte der Publikationen zur Sozialraumorientierung schaut, kann diesem vereinfachenden Missverständnis nicht verfallen (vgl. Hinte/Metzger/Springer 1982; ISSAB 1989; Hinte/Litges/Springer 1999).

Im sozialräumlichen Konzept gibt – scheinbar im Widerspruch zu seiner Bezeichnung – das Individuum mit seinen Interessen und Ressourcen „den Ton an". Wir haben es aber hier einerseits mit einem hochgradig personenbezogenen Ansatz und andererseits mit einem sozialökologischen, auf die Veränderung von Verhältnissen zielenden Ansatz zu tun. Er integriert zwei für die soziale Arbeit relevante Stränge: erstens die personen-orientierte Humanistische Psychologie (Bühler/Allen 1974) von etwa Carl Rogers, Ruth Cohn und Fritz Perls, zweitens die Gemeinwesenarbeit und Sozialökologie (Brülle/Marschall 1981) von etwa Saul Alinsky, Kurt Lewin und Richard Hauser, welche auf die Verbesserung von Lebensbedingungen gerichtet ist.

Sozialraumorientierung wird häufig auf dezentrale Aktivitäten in einem bestimmten Wohngebiet reduziert. Die Dezentralisierung einer Abteilung, die regionale Ausrichtung kommunaler Sozialpolitik, vereinzelte Projekte mit bestimmten Zielgruppen im Quartier oder eine stärkere lokale Ausrichtung etwa von Erziehungsberatungsstellen werden vielerorts kurzerhand mit dem Etikett „Sozialraumorientierung" geadelt. Doch die bloße geografische Verlagerung sozialer Dienstleistungen oder die projektförmige Organisation verstreuter Dienste in einem sozialen Raum sind allenfalls ein kleines Mosaiksteinchen einer sozialraumorientierten Konzeption. Auch erfasst etwa die leichtgängige Stabreim-Formel „Vom Fall zum Feld" (Hinte/Litges/Springer 1999) allenfalls einen Ausschnitt einer möglichen aus dem Konzept folgenden Strategie. Die Verkürzungen und gelegentlichen Banalisierungen dieses fachlichen Ansatzes hängen auch mit einer merkwürdig oberflächlichen Rezeption der Traditionen und Konzepte sozialräumlicher Arbeitsweisen seitens mancher KollegInnen aus der rezipierenden Zunft zusammen. Erschwerend für die wünschenswerte Klarheit ist natürlich die sprachliche Bezeichnung. Die semantische Aura des Begriffs „Sozialraumorientierung" verengt die Diskussion auf „das Räumliche", so dass die fachlichen und handlungsmethodischen Implikationen leicht aus dem Blick geraten. „Sozialraumorientierung" legt nahe, dass es in irgendeiner Weise um den Sozialraum gehe – und eben sonst nichts. Dass der Begriff bis heute – und auch hier – benutzt wird, hat damit zu tun, dass es schlichtweg an einer treffenderen, die Breite des Ansatzes abbildenden Begrifflichkeit fehlt und zudem die fachliche und praktische Entwicklung unter dieser Bezeichnung so weit fortgeschritten ist, dass ein Begriffswechsel absurd erschiene.

Exemplarisch für die Realisierung des Fachkonzepts Sozialraumorientierung in unterschiedlichen Arbeitsfeldern wird im Folgenden das Arbeitsfeld „Gemeinwesenarbeit" im Rahmen von Quartiermanagement bzw. Regionalentwicklung sowie die Einzelhilfe in der Jugendwohlfahrt beleuchtet.

5   Sozialraumorientierung im Arbeitsfeld Gemeinwesenarbeit

Sozialraumorientierung als Fachkonzept ist zwar stark beeinflusst durch Theorie und Praxis der GWA aber nicht mit ihr identisch. Gelegentlich wird behauptet, Sozialraumorientierung sei so etwas wie die „Fortführung der GWA mit anderen Mitteln" – auch das ist unzutreffend. GWA wurde, wie bereits beschrieben, als „dritte Methode der Sozialarbeit" neben Einzelfallhilfe und Gruppenarbeit nach Europa transportiert und anschließend als „Arbeitsprinzip" ausgerufen (Boulet u.a. 1980). Heute ist sie ein Arbeitsfeld, in dem das Fachkonzept „Sozialraumorientierung" ebenso Geltung hat wie etwa in der Einzelfallarbeit, der offenen Jugendarbeit, der Heimerziehung oder dem Quartiermanagement (vgl. Grimm/ Hinte/Litges 2004) bzw. der Regionalentwicklung. Sicherlich haben die damaligen Erfahrungen aus der GWA auch die Konzeptentwicklung in anderen Feldern beeinflusst – beispielhaft sei hier verwiesen auf aktivierende Konzepte der Stadt(teil)entwicklung (Lüttringhaus 2000; Alisch 1998) sowie auf die zahlreichen Ansätze von bürgerschaftlichem Engagement auf kommunaler Ebene (KGSt 1999).

Im Arbeitsfeld GWA geht es um die Organisation von projekt- und themenunspezifischen Prozessen in Wohnquartieren, und zwar über eine Vielzahl von Aktivierungsaktionen anhand direkt geäußerter (und durchaus häufig wechselnder) Interessen der Wohnbevölkerung, mit dem Ziel einer "Grundmobilisierung" eines Wohnquartiers, die den "Humus" für größere Einzelprojekte darstellt. Dies geschieht häufig im Rahmen eines kommunalen "Quartiermanagements", bei dem die GWA eng mit intermediären Akteuren und Gebietsbeauftragten innerhalb der Verwaltung kooperiert. GWA ist also nicht gleichzusetzen mit Quartiermanagement, sondern sie stellt ein wesentliches Arbeitsfeld in einem komplexen Konzept zur Gestaltung von Wohnquartieren dar, an dem auch andere Akteure (etwa Verwaltung, intermediäre Instanzen, Unternehmen usw.) mit ihren spezifischen Methoden beteiligt sind.

Quartiermanagement umfasst die Arbeit auf folgenden Ebenen (vgl. Grimm/Hinte/Litges 2004):
1. GWA im Quartier: zur projektunspezifischen Aktivierung der Wohnbevölkerung, zur Begleitung von Gruppen und Initiativen, zur Vernetzung von formellen und informellen Ressourcen oder auch zur Leitung eines Stadtteilbüros – also klassische Tätigkeitsfelder der GWA.
2. Intermediäre Instanzen: als Bindeglied zwischen der Lebenswelt im Stadtteil und der nach Sektoren geordneten Bürokratie, Institutionen und Unternehmen zur Entwicklung spezifischer Einzelprojekte und zur systematischen Zusammenführung von Geld, Menschen, Bedarfen und Ideen. Intermediäre Instanzen sind zwischen Quartier und Bürokratie angesiedelt und

bewegen sich in beiden Welten. Sie kennen sich in Politik und Verwaltung aus und verfügen über Sachkompetenz wie etwa in den Bereichen Beschäftigungspolitik, Wohnungspolitik, Jugend- und Sozialhilfe, sowie den laufenden Bemühungen zur Verwaltungsreform. Sie sind aber auch präsent an den Treffpunkten im Stadtteil und in den Wohnungen der Menschen. Sie organisieren immer wieder (gelegentlich auch recht konflikthafte) Dialoge innerhalb des Quartiers, zwischen BewohnerInnen und Bürokratie sowie auch innerhalb der Bürokratie.

3. Gebietsbeauftragte innerhalb der Verwaltung: zur Bündelung der Ressourcen innerhalb der Kommunalverwaltung etwa durch begrenzte Zugriffsmöglichkeiten auf andere Ressorts, aber auch zur Federführung über Einzelprojekte bis hin zum Management komplexerer längerfristiger Programme bezogen auf ein bestimmtes Wohngebiet.

Im Arbeitsfeld GWA kommen zahlreiche Aktionsformen zum Einsatz: etwa Haustürgespräche, aktivierende Befragungen, Versammlungen, Öffentlichkeitsaktionen oder die Begleitung von möglichst selbständig arbeitenden BewohnerInnengruppen. GemeinwesenarbeiterInnen fragen in Wohnquartieren unterschiedlicher Größe respektvoll nach Betroffenheit, Interessen und Ärgernissen der Menschen und organisieren Aktionen und Dialoge, in denen es darum geht, die zum Teil widerstreitenden Interessen in einem Quartier zu benennen, sie diskussionsfähig zu machen, die Menschen an einen Tisch zu bringen, ohne dass sie aufeinander einschlagen, und zu Aktionen und Projekten ermutigen, die im Sinne möglichst vieler Menschen die Lebensbedingungen im Quartier verbessern. GWAlerInnen lassen sich auf das Leben der Menschen, auf ihre Empfindungen, ihre Lebensdefinitionen, ihre Ängste und Handlungsmotive in ihrer ganzen Vielfalt, Brüchigkeit und Widersprüchlichkeit, ein.

Zunächst geht es darum, herauszufinden, in welchen Bereichen die Menschen ohnehin schon aktiv sind. Das betrifft etwa Themen im Quartier, die die Menschen beschäftigen, über die sie sich aufregen, über die sie sich freuen, die "im Gespräch" sind oder welche die Volksseele zum Kochen bringen. Die Erfahrung zeigt, dass Menschen sich am ehesten für Themen engagieren, die mit Betroffenheit oder Neugierde besetzt, naheliegend, anschaulich, greifbar und erfolgversprechend sind. Derartige Themen liegen nur selten auf der Straße, häufiger sind sie verborgen, gelegentlich nur relevant für kleinere lokale Einheiten oder bestimmte Bevölkerungsgruppen, sie werden nicht immer eindeutig benannt und konturieren sich bisweilen erst im Laufe zahlreicher Gespräche oder anderer Zugangsformen. Auf dieser Grundlage wird etwa gemeinsam mit BewohnerInnen ein Wohngebiet gestaltet, das von ihnen selbst als unzumutbar, einengend oder anregungsarm empfunden wird. Dass Menschen dabei eine Menge lernen, sich verändern, sich persönlich weiterentwickeln und ihr Verhaltensrepertoire erweitern ist erfreulich; es handelt sich jedoch in der GWA nicht um gesteuerte Prozesse, die dazu dienen, Menschen erzieherisch zu verändern, sondern um vielschichtige Interventionen zur Gestaltung von Wohnquartieren, und zwar mit der dort lebenden Bevölkerung. Genau hier liegen auch die Grenzen des Ansatzes. Er lebt geradezu von aktionsbereiten, entrüsteten, neugierigen oder engagierten Menschen, und er geht ins Leere in Wohnquartieren mit einem hohen Anteil demoralisierter Menschen, die sich mit ihrer Situation abgefunden haben oder die ohnehin nur darauf warten, möglichst schnell das Quartier zu verlassen.

Die Methoden für die Arbeit mit BewohnerInnen sind vielfältig und werden jeweils situationsangemessen entwickelt. Sie reichen vom klassischen Einstieg durch eine aktivierende Befragung über räumliche oder auf Themen bzw. Zielgruppen bezogene Versammlungen, spezifische Einzelaktionen wie Dorf- bzw. Stadtteilfeste, kulturelle Veranstaltungen oder Skandalisierungsaktionen bis hin zu regelmäßig tagenden Gruppen und Initiativen wie etwa Mieterbeiräten, Geschichtskreisen, Quartierorganisationen oder Bürger-Komitees. Darüber hinaus werden Zugangsmöglichkeiten über bestehende Gruppierungen genutzt, wie etwa Vereine, Elternbeiräte, lokale Politikgremien oder kirchliche Gruppen. Und selbstverständlich gibt es regelmäßig Befragungen, Haustürgespräche, vielfältige Gruppenaktivitäten, Öffentlichkeitsarbeit über Flugblätter, Unterschriftensammlungen oder Plakate, Wettbewerbe und Quartierkonferenzen.

Als wenig hilfreich erweist sich dabei eine nach Rezepten heischende Einstellung, die sich häufig in der Frage äußert: "Wie aktiviert man eigentlich Menschen?" Denn es gibt keine allgemein gültige Regel, den immer funktionierenden Trick, das bewährte Setting oder das Aktivierungs-Feuerwerk aus dem Lehrbuch. „Mal so, mal so" lautet eine zentrale Devise in guten Projekten, und damit ist gemeint, dass es zwar einen Instrumentenkoffer gibt, in den man greifen kann, dessen Einsatz jedoch abhängig ist von den jeweiligen spezifischen Gegebenheiten im Wohnquartier, den oft widersprüchlichen und unberechenbaren Anforderungen der Situation, der Persönlichkeit und Kompetenz der GemeinwesenarbeiterInnen und vielen anderen Rahmendaten, die nur situationsspezifisch zu beschreiben sind.

GWA bedarf eines solide vorbereiteten und langfristig angelegten Prozesses, der auf konkreten Absprachen mit Anstellungsträgern (etwa Kommunalverwaltungen, Wohnungsbaugesellschaften, Freie Träger u.a.) sowie einer soliden Finanzierungsbasis gründet, die auch bei unvermeidbaren und manchmal auch notwendigen Konflikten zwischen der aktivierten Wohnbevölkerung und anderen Instanzen (manchmal gar den Geldgebern der GWA) nicht in Frage gestellt werden darf.

6 Sozialraumorientierung in der Jugendwohlfahrt – Fallarbeit

Eine auf der Grundlage eines sozialräumlichen Konzepts arbeitende kommunale Jugendwohlfahrt integriert – quer zu leistungsgesetzlichen Kategorien – folgende drei Dimensionen:

1. Fallspezifische Arbeit: Hiermit sind Tätigkeiten gemeint, die sich unmittelbar auf einen als „Fall" identifizierten Menschen (oder eine Gruppe) beziehen, sei dieser Fall nun im Rahmen einer Hilfeplanung, im Zuge aufsuchender Arbeit oder während der Tätigkeit in einer Einrichtung „entstanden". Fallspezifische Arbeit steht seit jeher im Zentrum der Jugendwohlfahrt, wenngleich oft isoliert von den anderen Bereichen, und ein großer Teil des sozialarbeiterischen Methodenarsenals bezieht sich auf dieses Segment. Unterstützt wird die gelegentlich in Fallsucht ausartende Orientierung so mancher Professioneller durch Finanzierungsformen, die ausschließlich die „Arbeit am Fall" mit dazu gehörender Vor- und Nachbereitung, Supervision, Fortbildung usw. finanzieren. So orientiert sich etwa auch die Fachleistungsstunde, das ist eine im herkömmlichen Finanzierungssystem durchaus differenziertere Variante, letztlich doch wieder am im Hilfeplan entdeckten Symptomträger und zementiert somit die „Fall-Schlagseite" in der Sozialarbeit. Im Bereich der fallspezifischen Arbeit richten sich kompetente Fachkräfte immer auf die Ressourcen ihrer KlientInnen aus. Sie agieren also nicht defizitorientiert, sondern im sozialräumlichen Sinne immer mit Blick auf die Stärken und den Willen der Menschen.

2. Fallbezogene Ressourcenmobilisierung/fallübergreifende Arbeit: Damit sind Aktivitäten gemeint, die zwar vom bezuschussten Symptomträger ausgehen und sich auf ihn beziehen, sich jedoch darüber hinaus darauf richten, außerhalb des identifizierten Falles für diesen Fall nutzbare Ressourcen zu mobilisieren. Dabei handelt es sich in der Regel um Netzwerke, in die der betroffene Mensch oder die Familie eingebunden ist, aber es kann auch um die gezielte Bündelung von (materiellen oder strukturellen) Ressourcen außerhalb der engen Milieus der AdressatInnen gehen (z.B. um die Integration in Regeleinrichtungen der Kinder- und Jugendhilfe, die diesem „Fall" bisher verschlossen waren). In Ergänzung zum fallspezifischen Blick ist hier also schon der Fokus über den Fall hinaus gerichtet, auch wenn die in diesem Bereich mobilisierten Ressourcen gezielt mit Blick auf einen bestimmten Fall gebündelt werden.

3. Fallunspezifische Arbeit: In diesem Segment erschließt sich die Fachkraft Kenntnisse in einem sozialen Raum, ohne schon genau zu wissen, ob sie diese Ressourcen für einen zukünftigen Fall benötigen wird. Mit fallunspezifischer Arbeit sind also Tätigkeiten gemeint, die die Fachkraft im Bereich

der Einzelfallarbeit zu einem Zeitpunkt vornimmt, zu dem sie noch nicht weiß, welchem Fall diese Tätigkeiten später zugute kommen könnten. Wobei hier klar sein muss, dass diese Tätigkeiten immer mit Blick auf möglicherweise entstehende Fälle ausgeübt werden müssen. Wenn etwa ein Träger der erzieherischen Hilfen durch ausgezeichnete Kontakte in einem Wohnquartier die „Anlaufzeit" bei später folgenden Kontaktaufnahmen erheblich kürzer gestalten und zudem schneller und passgenauer Sozialraumressourcen für den dann entstehenden Fall nutzen kann, hat er fallunspezifisch vorgearbeitet, und zwar mit der Folge, dass er die dann durchgeführte Hilfe effektiver und effizienter leisten kann. Fallunspezifische Tätigkeiten kommen also immer in einem späteren Stadium einem Fall zu gute, werden aber eben unspezifisch mit Blick auf einen späteren Zeitpunkt, zu dem sie falldienlich sein können, geleistet (s. dazu Bestmann/Brandl 2006).

Jedes dieser drei Tätigkeitssegmente ist für eine sozialräumlich agierende Jugendhilfe von hohem Wert. Deshalb darf man sie auch nicht gegeneinander ausspielen, indem man etwa eine Abkehr vom Fallbezug zugunsten einer einseitigen Feldorientierung fordert. Es geht auch nicht darum, das eine oder andere Segment als das bedeutsamere herauszustellen. Jedes Segment ist mit den jeweils anderen verknüpft, und die fachliche Qualität entsteht erst durch Akzeptanz der Gleichwertigkeit, der Verschränktheit und der hohen strukturellen Durchlässigkeit dieser drei Bereiche. Die Segmente sind allenfalls analytisch trennbar wie etwa in der vorangegangenen Aufzählung. Somit wäre es auch konzeptionell verfehlt, diesen drei Segmenten spezielle Abteilungen oder Gesetzes-Paragraphen zuzuordnen, etwa nach dem Motto, dass die Bezirks-Sozialarbeit für die ersten beiden Bereiche und die Gemeinwesenarbeit für den Rest zuständig sei. Genau diese Trennung gilt es zu überwinden, und zwar nicht nur durch eine bessere Abstimmung der jeweiligen Dienste oder Hilfearten, sondern vornehmlich über die Regelung klarer Zuständigkeiten für Wohngebiete, in denen dann die jeweiligen Dienste, Träger oder Abteilungen zwar mit bereichsbezogenen Schwerpunkten arbeiten, sich jedoch immer wieder in der Schnittmenge „Wohngebiet" treffen und sich die Ressourcen aus den jeweils anderen Bereichen nutzbar machen.

Die Einrichtungen des Sozialwesens stärker gebietsbezogen auszurichten und zu verzahnen, gestaltet sich angesichts der gewachsenen traditionellen Strukturen in der Sozialen Arbeit recht schwierig. Aus zahlreichen Forschungs- und Begleitprozessen in regionalisierten Systemen wissen wir, dass es selbst bei ausgewiesenen Innovationsträgern immer wieder zu mentalen Abstechern in die alte Logik kommt, so dass doch wieder der Erhalt der Immobilie, die Zuteilung von finanzierungssichernden Fällen oder der interne Teamfrieden im Vordergrund stehen.

Management im sozialen Raum fordert deshalb von vielen Institutionen erst einmal ein ordentliches Management der eigenen Einrichtung im sozialen Raum, und zwar in ihren Bezügen zu den Menschen und Institutionen des Stadtteils, insbesondere zu unmittelbaren Bezugseinrichtungen. Jeder in einem Wohngebiet agierenden Einrichtung wird folglich eine Öffnung auf mehreren Ebenen abverlangt: zum einen in das Wohnquartier hinein und zum anderen hin zu den übrigen Institutionen, die sich vielleicht in einem ähnlichen Prozess befinden. Nicht zu unterschätzen sind dabei die allerorts wirkenden Beharrungskräfte. Die Unberechenbarkeit des Wohnquartiers bringt zahlreiche der in vielen Jahren entwickelten Abläufe und Rituale durcheinander, und die Transparenz der eigenen Arbeit ist angesichts der kritischen Blicke anderer Einrichtungen nicht gerade Anlass für institutionellen Frieden. Bei Störungen von außen entwickelt jedes System auch solche Kräfte, die den Rückzug auf Gewohntes fördern und dazu führen, sich in bewährter Weise abzuschließen, auch um sich vor allzu viel Innovation zu schützen.

Mit Blick auf die Prinzipien eines sozialräumlichen Fachkonzepts wird deutlich, dass eine Organisation, die nach diesen Prinzipien arbeiten will, sich nicht auf eine geografische Regionalisierung ihrer Dienste beschränken darf. Die fachlichen Implikationen eines sozialräumlichen Konzepts müssen die Organisation fundamental durchdringen, so dass – bei aller Individualität bei der Erledigung der jeweiligen Aufgaben – die jeweiligen Fachkräfte auf allen Ebenen einheitlich handeln. Wer eine Organisation nach einem sozialräumlichen Fachkonzept gestaltet, muss also z.B. fragen

- ob und mit welchen Folgen der Wille der AdressatInnen nachhaltig Beachtung findet, wie er systematisch erhoben wird, wie er als Grundlage für die gestalteten Arrangements dient und über welche standardisierten „Vergewisserungs-Schleifen" die Fachkräfte darauf verwiesen sind, sich an die Interessen der AdressatInnen anzukoppeln;

- durch welche Verfahren und in welchem Ausmaß die systematische Mitarbeit der AdressatInnen an den jeweiligen Arrangements bzw. Kontrakten gefördert wird, über welche Verfahren alle AkteurInnen regelmäßig auf die Notwendigkeit der Aktivierung von Eigenaktivität verwiesen werden, und über welche Instrumente diese Sichtweise wirkungsvoll unterstützt wird;

- ob und in welcher Form sowie in welchem Umfang die Ressourcen der AdressatInnen erfragt, erarbeitet und erhoben werden, und wie gewährleistet ist, dass diese Ressourcen Ausgangspunkt und Bezugspunkt jeglicher Maßnahme sind;

- ob und in welchem Umfang Kenntnisse über sozialräumliche Ressourcen in der Institution vorhanden sind, und wie sie systematisch mit den institutionellen Leistungen und den Ressourcen der AdressatInnen zu integrierten Maßnahmen bzw. Aktionen kombiniert werden;

- wie gewährleistet ist, dass der leistungsberechtigte Mensch bzw. die Zielgruppe im Kontext der übrigen Sozialraum-AkteurInnen gesehen, und über welche Verfahren ein bereichsübergreifender Einsatz von Ressourcen angeregt und wirkungsvoll gestaltet wird;
- durch welche Verfahren die Kooperation mit den relevanten Einrichtungen des jeweiligen Sozialraums gesichert ist, und zwar mit möglichst geringem Besprechungsaufwand bei möglichst hoher Effektivität im Sinne des institutionellen Auftrags und des sozialräumlichen Fachkonzepts.

Einem unflexiblen und auf die eigene Systemlogik fixierten Träger mag das lästig erscheinen – für ein lernendes, auf die Lebenswelt der Menschen ausgerichtetes System ist dieser ständige Wandel indes eine interessante Herausforderung. Ein Wohnquartier ist eine nur lose verkoppelte Anarchie, nicht steuerbar und scheinbar chaotisch: „Der Stadtteil als Wespennest" (Preis 1990). Deshalb werden von einer Organisation immer wieder neu zu erbringende Ankoppelungs-Leistungen erwartet, was insbesondere für unflexible Professionelle geradezu bedrohend wirkt: Man hat nie Ruhe.

Angesichts wachsender Herausforderungen in fachlichen Fragen, aber auch im Bereich der Ökonomie (vgl. Kurz-Adam 2004) richten sich innovative Bemühungen unter Etiketten wie „Sozialraumorientierung" bzw. „Vom Fall zum Feld" (Hinte u.a. 1999) auf eine stärkere Integration sozialarbeiterischer Leistungen mit Blick auf größere oder kleinere Wohnquartiere sowie eine stärkere Ausrichtung der Verfahren und Angebote bzw. Maßnahmen auf die Interessen der Leistungsberechtigten bzw. der Bevölkerung im Quartier. Dies geschieht in je unterschiedlichen Schwerpunktsetzungen insbesondere über

- die Ergänzung bzw. Ablösung der bislang dominierenden Steuerungsparameter „Abteilung", „Fall" und „Immobilie" durch eine stärkere Konzentration auf die Steuerungsgröße „Sozialraum", also das Wohngebiet (Hinte 2001);
- die damit einhergehende systematische Installierung einer gebietsbezogenen, fachübergreifenden Führungsstruktur (vgl. Damerius/Hinte 1997; Waldvogel 2003; Till 2004);
- die gezielte Förderung einer in wesentlichen Leistungsbereichen sozialräumlich orientierten Trägerlandschaft (vgl. Früchtel u.a. 2001), insbesondere für die Erbringung flexibler Hilfen zur Erziehung (Fricke 2003; Leitner/Richter 2004; Peters/Koch 2004) und zum gezielteren Einsatz der fördernden Jugendhilfe-Leistungen;
- die frühzeitige Beteiligung der Erbringer erzieherischer Hilfen an der Fallberatung und der Entwicklung von Hilfeoptionen (vgl. Hinte u.a. 2003);

- die Erprobung alternativer Finanzierungsformen, insbesondere im Bereich der Hilfen zur Erziehung, und zwar unter Wahrung des Einzelfall-Anspruchs und gleichzeitiger, pauschalisierter Finanzierung der Träger (vgl. Sozialpädagogisches Institut im SOS-Kinderdorf 2001; Hinte/Litges/ Groppe 2003).

Aus der Sicht einer fachlichen Begleitinstanz[3], die zahlreiche Prozesse auf der Grundlage eines sozialräumlichen Konzepts durch Beratung, Qualifizierung und begleitendes Coaching unterstützt hat, lassen sich resümierend folgende Elemente für erfolgreiche Innovationsprozesse in kommunalen Jugendämtern festhalten:

- Seitens des öffentlichen Trägers wurde (gelegentlich auch unter Beteiligung freier Träger) ein fachliches Konzept gleichsam als Innovationsfolie entwickelt, aus dem sich konkrete inhaltliche Ziele sowohl für den Prozess als auch für das veränderte Jugendamt ergaben. Dies geschah auf der Grundlage einer je nach Gebietskörperschaft in unterschiedlicher Tiefe vorgenommenen Bestandsaufnahme von Stärken und Schwächen, insbesondere in der Aufbau- und Ablauforganisation des Jugendamtes, aber auch in der Schnittstellenarbeit zu den freien Trägern und insbesondere in den konkreten Interaktionen mit den Leistungsberechtigten.

- Struktur und Finanzierungsformen müssen den Inhalten folgen. Die im Konzept beschriebene sozialpädagogische Fachlichkeit diente bis in die Details als Grundlage einer veränderten Aufbau- und Ablauforganisation sowie der Steuerung der jeweiligen Finanzierungsstränge. Der konsequente Bezug auf das fachliche Konzept war insbesondere in den Phasen des Prozesses von großer Bedeutung, in denen unter den Beschäftigten Klagen über die Einsparnotwendigkeiten so dominierten, dass die innovative Energie innerhalb der Institution geschwächt schien. Die vermeintliche Funktionalisierung des Konzepts „Sozialraumorientierung" für einen noch brutaleren Sparhaushalt war zwar durchgängiges Thema, sie erwies sich letztlich jedoch insbesondere deshalb als nicht entscheidend, weil gerade die reformbereiten Kräfte unter den Beschäftigten ihre Energie aus den fachlichen Zielen zogen und sich mit großem Engagement auf den Reformweg begaben. Dennoch war es immer wieder wichtig darauf hinzuweisen, dass auch ohne die aktuelle Innovation der Sparzwang bestehen bliebe: „Konsolidiert wird auf jeden Fall, und wir können uns lediglich aussuchen, diesen Prozess fachlich mitzugestalten oder lediglich reaktiv über uns ergehen zu lassen." (vgl. u.a. die Beiträge in Herrmann 2006).

- Ein zentraler Baustein für das Gelingen der Reform sowie insbesondere für die Glaubwürdigkeit der InnovatorInnen an der Spitze des Amtes bestand

---

[3] Nämlich des „Instituts für Stadtteilbezogene Soziale Arbeit und Beratung" der Universität Duisburg-Essen.

darin, ein umfassendes Qualifizierungskonzept zu erstellen und konsequent durchzuführen. In Pflichtveranstaltungen, denen man sich nicht entziehen konnte wurden bestehende Teams geschult. Dies geschah zum Teil, und mit besonders großem Erfolg, durch MitarbeiterInnen von öffentlichen und freien Trägern. Gesichert war dabei, dass alle FortbildnerInnen durchweg auf dem Hintergrund der gleichen Philosophie arbeiteten, so dass eine Qualifizierung „aus einem Guss" entstand, die auf das im Amt geltende Fachkonzept zugeschnitten war und keinerlei Spielräume für abweichende individuelle Vorlieben oder eher quer zum Konzept liegende inhaltliche Ausrichtungen ließ. Neben den Team-Qualifizierungen wurden die Führungskräfte systematisch geschult und in der Anfangsphase des Prozesses themenspezifisch gecoacht (vgl. Hinte 2006).

- Auf regionaler Ebene wurden Führungskräfte durch ungewöhnlich transparente Verfahren ausgesucht und installiert, die man vorab eingehend auf ihre Eignung für diese Funktion prüfte. Gelegentlich hatte das zur Folge, dass altgediente Führungskräfte, die sich dem Ansatz offen oder heimlich verweigerten, oder die sich in den neuen Funktionen schlichtweg überfordert fühlten, bei der Auswahl der „Sozialraum-Leitungen" nicht berücksichtigt wurden. Die daraus entstehenden Personalprobleme, bis hin zu dem befürchteten Überhang an Führungsanteilen, erwiesen sich durchweg als längst nicht so gravierend, wie das angesichts des nicht immer einfachen Personalrechts im öffentlichen Dienst zu Beginn der Prozesse gelegentlich prognostiziert worden war.

- Unabdingbar für das Gelingen innovativer Prozesse sind von dem Konzept überzeugte, fachlich versierte und mit entsprechenden Management-Qualifikationen ausgestattete Personen sowohl an der Spitze des Amtes als auch im Stab (in der Regel in der Jugendhilfeplanung), auf der mittleren Führungsebene und im Projekt-Management. Interessant ist, dass die Zahl dieser Personen gar nicht sonderlich hoch sein muss. Oft reicht es, wenn zu Beginn einige wenige Personen (etwa drei bis fünf) in wesentlichen Funktionen über die notwendige konzeptionelle, verfahrenstechnische und kommunikative Klarheit verfügen, so dass sich die übrigen AkteurInnen (im eigenen Amt, aber auch in der übrigen Verwaltung und in der Politik) daran ausrichten können. Dadurch waren insbesondere in „Schlingerphasen" ruhende und vertrauensvolle Pole vorhanden, an die man sich halten konnte. Mit Blick auf die Spitzen des Amtes bzw. des Dezernats sind zudem Glaubwürdigkeit und Prozess-Kompetenz wesentliche Merkmale, die für die Beschäftigten von Bedeutung sind. „Geht es ihnen wirklich um die Sache, oder wollen sie nur Karriere machen oder etwa *nur* konsolidieren? Wissen sie, wovon sie reden, und haben sie ein Bild von dem gewünschten sozialarbeiterischen Handeln in der Organisation?" Von großem Getöse begleitete Schnellschüsse wirken eher unglaubwürdig und verpuffen in ihrer Wirkung. Wer Prozesse zum falschen Zeitpunkt zu stark beschleunigt, wirkt auf das Personal sehr schnell etwas abgehoben und verliert den Kontakt zur Basis. Wer in krisenhaften Situationen zu lange zögert und die notwendigen Entscheidungen nicht trifft, erhöht die Verwirrung in den eigenen Reihen und erweckt beim Personal den Eindruck, die Hauptlast der Innovation würde ausschließlich von der Basis getragen.

- Wer sich bei einer Innovation nicht auf Insellösungen beschränken oder sich mit temporärem Krisenmanagement zufrieden geben will, setzt konsequent an den Bereichen Aufbaustruktur, Verfahren, Führungskultur sowie an der konkreten Interaktionssituation zwischen Professionellen und KlientInnen an. Eine Begrenzung auf nur einen Bereich oder einzelne Bereiche wird nicht nachhaltig wirken, da die überkommenen Verfahrensweisen in den nicht bearbeiteten Bereichen die innovativen Impulse aus den Reformsegmenten überstrahlen. Eine im „alten Geist" agierende Führungsperson wird auch in einer fortschrittlichen Aufbaustruktur das ihr unterstellte Personal im konservativen Sinne prägen. Nicht-qualifizierte Fachkräfte sind in der Lage, jede/n Vorgesetzte/n ins Leere laufen zu lassen. Überholte Strukturen und Verfahren konterkarieren jede noch so niveauvolle Qualifizierung, da den geschulten Fachkräften die entsprechende Anschlussstruktur innerhalb der Institution zur Realisierung der erlernten Kompetenzen fehlt. Wer nur eines der o.g. Felder außer acht lässt, stärkt die Beharrungskräfte innerhalb seiner Organisation und bringt sich selbst um die Früchte seines Engagements.

Literatur:

Aich, Prodosch/Bujard, Otker (1972): Soziale Arbeit. Beispiel Obdachlose, Köln.

Alinsky, Saul D. (1973): Leidenschaft für den Nächsten. Strategien und Methoden der Gemeinwesenarbeit I, Gelnhausen/Berlin.

Alinsky, Saul D. (1974): Die Stunde der Radikalen, Gelnhausen.

Alinsky, Saul D. (1984): Anleitung zum Mächtigsein, Bornheim-Merten.

Alisch, Monika (Hrsg.) (1998): Stadtteilmanagement. Voraussetzungen und Chancen für die Soziale Stadt, Opladen.

Bahr, Hans E./Gronemeyer, Reimer (1974): Konfliktorientierte Gemeinwesenarbeit. Niederlagen und Modelle, Darmstadt/Neuwied.

Blandow, Jürgen (2002): Sozialraum und Milieuorientierung in der Pflegekinderarbeit. In: Institut für soziale Arbeit (Hrsg.): Jahrbuch zur Sozialen Arbeit 2002, Münster S. 59-76.

Bestmann, Stefan/Brandl, Matthias (2006): Fallunspezifische Arbeit. In: Forum Erziehungshilfen, 12. Jg., H. 1, S. 53-58.

Boulet, Jaak/Krauss, Jürgen/Oelschlägel, Dieter (1980): Gemeinwesenarbeit. Eine Grundlegung, Bielefeld.

Braunmühl, Ekkehard v. (1975): Antipädagogik. Studien zur Abschaffung der Erziehung, Weinheim/Basel.

Brülle, Heiner/Marschall, Adalbert (1981): Sozialarbeit im Stadtteil – der soziale Raum als Strukturprinzip kommunaler Sozialarbeit. In: Müller, S. u.a. (Hrsg.): Neue Praxis, Sonderheft 6, S. 82-92.

Budde, Wolfgang/Früchtel, Frank (2005): Sozialraumorientierte Soziale Arbeit – ein Modell zwischen Lebenswelt und Steuerung. Teil 1 u. 2. In: NDV, 85. Jg., H. 7, S. 238-242 (Teil 1) und H. 8, S. 287-292 (Teil 2).

Budde, Wolfgang/Früchtel, Frank/HINTE, Wolfgang (Hrsg.) (2006): Sozialraumorientierung. Wege zu einer veränderten Praxis, Wiesbaden.

Bühler, Charlotte/Allen, Melanie (1974): Einführung in die Humanistische Psychologie, Stuttgart.

Damerius, Ruth/Hinte, Wolfgang (1997): Regionalisierung des Sozial- und Jugendamtes: das „Oberhausener Modell". In: Theorie und Praxis der Sozialen Arbeit, 48. Jg., H. 1, S.18-25.

Deinet, Ulrich (Hrsg.) (2005): Sozialräumliche Jugendarbeit. Grundlagen, Methoden und Praxiskonzepte, Wiesbaden.

Dettenborn, Harry (2001): Kindeswohl und Kindeswille, München.

Farson, Richard (1975): Menschenrechte für Kinder. Die letzte Minderheit, München.

Flitner, Andreas (1982): Konrad, sprach die Frau Mama …, Berlin.

Fricke, Dirk (2003): Neue Ziele – neue Wege. In: sozial extra, 27. Jg., H. 11-12, S. 33-37.

Früchtel, Frank (2001): Fallunspezifische Arbeit oder: Wie lassen sich Ressourcen mobilisieren? In: Früchtel, Frank u.a. (Hrsg.): Umbau der Erziehungshilfe, Weinheim/München.

Grimm, Gaby/Hinte, Wolfgang/Litges, Gerd (2004): Quartiermanagement. Eine kommunale Strategie für benachteiligte Wohngebiete, Berlin.

Grimm, Gaby (2004): Stadtteilentwicklung und Quartiermanagement. Entwicklung und Aufbau lokalspezifischer Organisations- und Steuerungsstrukturen, Essen.

Hansbauer, Peter (2000): Vom Qualitäts- zum Partizipationsdiskurs?. In: Zentralblatt für Jugendrecht, 73. Jg., H. 2, S. 50-56.

Hauser, Richard/Hauser, Hephzibah (1971): Die kommende Gesellschaft. Handbuch für soziale Gruppenarbeit und Gemeinwesenarbeit. München/Wuppertal.

Hermann, Klaus (2006): Leuchtfeuer querab! Wohin steuert die Sozialraumorientierung?, Berlin.

Hinte, Wolfgang/Litges, Gerd/Groppe, Johannes (2003): Sozialräumliche Finanzierungsmodelle, Berlin.

Hinte, Wolfgang/Litges, Gerd/Springer, Werner (1999): Vom Fall zum Feld, Berlin.

Hinte, Wolfgang/Lüttringhaus, Maria/Oelschlägel, Dieter (2001): Grundlagen und Standards der Gemeinwesenarbeit, Münster.

Hinte, Wolfgang/Metzger-Pregizer, Gerd/Springer, Werner (1982): Stadtteilbezogene Soziale Arbeit - ein Kooperationsmodell für Ausbildung und berufliche Praxis. In: Neue Praxis, 12. Jg., H. 4, S. 345-357.

Hinte, Wolfgang/Treeß, Helga (2007) Sozialraumorientierung in der Jugendhilfe. Theoretische Grundlagen, Handlungsprinzipien und Praxisbeispiele einer kooperativ-integrativen Pädagogik, München.

Hinte, Wolfgang (1980): Non - direktive Pädagogik, Opladen.

Hinte, Wolfgang (2001): Fall im Feld. In: Socialmanagement, 11. Jg., H. 6, S. 10-13.

Hinte, Wolfgang (2006): Was können Sozialarbeiterinnen und Sozialarbeiter? Fortbildung als Steuerungsinstrument in sozialen Institutionen. In: NDV, 86. Jg., H. 3., S. 129-133.

Institut für Stadtteilbezogene Soziale Arbeit und Beratung (ISSAB) (Hrsg.) (1989): Zwischen Sozialstaat und Selbsthilfe, Essen.

Kalter, Birgit/Schrapper, Christian (Hrsg.) (2006): Was leistet Sozialraumorientierung? Konzepte und Effekte wirksamer Kinder- und Jugendhilfe, Weinheim und München.

Kelm, Wolfgang (Hrsg.) (1973): Faß ohne Boden?, Wuppertal.

KGSt (1999): Bürgerengagement - Chance für Kommunen, Köln.

Kleve, Heiko (2003): Sozialarbeitswissenschaft, Systemtheorie und Postmoderne, Freiburg.

Kurz-Adam, Maria (2004): Fachlichkeit, Recht und Ökonomie – Herausforderungen an modernes fachliches Handeln im Jugendamt. In: NDV, 84. Jg., H. 8, S. 267-276.

Leitner, Hans/Richter, Hanka (2004): Eine Stadt bewegt sich! Über die Entwicklung integrierter, flexibler und regionalisierter Hilfen in Frankfurt (Oder), Frankfurt (Oder).

Lewin, Kurt (1968): Die Lösung sozialer Konflikte, Bad Nauheim.

Lüttringhaus, Maria (2000): Stadtentwicklung und Partizipation, Bonn.

Merchel, Joachim (2006[2]): Hilfeplanung bei den Hilfen zur Erziehung § 36 SGB VIII, Stuttgart.

Merten, Roland (Hrsg.) (2002): Sozialraumorientierung. Zwischen fachlicher Innovation und rechtlicher Machbarkeit, Weinheim/München.

Metzger, Wolfgang (1962): Schöpferische Freiheit, Frankfurt/Main.

Müller, C. Wolfgang/Nimmermann Peter (Hrsg.) (1973): Stadtplanung und Gemeinwesenarbeit, München.

Munsch, Chantal (Hrsg.) (2003): Sozial Benachteiligte engagieren sich doch, Weinheim/München.

ÖTV (Hrsg.) (1996): Soziale Dienste - Soziale Arbeit - Neuorganisation und Weiterentwicklung, Stuttgart.

Peters, Friedhelm/Koch, Josef (Hrsg.) (2004): Integrierte erzieherische Hilfen, Weinheim/München.

Preis, Michael (1990): Der Stadtteil als Wespennest. In: sozial extra, 14. Jg., H. 2, S. 13-18.

Seippel, Alf (1976): Handbuch aktivierende Gemeinwesenarbeit, 2 Bde, Gelnhausen/Berlin.

Sozialpädagogisches Institut im SOS-Kinderdorf (Hrsg.) (2001): Sozialraumorientierung auf dem Prüfstand, München.

Sozialpädagogisches Institut im SOS-Kinderdorf (Hrsg.) (2005): Hilfeplanung – reine Formsache?, München.

Stocker, Monika (2000): Plädoyer für eine zukunftsfähige Sozialpolitik im Jahrzehnt danach, Zürich.

Till, Henning (2004): Unternehmen Jugendamt. In: Blätter der Wohlfahrtspflege, 151. Jg., H. 3, S. 86-88.

Waldvogel, Rosann (2003): Das Modell Zürich – eine umfassende Reform der öffentlichen Sozialdienste. In: Sozial Aktuell, 35. Jg., H. 5, S. 7-11.

Walter, Hans-Jürgen (1985): Gestalttheorie und Psychotherapie, Opladen.

Willke, Helmut (2000): Systemtheorie, Stuttgart.

Zitelmann, Maud (2001): Kindeswohl und Kindeswille im Spannungsfeld von Pädagogik und Recht, Münster.

Das Dorf, der soziale Raum und das Lebensfeld

Peter Pantucek

Überlegungen zur Raumbezogenheit Sozialer Arbeit

Dieser vorliegende Text ist ein Auszug aus einem Work in Progress, einer grundlegenden Arbeit zur Sozialraumorientierung in der Sozialen Arbeit. Er muss daher bruchstückhaft bleiben, und er wird Fragen offen lassen. Der Beitrag bewegt sich nur am Rande des Themas dieses Bandes, weil er mehr an grundlegenden Fragen des theoretischen Verständnisses der Sozialen Arbeit als am ländlichen Raum interessiert zu sein scheint. Allerdings: Für die romantischen Vorstellungen von Gesellschaft und von deren Zusammenhalt sind die Bilder, die das Landleben liefert, nach wie vor von überragender Bedeutung. So ist das Schreiben über „rural areas" immer auch ein Schreiben über die Gesellschaft als Ganzes. Und das Schreiben über die Soziale Arbeit als Profession, die diese Gesellschaft auch zu formen versucht, verbindet sich mit dem Bezug auf das Gedächtnis der Menschheit, für das der ländliche Raum der ursprüngliche Lebensraum ist. Die Sehnsucht nach dem Ländlichen ist auch heutzutage die Sehnsucht nach den anthropologischen Wurzeln.

1 Ländlichkeit, Peripherie

Wenn in diesem Band vom ländlichen Raum, von der Peripherie, die Rede ist, dann handelt es sich zumeist um eine relative Peripherie. Es handelt sich um ländliche Regionen in einem der reichsten Staaten der Erde, in einem Europa, das sich selbst stets als Zentrum der Welt verstanden hat. Genauer betrachtet differenziert sich dieses Europa in Regionen sehr unterschiedlichen Zuschnitts – und diese wiederum in kleinere Räume mit unterschiedlichen Lebensbedingungen und Chancen für ihre BewohnerInnen. Global gesehen befinden wir uns (noch) im Zentrum, auch wenn sich die Schwerpunkte der wirtschaftlichen Entwicklungsdynamik bereits nach Asien verlagert haben mögen.

Was denn nun die Charakteristika des ländlichen Raums sind, ist längst nicht so klar, wie es die Bilder suggerieren, die wir bei der Rede vom „Land" im Gegensatz zur „Stadt" in uns aufsteigen lassen. Für Österreich fallen uns da

Kühe auf der Weide ein, Wald, Dörfer, Dorfwirtshäuser. Der eine oder die andere KandidatIn für einen Studienplatz an der Fachhochschule erzählt – auf die dörfliche Herkunft angesprochen – von der Nähe zur „Natur". Für die österreichischen ländlichen Regionen gilt allerdings längst, was mir in einem Gespräch beim zweiten Achterl Grünen Veltliner Grant Duncan über seine Heimat Neuseeland gesagt hat: „This nature is fucked by man", sie hat nichts Unberührtes mehr, sie ist selbst ein Kunstprodukt, ein Ergebnis der manchmal systematischen, manchmal chaotischen Bewirtschaftung und Formung durch die Menschen.

Interessant ist hier der Gegensatz zwischen den sich aufdrängenden Vorstellungen und der vorfindbaren, der empirischen Welt. Nirgends ist er so groß wie beim ländlichen Raum, beim Dorf. Das liegt an der überragenden Bedeutung, die der ländliche Raum für das Gedächtnis der Menschheit hat, für das „kollektive Unbewusste" – um einen Jung'schen Terminus zu bemühen.

Im empirisch vorfindbaren ländlichen Raum Zentraleuropas (über die Schwierigkeiten, diesen überhaupt zu definieren, vgl. Schwarz 2007:21-29) bilden die Dörfer keine Gemeinschaften mehr, in denen Arbeit, Bewirtschaftung der Naturressourcen und Organisation des Lebens zusammenfallen. Die Mehrzahl der BewohnerInnen geht ihrer Arbeit an anderen Orten nach, was bleibt, sind Restbestände der traditionellen Form der Vergemeinschaftung, aber eben nur noch Restbestände. Was ebenfalls bleibt (oder sich wegen der Erodierung der Dorfgemeinschaft verstärkt), sind die weiten Wege zu Versorgungseinrichtungen, die relative Abgeschiedenheit von der Vielfalt des modernen gesellschaftlichen Lebens. Noch sind Dörfer unterkomplex im Vergleich zur Gesellschaft als Ganzes und unterkomplex im Vergleich zum städtischen Raum. Die politischen Entscheidungsstrukturen sind kleinräumiger, der Einfluss der BürgerInnen auf die kommunalpolitischen Entscheidungen größer. Darin liegt ihr romantischer Charme, darin liegt allerdings auch die Besonderheit ihrer Position auf der Landkarte der Sozialen Arbeit.

2   Der Raum

Zuerst zum Raumverständnis, das diesen Überlegungen zugrunde liegt: Als „Raum" werden nicht nur (aber auch) die realen Topografien des Lebens verstanden: euklidische Räume, das ist der in einem ganz unmetaphorischen Sinne mit Körpern (in einem weiten Sinne: belebten und unbelebten Körpern) ausgestattete und durch sie strukturierte Raum, in dem es Orte und Distanzen gibt, Wege und Sichtbar- bzw. Unsichtbarkeiten im wörtlichen Sinne. Es handelt sich um Raum, in dem man sich bewegen, den man (im Wortsinne) erobern und (im übertragenen Sinne) „sich erobern" kann. Menschen sind in diesem Raum mit

Hilfe ihres Körpers situiert, sind mit seiner Hilfe sichtbar und nehmen Raum ein. Über diesen Raum zu sprechen, heißt auch über Körperliches und über Dingliches – also über Materielles – zu sprechen. In diesem Raum kann man sich einrichten, kann ihn abschreiten, durchmessen – das alles im wörtlichen Sinne. In ihm ist man mit seinem Körper präsent oder durch Artefakte, die auf „je mich" verweisen, die ich als Person in diesem Raum positioniert bzw. hinterlassen habe. Dazu gehören Dinge, die auch für andere sichtbar sind: für den „Wanderer", für die „Flaneurin", also für jene Menschen, die den Raum mithilfe der Beweglichkeit ihres Körpers durchmessen. Menschen bewohnen, bevölkern, gestalten solche Räume, und diese Räume sind gegliedert und ausgestaltet mit den Hinterlassenschaften der Menschheit. Neben diesen Hinterlassenschaften menschlicher Aktivitäten und menschlicher Lebensführung finden sich hier allerdings auch Gegenstände und Lebewesen, deren Präsenz keiner menschlichen Intention zugeordnet werden kann. Für sie wird gemeinhin der Begriff „Natur" verwendet, ihr wird eine Eigengesetzlichkeit zugestanden.

Das „Dorf" ist im Gedächtnis der Menschheit mit der Natur verbunden. Es hängt von ihr ab. Es ist der Ort, an dem Menschen den produktiven produzierenden Dialog mit der Natur als Teil ihrer Lebensführung (oder: ihres „Lebenskampfes", wie man früher oft sagte) organisierten, sich Refugien in Form von Häusern schufen und einen Raum der Kooperation, der gegenseitigen Hilfe grundiert durch gegenseitige Verpflichtungen.

Die Stadt ist ein um ein Vielfaches vergrößertes Dorf. Sie lässt der menschlichen Gesellschaft mehr Raum und ist stärker abgeschottet gegen dieses gleichermaßen bedrohliche wie produktive Wesen „Natur". In ihr tritt das Naturhafte der menschlichen Gesellschaft selbst in den Vordergrund. Sie ist zu groß, um noch „Gemeinschaft" produzieren zu können – eine Schicksalsgemeinschaft angesichts existenzieller Gefährdung. Ausnahmen waren und sind Bedrohungsszenarien größerer Ordnung, die jedoch nicht mehr Bestandteil der alltäglichen Lebenserfahrung sind, sondern Ausnahmesituationen (früher z.B. Seuchen, Belagerung; aktueller z.B. New York nach den Terroranschlägen auf das World Trade Center). In der Stadt verändert sich nicht nur das Verhältnis der Menschen zur Natur, sondern auch das Verhältnis zur Gesellschaft, die in ihrer Komplexität naturhafte Züge annimmt. Während im archaischen Dorf die Gemeinschaft durch die Präsenz, die Nähe der Natur erzwungen scheint, sind die Regeln des Zusammenlebens in der Stadt auf dem Humus der Menschheit selbst gewachsen.

Im topografisch gegliederten Raum der Gegenständlichkeit bewegen sich Menschen in ihrem alltäglichen Lebensprozess, und schon allein deshalb ist er interessant für die Soziale Arbeit, die diesen Lebensprozess zum Gegenstand hat. Als Spezialfall (im Sinne der Kosmologie, der Physik und der Philosophie) ist dieser Raum fraglos vorhanden, dem menschlichen (Alltags-)Leben vorausgesetzt und folgt den Newton'schen Naturgesetzen. An ihm die Denkmodelle der Relativitätstheorie oder der Quantentheorie zu erproben, wäre vergebliche Liebesmüh', brächte keine relevante Erkenntnis, sondern nur Verwirrung. Menschliches Alltagsleben vollzieht sich in einem Newton'schen Universum, in dem der Apfel zu Boden fällt, wenn man ihn loslässt.

Vollzieht es sich tatsächlich in einem Newton'schen Universum? Das trifft nicht ganz und immer weniger zu. Die menschliche Kommunikation wurde in den letzten Jahrhunderten zunehmend unabhängig von körperlicher Nähe. Wenn die Post für die Kommunikation über größere Distanzen noch den Preis der zeitlichen Verzögerung verlangte, machen Telefonie und E-Mail auch diesen Preis hinfällig. Was die Schnelligkeit betrifft, unterscheidet sich die Kommunikation über topografisch hochrelevante Distanzen hinweg nicht mehr oder kaum mehr von der Face-to-face-Kommunikation mit dem in meiner körperlichen Nähe anwesenden Anderen. So entstehen reale metaphorische Räume des sozialen Kontakts. Wenn soziale Systeme Systeme sind, die aus Kommunikation bestehen, dann sind sie nun grundsätzlich nicht mehr an die Voraussetzung der gleichzeitigen Anwesenheit in räumlicher Nähe gebunden. Wir haben Räume, die nicht mehr einen euklidischen und gegenständlichen Raum und eine gewisse Nähe innerhalb dieses gleichen Raumes zur Voraussetzung haben. Und trotzdem entfalten sich hier Räume: Die Kommunikation schafft, wo sie stattfindet, Zusammenhänge, Erwartbarkeiten und Austausch. Sie eröffnet einen Raum. Wo sie ist, ist Raum. Wo sie nicht ist, ist höchstens potenzieller Raum. Scheinbar losgelöst von der Körperlichkeit liegt es nahe, den Raum als Konstrukt zu begreifen, als etwas durch die kommunizierenden Menschen Gemachtes.

Metaphorische Räume mit relativer Unabhängigkeit von der Unmittelbarkeit des Face-to-face-Kontakts sind allerdings nicht völlig neu in der Entwicklung der Menschheit. Die Bildung menschlicher Gesellschaften war immer schon auf ein Netz von Verbindungen und Verbindlichkeiten angewiesen bzw. bediente sich dieses Netzes. Verbindlichkeiten, die auf Gabe und Gegengabe, auf der gedachten Zugehörigkeit zu Gemeinschaften etc. beruhten. Wenn man so will: Gesellschaft entsteht durch komplexe Kooperations- und Austauschverhältnisse und sie entsteht in den Köpfen. So werden Räume von Verbindlichkeiten, Abhängigkeiten und Verpflichtungen konstruiert. Diese gedachten Räume haben ihre Basis in ihrem alltäglichen Erfolg. Was man erwartet, tritt tatsächlich ein – zumindest in vielen Fällen. Individuelle soziale Landkarten werden durch Erfahrung bestätigt, werden „gültig".

3   Topografien der Unterstützung

Versteht man nun Soziale Arbeit als wesensmäßig sozialraumbezogen – und m.E. ist sie das als kunstgerechte professionelle Arbeit stets – dann kann sie sich im ländlichen Raum nicht grundsätzlich von der Arbeit in städtischen Räumen unterscheiden. „Nicht grundsätzlich" heißt aber auch, dass sie sich im Detail sehr wohl anderen Herausforderungen und Möglichkeiten gegenübersieht.

Was gleich bleibt, das sind unter anderem:
- gesetzliche Grundlagen Sozialer Arbeit,
- funktionsfähige Programme sozialer Unterstützung,
- familiäre Dynamiken,
- der logische Aufbau des Unterstützungsprozesses und
- die sozialarbeiterische Methodik.

Was zumindest die peripheren ländlichen Räume von städtischen Räumen unterscheidet, ist unter anderem:
- die Nähe kommunaler EntscheidungsträgerInnen,
- das Bestehen einer kleinräumig strukturierten, aber wenig differenzierten Zivilgesellschaft (keine Anschlussmöglichkeiten für Personen mit minoritären Lebensweisen),
- die schwere Erreichbarkeit spezialisierter Angebote,
- intensivere soziale Kontrolle und
- der Mangel an Ausweichmöglichkeiten für schlecht eingebundene und wenig mobile Personen.

Wie mir KollegInnen versichern, die im ländlichen Raum arbeiten, finden sich dort allerdings auch Formen extremer Armut und radikaler Einsamkeit.

Diese Differenzen erfordern in der Praxis Strategien der Sozialen Arbeit, die sich an die Verhältnisse der Peripherie „anschmiegen", den Kontakt zu den lokalen Strukturen suchen, ohne sich deshalb von der Dynamik der Enge vereinnahmen zu lassen.

Die Herausforderung sozialräumlichen Arbeitens bleibt aber gleich, und sie besteht in erster Linie darin, sich nicht auf jene Topografien zu beschränken, die sich aufdrängen, die von selbst im Vordergrund stehen. Bleibt man bei den Bezügen, die sich auf den ersten Blick anbieten, wird eine Fülle von Ressourcen unbeachtet bleiben. Das heißt im Falle des Dorfes auch: Die Ressourcen des Dorfes sind zu beachten, sich auf sie zu beschränken wäre allerdings ein reduktionistischer Holzweg.

Kaum jemand ist ausschließlich in einer einzigen „objektiven" Struktur verankert; die meisten Menschen haben Verbindungen zu mehreren Lebensbereichen. Begabte „Networker" unter ihnen perfektionieren die Kunst, mannigfaltige Verbindungen und gegenseitige Verpflichtungen aufzubauen. Sie erstellen Konten des Gebens und Nehmens. Die Kunst besteht darin, diese Konten offenzuhalten, also nie völlig auszugleichen – damit werden sie am Leben erhalten und können stets wieder aktiviert werden. In kleinerem Ausmaß wird solches Networking auch weiter unten in der sozialen Pyramide betrieben. Personen, die von sozialen Ausschlussprozessen betroffen sind, gelingt dieses Networking allerdings immer schlechter. Bei zu vielen „Verrechnungskonten" sind sie im Minus: Sie haben zu wenig gegeben und zu viel genommen. Das ist nicht nur peinlich, es legt auch nahe, Kontakte veröden zu lassen, bei denen man „Schulden" hat. Verständlich – aber ungeschickt – ist es auch, jene Personen zu meiden, die mir gegenüber selbst Schuld auf sich geladen haben. Die Kunst netzwerkbezogener Sozialer Arbeit besteht darin, diese Kontakte für KlientInnen zu aktivieren.

4   Totale und tendenziell totalitäre Institutionen

Für eine Theorie der Sozialen Arbeit (und für alle kleinräumigeren theoretischen Versuche in diesem Bezugsrahmen) ist der reflektierte Bezug auf die Organisationsgebundenheit der Sozialen Arbeit konstitutiv. Soziale Arbeit kommt als Profession in ihrem Kern eben nicht ohne Organisationsbezug aus. So wie das Sozialwesen als Ganzes ein Substitut darstellt, einen Ersatz für die Inklusion in die „normalen" Strukturen der Lebenssicherung, so kann Soziale Arbeit sich selbst nicht ohne dieses System des Sozialwesens verstehen, das seine organisatorischen Ausprägungen zur Existenz benötigt. Berufliche Soziale Arbeit entstand erst mit der breiten Institutionalisierung des Sozialwesens. Sie konnte und kann zwar auf die jahrtausendelange Erfahrung mit (auch individuellen) Hilfstätigkeiten[1] zurückgreifen, als Beruf ist sie im Gegensatz zu den heilenden Berufen allerdings an die Organisation gebunden. Da sie es zuerst mit nicht zahlungsfähiger Klientel zu tun hat, benötigt sie den gesellschaftlichen Auftrag, benötigt sie das Politische, die Organisation, die Geld für ihre Tätigkeit zu lukrieren versteht. Daher ist ihr der Grundkonflikt eingeschrieben, der die gesellschaftlichen Lösungsversuche für den Umgang mit den Exkludierten bestimmt: Der Konflikt zwischen Strategien der Kasernierung der Ausgeschlossenen in Ghettos und der Versuche, sie in die Gesellschaft und ihre „normalen" Strukturen hereinzuholen.

---

[1]   zum Beispiel auf die Erfahrungen, wann und wie Gespräche hilfreich sein können.

Eine „totale Institution" (Goffman 1972) schneidet nun Menschen von ihren „natürlichen" Verbindungen ab, macht sie in ihrer sozialen Existenz überschaubar, indem sie das objektive Netz der Organisation und die subjektiven Netze der Insassen zur Übereinstimmung zu bringen versucht. Totale Institutionen sind seltener geworden, aber vielen Organisationen des Sozialwesens wohnt die Tendenz zur Totalität inne. Das Konzept der totalen Institution scheint mir analytisch hilfreich zu sein, weil es Tendenzen von Organisationen erkennbar macht. Das sind Tendenzen zur Schließung des Raumes und zur Erlangung der Kontrolle über alle wesentlichen Bedingungen des eigenen „Erfolgs".

Anhand mehrerer Indikatoren ließe sich eine Skala generieren, auf der Organisationen in ihrer Nähe oder Ferne zur totalen Institution verortet werden können. Solche Indikatoren könnten sein:

- Wie rigide ist die Unterscheidung zwischen „innen" und „außen"?
- Wird den KlientInnen Unterwerfung unter die Regeln der Organisation abverlangt?
- Wie weitgehend greifen die Regeln in die autonome Lebensführung der KlientInnen ein?
- Welcher Zeitaufwand wird den KlientInnen von der Organisation abverlangt?
- Welche Einflussmöglichkeiten haben KlientInnen auf das Programm?
- Führt das Programm zu einer Intensivierung oder zu einer Verarmung des Austauschs der KlientInnen mit ihrem „natürlichen" Netz?

Wenn wir also das Konzept der „totalen Institution" nicht als Beschreibung bestimmter Organisationstypen (Gefängnisse, Armee etc.) betrachten, sondern als idealtypische Abstraktion, die wir zur Analyse verwenden, dann können wir auch an Institutionen, die auf den ersten Blick nicht in diese Kategorie fallen, Strukturmerkmale totaler Institutionen erkennen: Aspekte, die zu einer Isolierung der KlientInnen, zu einer Schwächung ihres Status als BürgerInnen beitragen.

Luhmann sieht Menschen bekanntlich nicht als Elemente der Organisation,[2] diese Tatsache (der zahlreichen Außenbezüge von Organisationsmitgliedern) hat dann etwas Bedrohliches, wenn eine mechanistische Steuerung der Organisation

---

[2]   Die Entscheidung, sich bei der Analyse von sozialen Systemen für „Kommunikation" anstatt für „Personen" als Elemente der sozialen Systeme zu entscheiden, wie sie von Luhmann getroffen wurde, eröffnet m.E. wesentlich interessantere Einblicke und ein differenzierteres Verstehen von sozialen Systemen. Unter anderem trägt diese Entscheidung dem Fakt Rechnung, dass Menschen sich gegenüber sozialen Systemen, in die sie eingebunden sind (in deren Kommunikation sie eingebunden sind), stets auch distanziert verhalten (können), wesentlich mehr Rechnung, als die von der Schweizer Schule im Gefolge von Staub-Bernasconi präferierte Sichtweise. Individuen sind eben nicht gänzlich („mit Haut und Haaren") in soziale Systeme inkludiert und damit von ihnen auch nicht völlig abhängig. Sie bleiben in ihrer Totalität zu einem gewissen Anteil immer eigenständig (wenngleich sie auch nie völlig unabhängig sind).

erheischt ist. Die Unkontrollierbarkeit und Unberechenbarkeit der Organisationsmitglieder ergibt sich wesentlich aus ihren Außenbezügen, die organisationsfremde Interessen und Sichtweisen unkontrolliert in den Mechanismus der Organisation einspeisen.

5   Sozialarbeit, Organisation, Lebensräume

Wenn Sozialarbeit, wie ich behaupte, eine gleichzeitig radikal individualisierende wie an der Entwicklung des Gemeinwesens (des „bonum commune", nicht notwendigerweise der engen Gemeinde im Verwaltungssinn) interessierte Zunft ist, dann hat sie in ihrer Arbeit die Vielfältigkeit der individuellen Zugehörigkeiten und die reiche Gliederung der individuellen Topografien und Verpflichtungsnetze zu fördern. Dadurch kommen allerdings auch die „objektiven" Netze in den Blick, das heißt die überindividuellen Strukturen, an denen die Individuen teilnehmen und teilhaben. Es sind Möglichkeitsstrukturen, die sowohl individuell erschlossen als auch aufnahmebereiter gemacht werden können.

In der Betrachtung der Strukturen sozialer Beziehungen können wir zwischen „objektiven" Strukturen und personenzentrierten Strukturen (Netzen) unterscheiden. Diese Unterscheidung ist eine des Beobachters: Zeichnet man Beziehungsnetze, kann man sich dafür entscheiden, von einer Ankerperson auszugehen und sich auf die Darstellung der für diese Person relevanten Beziehungen beschränken. Oder man kann z.B. eine Gemeinde, eine Organisation als Bezugsfeld nehmen und wird dann ein unzentriertes Netz erhalten. Die klassische Gemeinwesenarbeit hat sich für die zweite Variante entschieden. Lebensweltorientierung steht eher für die Arbeit mit personenzentrierten Netzen. In unserem Verständnis sozialraumorientierter Sozialer Arbeit werden die beiden Varianten als miteinander verbunden gesehen: Die Eine ist Bedingung der Anderen. Sozialraumorientierung beginnt bei der Wahrnehmung des Weiteren sozialen Netzes der KlientInnen und erkennt die Struktur der „objektiven" (also unzentrierten) Netze als beeinflussbare Rahmenbedingung.

Die Trias von personzentrierter, personenübergreifender und personenunspezifischer Arbeit[3] ergibt zusammen erst ein komplettes Verständnis sozialraumorientierter Sozialer Arbeit. „Personspezifisch" meint die Sicht auf die vorhandenen und potenziellen Netze der KlientInnen, die Optimierung dieser Netze

---

[3] Ich verwende hier bewusst nicht die im Diskurs des Sozialraumkonzepts gebräuchlichen Bezeichnungen „fallspezifisch, fallübergreifend und fallunspezifisch", da in unserem Verständnis ein „Fall" auch bei gemeinwesenbezogenen Interventionen vorliegt. Ein „Fall" ist u.E. immer dann gegeben, wenn aufgrund einer Problemdefinition Soziale Arbeit tätig wird und Interventionen setzt. Zum Fallbegriff vgl. Pantucek 2006.

durch die einzelfallbezogene Sozialarbeit. „Personenübergreifend" bedeutet, dass durch die Förderung der personenbezogenen Netzwerkstrukturen gleichzeitig Möglichkeitsräume gegenseitiger Aufmerksamkeit und Unterstützung auch für andere Personen eröffnet werden. „Personenunspezifisch" meint die Arbeit zur Optimierung der „objektiven", der nicht-personenzentrierten Netze, zum Beispiel eines Gemeinwesens oder einer Internet-Community.

Als selbst notorisch institutionell eingebundene Profession steht der Sozialen Arbeit hierfür das symbolische und soziale Kapital ihrer jeweiligen Institution zur Verfügung, gleichzeitig drängt die organisationsinterne Dynamik allerdings auf Schließung, auf Planbarkeit und daher auf Eliminierung „nicht nötiger" anderer Bezüge der KlientInnen.

Wir können diese Schließung an der Falldefinition und der Fallbearbeitung untersuchen. Wir können aber auch nach den innerorganisatorischen (und vielleicht doch auch berufstypischen) Mechanismen fragen, die für die häufig zu beobachtende radikale Unterordnung der Fachkräfte unter die Organisation führt – schließlich erfordert diese Unterordnung das aktive „Vergessen" von Gelerntem: in der hochschulischen Lehre der Sozialen Arbeit wird implizit von einer recht hohen Autonomie der Fachkräfte ausgegangen.[4] Diese Annahme gerät im Zuge von Praktika bereits in Bedrängnis: Die Studierenden kommen dort mit den durch die Organisationslogiken dominierten Praxisformen in Berührung und kehren an die Hochschule mit der Überzeugung zurück, nun das „wirkliche Leben" gesehen zu haben, das sich doch sehr deutlich von den hohen akademischen Forderungen nach Autonomie und Selbstreflexion unterscheide. Die Erfahrung der (bis zu einem gewissen Grad anscheinend notwendigen) arroganten Selbstgewissheit der organisatorischen Praxen kann sich im schlechtesten Fall zu einer Reflexions- und Theoriefeindlichkeit der Studierenden transformieren. Aber auch der umgekehrte Effekt ist denkbar und beobachtbar: Die Studierenden entwickeln im Praktikum eine von den PraktikerInnen als Hochmut empfundene Distanz zur vorfindbaren Praxis, die sie an den Ansprüchen der Hochschule messen.

Viele Sozialarbeiterinnen entwickeln beim Umgang mit diesem Widerspruch zwischen professionellen Idealen und organisationsgeprägter Praxis einen Gestus der Kritik, die sich an „der Gesellschaft" mit ihren antisozialen Tenden-

---

[4] Ich kann das hier nur behaupten, nicht jedoch belegen. Logisch wäre dieser Widerspruch jedoch begründbar: Die Lehre bildet sich in den meisten Hochschulen als professionsbezogen heraus und ist nicht direkt an Trägerorganisationen gebunden. Die Lehre steht in einem Konkurrenzverhältnis zu den Organisationen und muss daher ihre Deutungshoheit tendenziell gegen die organisationsbezogenen Steuerungsbemühungen verteidigen. Die Trägerorganisationen mögen fallweise die Hochschulen als BeraterInnenpools heranziehen, sind aber naturgemäß nicht daran interessiert, die Hoheit darüber abzugeben, was als angemessene und regelgerechte Soziale Arbeit zu gelten hat.

zen abarbeitet, nicht jedoch an der eigenen Fallpraxis. Damit kann die alltägliche Konfrontation mit der Organisation vermieden werden bzw. können vorhandene eigene Verantwortungsspielräume „übersehen" und einer opportunistischen Praxis in der Fallbearbeitung großer Raum gelassen werden.[5]

6   Personzentrierte sozialräumliche Arbeit

Wir können nun bestimmen, was m.E. den Kern des sozialräumlichen Ansatzes in der Sozialarbeit ausmacht: Er ist ein ständiges Anrennen gegen den Mechanismus der Schließung und der Tendenz zur Formierung totaler Institutionen, die dem Managerialismus innewohnt. Zuerst bedeutet Sozialraumorientierung ein Aufmachen der Wahrnehmung: Die subjektiven Topografien des Lebens können die Wegweiser für diese stets neue Expedition in die große weite Welt sein, daher sind Heuristiken der sozialen Diagnostik (Netzwerkkarte etc.) ein möglicher erster Schritt ein sozialräumliches Arbeitsprinzip zu realisieren. Die fallbezogene Strategie, die an diesen Netzwerken (mit Soll-Netzwerken als fallbezogene Folie wünschenswerter multipler und dadurch gegeneinander ausspielbarer Abhängigkeiten) anknüpft, verweist auf ausweichende Taktiken, auf Veränderungen mit der Organisation als Katalysator und nicht mehr als „Lösung". Die Lösung wird in einer Stärkung oder Aktivierung veröteter Bindungen und in einer Bereicherung und Differenzierung der Netzwerkbeziehungen gesucht. Wenn man so will: Es werden Abhängigkeiten geschaffen, um Abhängigkeit im Singular zu verhindern.

Dabei ist nicht immer zu verhindern, dass die KlientInnen vorerst EmpfängerInnen von Unterstützung sind, d.h. dass die „Verrechnungskonten", die (wieder) aktiviert werden, vorerst einmal im Minus sind. Jene, die wieder in Austauschbeziehungen mit den KlientInnen treten, erhalten vorerst moralische Benefits (Erfüllen einer verantwortlichen Rolle). Sozialraumbezogene Interventionspolitik bietet Deutungen an, die diesen moralischen Benefit hervorstreichen. Sie sollte allerdings auch Ressourcen zur Verfügung haben, die stellvertretend für die KlientInnen auch durch materielle Anreize „Kontobewegungen" ausgeglichener gestalten können.

Ist dieses „Spacing", die Ausweitung des Wahrnehmungs- und Interventionsfeldes, nun legitim? Entspricht sie dem Auftrag oder wird sie den Fragen, die der Fall stellt, aufgepfropft? Ist sie Teil einer expertokratischen Strategie?

---

[5]   Es geht ganz offensichtlich in der Alltagspraxis gut zusammen, sich gleichzeitig über die „soziale Kälte" in der Gesellschaft zu beschweren und den eigenen KlientInnen gegenüber rigide zu agieren, ihnen zum Beispiel die Unterstützung zu entziehen, wenn sie „nicht kooperieren" oder „keine Problemeinsicht haben".

Generell gesehen ist dies m.E. nicht der Fall, ganz im Gegenteil. Betrachten wir, wie sich in der Sozialarbeit ein Fall konstituiert, und wie er durch die Aktivitäten von KlientIn und SozialarbeiterIn konstruiert wird.

Der Fall konstituiert sich als solcher vorerst dadurch, dass jemand ein Problem definiert und ein/e SozialarbeiterIn anhand dieses präsentierten Problems („presented problem" als beratungstechnischer Terminus) in einen Beratungsprozess einsteigt (also: die Rolle des/der BeraterIn übernimmt). Die erste Phase des Beratungsprozesses kreist i.d.R. um das präsentierte Problem und seinen Kontext, an der Problemdefinition wird gearbeitet. Dabei ist nötigenfalls das Problem so umzuformulieren, dass es eine bearbeitbare Struktur aufweist. Ein Problem ist dann bearbeitbar, wenn ein Aktor benannt ist, der bereit ist, Energie aufzuwenden, um ein Hindernis auf dem Weg von einem beschriebenen IST-Zustand zu einem (wie auch immer vage benannten) Ziel (SOLL-Zustand) zu überwinden (vgl. Brauchlin/Heene 1995).

Die präsentierten Probleme, mit denen Sozialarbeit konfrontiert wird bzw. für die sich SozialarbeiterInnen zuständig zu erklären bereit sind (bzw. ihnen institutionell diese Zuständigkeit zugewiesen wird), sind i.d.R. Probleme eines gestörten, nicht funktionierenden oder gefährdeten Alltags.[6] Oft werden bereits bei der ersten Problemformulierung andere Personen benannt, die in das Problem involviert sind, ja mitunter werden diese anderen Personen sogar als „Ort" des Problems identifiziert. Man könnte also sagen, dass viele präsentierte Probleme, vor allem, wenn sie von den KlientInnen genannt werden und nicht von überweisenden Stellen, bereits ein erstes „Spacing" enthalten. Sie entfalten einen (wenn auch vorerst meist nur kleinen) sozialen Raum.

Im Zuge der „Zurichtung" des präsentierten Problems, also auf dem Weg vom präsentierten Problem zum bearbeitbaren Problem (bzw. zur Definition von Zielen) sind nun folgende Aufgaben zu erledigen:

1. die Einsetzung des/der KlientIn in die Problemformulierung als Aktor, also als Subjekt, das die Bereitschaft bekundet, Energie zur Lösung aufzuwenden und das das Problem als eigenes (Handlungs-)Problem erkennt und bezeichnet.

2. die Kontextualisierung des Problems, also der Aufbau eines Bildes von dem Szenario, das als relevant für die Konstituierung, Reproduktion und Lösung des Problems angesehen wird.

---

[6]   In der Literatur finden sich auch andere Definitionen z.B. habe es Sozialarbeit mit Problemen der „Lebensbewältigung" zu tun. Mir scheint dies nur für einen Teil der präsentierten Probleme zuzutreffen, der Begriff zu stark, zu emphatisch zu sein. Charakteristisch für viele Fälle der Sozialarbeit ist gerade die Beschäftigung mit scheinbaren Kleinigkeiten des Alltags.

Die Individualisierung der Problemdefinition (Aufgabe 1) ist zwar operativ erforderlich, um einen sozialarbeiterischen Beratungsprozess starten zu können, aber sie birgt auch Gefahren: Um zu KlientInnen werden zu können, müssen die AdressatInnen sich selbst als „ProblemeignerInnen" definieren. Man geht also in den sprachlichen Bildern aus dem möglicherweise durch das präsentierte Problem eröffneten Raum zurück auf die Person. Erforderlich ist das, weil man die Person als handelndes Zentrum braucht: Der Raum ist ohne AkteurInnen nicht zu gestalten. Der Raum wird also eingeengt, um ein Zentrum zu generieren, von dem aus dann wieder Raum entfaltet werden kann. Die Gefahr liegt darin, dass Personen selbst – metaphorisch gesprochen – nicht Punkte, sondern Räume (Systeme, genauer: Agglomerationen von Systemen) sind und sich durch die Zentrierung ein personeninterner Raum öffnet, in dem agiert werden kann. Wird es versäumt, durch die Kontextualisierung (Aufgabe 2) diesen Raum wieder zu öffnen, die Person also als Zentrum eines größeren Raumes und so als relative Einheit (als gedachten Punkt) zu setzen, bleibt die Bearbeitung der internen Prozesse der Person übrig. In einer extremen Ausformung wäre das eine Psychotherapie, die sich um die reale Beschaffenheit der Welt nicht kümmert, sondern die personeninternen Prozesse allein zum Beratungsthema macht.[7]

Die Konzentration der Beratung auf innere Widersprüche der KlientInnen (also das „Spacing" der Person, die Auffaltung eines inneren Raumes, einer inneren Landschaft) ist keineswegs immer ein Kunstfehler. Ganz im Gegenteil ist sie notwendiger Bestandteil aller Unterstützungsprozesse. Und manche dieser Prozesse können sich sogar auf eine Bearbeitung dieses inneren Raumes beschränken und doch erfolgreich sein. Das Kriterium dafür, ob eine solche Beschränkung „legitim" ist oder nicht, besteht in der Frage, ob das Haupthindernis[8] auf dem Weg vom IST zum SOLL in der Person lokalisiert werden kann oder nicht. Um diese Frage zu klären, muss allerdings der soziale Raum angesehen werden. Wir können also für die Sozialarbeit jedenfalls als Kunstfehler feststellen, wenn eine Überprüfung des weiteren Raumes (des Lebensfeldes) gar nicht erfolgt. In diesem Fall wäre nämlich eine Entscheidung für eine Konzentration

---

[7]   Dies trifft keineswegs auf alle Formen und Schulen der Psychotherapie zu.

[8]   Was denn nun das „Haupthindernis" sei, ist eine Frage, die bloß pragmatisch entschieden werden kann: In sie fließt notwendigerweise auch ein, wie aussichtsreich die Versuche zur Änderung relevanter Parameter sein mögen. So könnte man als bedeutendstes Hindernis für die Lösung eines individuellen Problems die Wirtschafts- und Sozialpolitik der Regierung identifizieren, diese steht aber in der Fallbearbeitung nicht zur Disposition. Man wird also wohl oder übel „erreichbare" Hindernisse als die bedeutendsten definieren müssen, deren Beseitigung zwar geringeren Aufwand, aber auch geringeren Effekt verheißt, als die (wohl illusorische) Veränderung der gesellschaftlichen Rahmenbedingungen. Dieses Kalkül kann im Nahraum des Falles noch einmal wirksam werden: Bestimmte Aspekte der Situation mögen wenig beeinflussbar erscheinen und daher aus dem Bearbeitungsprogramm ausgeblendet oder als invariant gesetzt werden.

auf den inneren Raum nicht aufgrund einer Problem- und Situationsanalyse getroffen worden, sondern quasi ohne Ansehung des Falls bereits vorentschieden. Sie wäre hiermit eine bloß ideologisch zu begründende Entscheidung der Sozialarbeiterin.

7 Sozialraumbezogen Arbeiten in der Peripherie

Sozialraumorientierung erfordert also auch eine Herangehensweise an den Einzelfall, die Räume des Kontextes eröffnet und nicht schließt, die Hinweise auf die soziale Dimension des Problems nicht ignoriert, sondern aufgreift. Programmatisch wäre das für die personzentrierte Soziale Arbeit noch auszubuchstabieren,[9] wobei zwei Aspekte für die Soziale Arbeit relevant scheinen: erstens das soziale Netz der Beziehungen zu Personen, kartographiert durch die Netzwerkkarte, zweitens die Inklusion der Personen in die gesellschaftlichen Funktionssysteme, diagnostisch erfasst durch Inklusions-Charts (beides beschrieben in Pantucek 2005).

Wo am Beginn eines Fallbearbeitungsprozesses nicht personenzentrierte Problemformulierungen sondern gemeinwesenbezogene stehen, wäre als Merkmal einer sozialarbeiterischen Herangehensweise (im Gegensatz zu einer stadtplanerischen, geographischen, ethnologischen, soziologischen etc.) die Aufmerksamkeit auf die AkteurInnen zu benennen. Die Prozesse der Beauftragung und Auftragsaushandlung sind auch in Gemeinwesen personengebunden, verhandeln die Position von Personen in Gemeinwesen und Gesellschaft.

In diesem Verständnis von Sozialer Arbeit als Profession, die gleichzeitig sozialraumbezogen ist (sein muss), und Individualisierung zu ihrer Voraussetzung und als Orientierungspunkt hat, bleiben individuelle und kollektive Schicksale untrennbar miteinander verbunden. Soziale Arbeit sucht im Einzelfall das Gemeinwesen und im Gemeinwesen den Einzelfall.

Die Arbeit in peripheren Regionen ermöglicht einerseits den Rückgriff auf kollektive Phantasmen wie die Gemeinschaft des Dorfes, andererseits ist sie auch mit der Enge – nicht nur der Organisation, sondern auch der kleinen und überschaubaren Gemeinschaft – konfrontiert. Diese sowohl zu nutzen, als auch tendenziell zu überschreiten, das ist die Kunst sozialraumorientierten Arbeitens im ländlichen Raum. In der personzentrierten Arbeit sind die Bezüge zur erweiterten (auch entfernt wohnenden) Familie, die Möglichkeiten der Überschreitungen dörflichen Rahmens zu erkunden und zu fördern. In der gemeinwesenbezogenen

---

[9] Am Beispiel der Familiensozialarbeit haben z.B. Budde und Früchtel (2005) Hinweise für ein „Spacing" des Fallverständnisses gegeben.

Arbeit sind es die Kontakte der AkteurInnen in dorfübergreifenden sozialen Netzen, die potenziell für die Gemeinschaft des Ortes nützlich sind und Aufmerksamkeit verdienen. Soziale Arbeit beweist ihre Professionalität nicht in der Schließung, sondern in der Öffnung der Perspektiven. Damit stößt sie immer wieder auf gegenläufige Tendenzen von Gemeinwesen und (ihren eigenen) Organisationen. Ohne einen bewussten Umgang mit diesen Widersprüchen bleibt sie hinter ihren Möglichkeiten weit zurück – in urbanen wie in ländlichen Settings.

Literatur

Brauchlin, E. / Heene, R. (1995): Problemlösungs- und Entscheidungsmethodik: eine Einführung. 4., vollständig überarbeitete Auflage, Bern und Stuttgart.

Budde, Wolfgang / Früchtel Frank (2005): Fall und Feld. Oder was in der sozialraumorientierten Fallarbeit mit Netzwerken zu machen ist, Das Beispiel Eco-Mapping und Genogrammarbeit, in: sozialmagazin Nr. 6., 14-23.

Goffman, Erving (1972): Asyle. Über die soziale Situation psychiatrischer Patienten und anderer Insassen, Frankfurt/M.

Löcherbach, Peter (2003): Einsatz der Methode Case Management in Deutschland: Übersicht zur Praxis im Sozial- und Gesundheitswesen. In: Vortrag auf dem Augsburger Nachsorgesymposium am 24.5.2003.

Pantucek, Peter (2005): Soziale Diagnostik. Verfahren für die Praxis Sozialer Arbeit, Wien und Köln.

Pantucek, Peter (2006): Fallstudien als "Königsdisziplin" sozialarbeitswissenschaftlichen Forschens. In: Flaker, Vito / Schmid, Tom (Hg.): Von der Idee zur Forschungsarbeit. Forschen in Sozialarbeit und Sozialwissenschaft, Wien, 159-177.

Reutlinger, Christian Thomas (2005): Räume von den Menschen her denken! In: Lutz, Ronald (Hg.): Befreiende Sozialarbeit. Skizzen einer Vision, Oldenburg, 61-76.

Schwarz, Hansjürgen (2007): Wohnungssicherung im ländlichen Raum. Ein Beispiel ländlicher Sozialarbeit in Österreich, Diplomarbeit an der FH St.Pölten, St. Pölten.

Volz, Fritz Rüdiger (2006): Gabe und "condicio humana" – Sozialanthropologische und ethische Zugänge zum Gabe-Handeln. In: Fundraising Akademie (Hg.): Handbuch für Grundlagen, Strategien und Instrumente. 3. Neuauflage.

Soziale Räume managen

Sandra Rostock

1 Sozialraumorientierung zur Verbesserung von Lebenswelten

In Folge des wirtschaftlichen und gesellschaftlichen Wandels seit Beginn der 1990er Jahre haben sich Regionen, Stadtteile und Quartiere gebildet, in denen sich aufgrund sozialer Ausgrenzung und Marginalisierung komplexe soziale Problemlagen konzentrieren. Hier stellen sich neue Anforderungen an die Soziale Arbeit, die ihr fachliches Profil auf die besonderen Problemkonstellationen dieser Gebiete zuschneiden muss. Traditionelle Herangehensweisen der Sozialen Arbeit werden zunehmend durch einen sozialräumlichen Ansatz ergänzt, um die Lebensbedingungen in den marginalisierten Quartieren zu verbessern. Dabei geht es darum, AdressatInnen sozialer Dienstleistungen mit ihren Bedürfnissen und Fähigkeiten in ihrem Lebens- und Wohnumfeld zu berücksichtigen, an Veränderungsprozessen zu beteiligen und zur Eigeninitiative zu befähigen. Nur so können Ursachen sozialer Ausgrenzung und Stigmatisierung aufgrund des Lebensortes und innerhalb der Lebenswelten der Betroffenen abgebaut und vorgebeugt werden (vgl. Löhr 2001).

Theoretische Ausgangspunkte des sozialraumorientierten Ansatzes finden sich in der Gemeinwesenarbeit, im Kinder- und Jugendhilfegesetz, das eine sozialräumliche Planung einfordert (§ 1 Abs. 3, § 27 Abs. 2, § 80 Abs. 2 KJHG), sowie im Prinzip der Lebensweltorientierung, das in den 1980er Jahren Einzug in die sozialpädagogische Diskussion fand (vgl. Thiersch 1997) und im Achten Jugendbericht der Bundesregierung (BMJFFG 1990) als Strukturmaxime definiert wird (vgl. Jordan u.a. 2001: 12-15). Die KGSt beschreibt in ihrem Bericht von 1998 (KGSt 12/1998), wie Leistungen im Bereich der Hilfen zur Erziehung durch Sozialraumbudgets finanziert werden können und leistete damit einen wesentlichen Anstoß zur Einführung der Sozialraumorientierung in vielen Kommunen.

Sozialräumliche Handlungsansätze haben in der Sozialen Arbeit stark an Bedeutung gewonnen. Immer mehr Kommunen organisieren beispielsweise ihre Jugendhilfe sozialräumlich. Ziele sind hier vor allem, den Familien, Kindern und Jugendlichen in ihren Lebenswelten Angebote zur Verbesserung ihrer Lebenssituation zu machen und präventive Maßnahmen zu entwickeln. Die Hilfen sollen durch die sozialräumliche Organisation zudem effektiver und effizienter sichergestellt werden.

Sozialraumorientierung stellt in der Sozialen Arbeit kein neues Konzept dar, sondern ist als Weiterentwicklung der Gemeinwesenarbeit zu betrachten. Nachdem diese vor allem in den 1970er Jahren als Methode und Arbeitsprinzip eine Hochphase erlebte, erfahren Ansätze, die in der Tradition der Gemeinwesenarbeit stehen, heute einen neuen Aufschwung. Sozialraumorientierte Soziale Arbeit richtet sich an den Lebenswelten und dem Lebensraum sowie den Bedürfnissen der BewohnerInnen aus, berücksichtigt die Strukturen und Potenziale im Sozialraum und bezieht die Betroffenen aktiv in die Erarbeitung von Lösungsstrategien zur Verbesserung ihrer Situation ein. Ziel einer sozialräumlichen Sozialen Arbeit ist die Verbesserung der Lebensbedingungen im Sozialraum indem „Rahmenbedingungen für nachhaltige soziale und ökonomische Entwicklungsprozesse." geschaffen werden (Alisch 2003: o.P.). Dies soll insbesondere durch die Aktivierung der Ressourcen, den Aufbau selbst tragender Strukturen sowie durch eine bedürfnis- und lebensweltorientierte Ausrichtung sozialer Angebote und Dienstleistungen im Sozialraum geschehen. Ein wesentlicher Aspekt ist die direkte und ernst gemeinte Beteiligung der Menschen vor Ort, die Unterstützung ihrer Fähigkeiten sowie die Vernetzung von sozialen Angeboten und Dienstleistungen im Sozialraum. Somit wird auch das Prinzip der Prävention gefördert und vor die Notwendigkeit der Intervention gestellt (Hinte 2001: 87).

Die Anforderungen an sozialräumlich arbeitende SozialarbeiterInnen und SozialpädagogInnen sind hoch: Es gilt vielfältige Strukturen und Prozesse zu planen, zu organisieren, zu koordinieren, zu moderieren und zu steuern – also zu managen. SozialarbeiterInnen und SozialpädagogInnen, die sozialraumorientiert tätig sind, können also als Sozialraummanager bezeichnet werden. Um die vielfältigen Anforderungen in der Koordination eines Sozialraums erfolgreich bewerkstelligen zu können, ist ein komplexes Handlungs- und Methodenrepertoire notwendig. Sozialraumorientierung muss als „methodenvielfältiger Ansatz gedacht und realisiert werden" (Jordan u.a. 2001: 7), in den Instrumente und Konzepte aus verschiedenen Bereichen der Sozialen Arbeit, aber auch anderer Professionen wie der Stadtentwicklung einfließen.

Professionelle Soziale Arbeit im Sozialraum benötigt konzeptionell abgesicherte methodische Ansätze, die für die Aufgaben der sozialräumlichen Arbeit in ihrer Alltagspraxis tauglich sind. Der folgende Beitrag stellt die Koordinations- und Managementprozesse im Sozialraum dar und zeigt auf, welche Instrumente des Sozialmanagements sich insbesondere eignen, um eine professionelle, erfolgreiche sozialraumorientierte Soziale Arbeit sicherzustellen. Dabei soll ausdrücklich darauf hingewiesen werden, dass das Sozialraummanagement nicht auf reine Managementaufgaben zu beschränken ist, sondern weitere wichtige Handlungsbereiche umfasst, die insbesondere die kommunikative Ebene und die Zusammenarbeit mit den Menschen vor Ort betreffen.

1.1 Perspektiven der Sozialraumorientierung

Die Analyse und Betrachtungsweise eines Sozialraums beinhaltet zwei Ebenen, die unterschiedliche Perspektiven aufzeigen. Die erste Ebene umfasst die Raum- und Sozialstrukturen, die die sozialen, materiellen und räumlichen Lebensverhältnisse innerhalb des geografisch abgegrenzten Sozialraums aufzeigen. Die zweite Ebene bildet die Lebenswelten der BewohnerInnen sowie subjektive Faktoren wie das Erleben und Wahrnehmen des Raumes, Einstellungen, Orientierungen und Lebensstile der Menschen im Sozialraum ab (vgl. Jordan u.a. 2001: 7).

1.1.1 Die geografisch-administrative Perspektive

Die geografisch-administrative Perspektive umschreibt einen geografisch abgegrenzten bzw. nach administrativen oder statistischen Erhebungsbezirken definierten Raum (z.B. Dörfer, Stadtteile, Verwaltungseinheiten, baulich abgegrenzte Gebiete). Im Blickpunkt stehen hier insbesondere die sozialen und sozioökonomischen Strukturmerkmale des Raumes und seiner BewohnerInnen sowie seine infrastrukturelle Ausstattung. Als Grundlage dient die geografische Abgrenzung des Sozialraums, die Analyse der Raum- und Sozialstruktur anhand von Sozialindikatoren, des Weiteren eine Bestandsaufnahme der Infrastruktur und Netzwerke vor Ort sowie deren Angebote. Dies geschieht anhand quantitativer Analysemethoden wie der Analyse von Datenmaterial zum Untersuchungsraum. Aufgabe professioneller Sozialraummanager in Bezug auf die geografisch-administrative Perspektive ist es insbesondere, vorhandene Angebote effizient und effektiv zu steuern und zu koordinieren, bedarfsgerechte neue Projekte und Maßnahmen zu entwickeln sowie Netzwerke und Kooperationen zur Verbesserung der sozialen und ökonomischen Situation vor Ort aufzubauen, zu steuern und zu pflegen. Dies geschieht vor dem Hintergrund und unter Berücksichtigung des sich aus der Analyse der Sozialstruktur und den Bedürfnissen der BewohnerInnen ergebenden Bedarfs sowie vorhandener Potenziale.

1.1.2 Die lebensweltliche Perspektive

Die lebensweltliche Perspektive geht von den Individuen des Sozialraums und ihren Lebenswelten aus und analysiert deren räumliche und soziale Bezüge. Sie bildet die subjektiven Sichtweisen der BewohnerInnen bezüglich ihrer Lebens- und Wohnumwelt sowie deren Aneignung und Nutzung des Raumes ab. Dabei werden insbesondere Ressourcen und Bedürfnisse der BewohnerInnen berücksichtigt. Ziel ist es, vorhandene Potenziale zur Eigeninitiative und Selbsthilfe zu aktivieren, um die Lebensbedingungen im Sozialraum positiv zu verändern. Die Lebenswelten der BewohnerInnen eines Sozialraums sind hinsichtlich der räumlichen Betrachtungsweise keineswegs identisch. Je nach Mobilität des/der Einzelnen sind sie, ausgehend vom Wohnort, räumlich unterschiedlich stark ausgeweitet und auf unterschiedliche Regionen bezogen. Lebensweltliche Bezüge können eng mit dem Wohnort verbunden sein, aber auch hauptsächlich außerhalb des Wohnraums liegen (vgl. Jordan u.a.: 16). Handlungsansätze sind hier vor allem Konzepte der Lebensweltorientierung, der Gemeinwesenarbeit und des Empowerments.

1.1.3 Integriertes Sozialraumverständnis

Ein professionelles Sozialraummanagement muss sowohl die geografisch-administrative als auch die lebensweltliche Perspektiven des Sozialraums gleichermaßen berücksichtigen. Eine differenzierte Kenntnis des Sozialraums ist unabdingbar, um zielgerichtete und wirksame Interventionen zur Verbesserung der Lebensbedingungen im Sozialraum zu etablieren. Dazu gehört das Wissen über objektive Problemlagen und Schwächen des Quartiers ebenso wie die Kenntnis über subjektive Bedürfnisse und Bewältigungspotenziale (vgl. Jordan u.a.: 10).

Sozialraummanager haben in der Regel eine geografisch fest umrissene räumliche Zuständigkeit für eine bestimmte Region - einen Stadtteil oder ein Quartier -, woraus sich eine konkrete räumliche Perspektive ergibt. Zudem sind Datensätze nach administrativen Zuordnungen gegliedert und organisiert; so sind beispielsweise Daten des Einwohnermeldeamtes oftmals auf Gemeinde- oder Stadtteilebene, nicht aber kleinräumiger vorhanden. Analysen anhand von statistischem Datenmaterial sind damit gewöhnlich an räumliche Grenzen gebunden. Die Planung und Entwicklung von Interventionen findet somit vorwiegend in Bezug auf ein geografisch abgegrenztes Territorium statt (vgl. ebenda: 16). Gleichzeitig kann sozialräumliche Soziale Arbeit nur gelingen, wenn Sozialraummanager die BewohnerInnen und deren Lebenswirklichkeiten in der Analyse, Planung und Steuerung sozialräumlicher Angebote und Strukturen berücksichtigen und einbeziehen. Sozialraummanagement kann somit als ein „systematisches Management" (Lüttringhaus 2001: 263) verstanden werden, welches zwischen den Lebenswelten der BewohnerInnen und administrativen, sozialplanerischen Aspekten vermittelt, diese verbindet und koordiniert (vgl. ebenda: 263). Sozialräumliche Soziale Arbeit ist somit ein „interaktiver Prozess…, der … in Kontakt und Auseinandersetzung zwischen Professionellen und Stadtteilbewohnern diskursiv verläuft" (Hinte 2001: 88).

Im Folgenden werden zunächst der Ansatz des Sozialmanagements und die Managementprozesse im Sozialraum dargestellt. Für die sozialraumorientierte Arbeit nützliche Instrumente des Sozialmanagements werden anschließend ausführlicher erläutert und beschrieben.

2 Sozialmanagement als Instrument der Professionalisierung sozialer Arbeit

Knapper werdende Finanzen und veränderte politische und gesellschaftliche Rahmenbedingungen machen eine Professionalisierung der Sozialen Arbeit notwendig. Dazu gehört es, Konzepte z.B. im Rahmen von Organisationsentwicklung zu überprüfen, Qualitätskriterien zu entwickeln und Ressourcen effektiv und effizient einzusetzen (vgl. Gehrmann/Müller 2006). Neue Anbieter auf dem Markt der sozialen Dienstleistungen, zunehmende Konkurrenz unter den Trägern und Einrichtungen, aber auch veränderte Interessen und Ansprüche der AdressatInnen sozialer Arbeit führen zu einem wachsenden „Innovations- und Konkurrenzdruck" im Sozialbereich (Schiersmann/Thiel 2000: 13). Für die Felder der Sozialen Arbeit wurde zudem konstatiert, dass tradierte Strukturen, Verfahren und Instrumente nicht mehr hinreichend leistungsfähig seien. Die Steuerung und Beeinflussung der Wirtschaftlichkeit blieben bei der Aufgabenerfüllung im Sozialbereich deshalb lange im Hintergrund.

Um auf die aktuellen Veränderungen und Anforderungen angemessen reagieren und im zunehmenden Wettbewerb sozialer Dienste bestehen zu können, sind soziale Einrichtungen und Organisationen auf ein professionelles, qualifiziertes Management angewiesen. Dabei soll es aber nicht um eine rein wirtschaftliche Ausrichtung gehen. Aspekte der Effektivität und Effizienz müssen stets verknüpft mit konzeptionellen und methodischen Fragen der Praxis sozialer Arbeit betrachtet werden (vgl. Gehrmann/Müller 2006: 17). Im Ergebnis geht es darum, soziale Dienstleistungen wirtschaftlicher zu organisieren und Angebote und Maßnahmen zugleich qualitativ hochwertig zu erbringen.

Die Thematik einer Modernisierung der Sozialen Arbeit ist eingebettet in die Debatte um eine Reform der Kommunalverwaltung. Mit der Diskussion des „(New) Public Management" wurde eingefordert, die Steuerungsfunktionen der Planung, der Organisation und Leitung, der Personalentwicklung und des Controlling stärker in das Management der Sozialen Arbeit einzubeziehen. Aus dem „New Public Management" leitete die Kommunale Gemeinschaftsstelle für Verwaltungsvereinfachung (KGSt) das „Neue Steuerungsmodell" ab. Darin werden Steuerungselemente, die zuvor allein im betriebswirtschaftlichen Management von privaten Unternehmen Anwendung fanden, auf staatlich verantwortete soziale Dienstleistungen übertragen.

Immer mehr Bereiche der Sozialen Arbeit übernehmen Instrumente der Organisation und Steuerung aus dem Management der Betriebswirtschaftslehre. Auch finanzwirtschaftliche Ansätze wie das betriebswirtschaftliche Rechnungswesen fanden Einzug in soziale Organisationen und Einrichtungen. Dafür hat sich der Begriff „Sozialmanagement" etabliert, der für die Steuerungs- und Organisationsaufgaben sozialer Einrichtungen und Institutionen mit modernen Managementtechniken steht.

> „Als Sozialmanagement bezeichnen wir eine Verfahrensweise zur Optimierung der Wirkungen professionellen Handelns durch problemangemessene Organisationsstrukturen." (Schwarz 1995: 64).

Im Prozess der Professionalisierung sozialer Arbeit und der Etablierung von ursprünglich betriebswirtschaftlichen Managementansätzen muss jedoch berücksichtigt werden, dass diese Konzepte und Methoden an die Charakteristika des Sozialbereichs angepasst und die Steuerung und Organisation auf die Besonderheiten sozialer Einrichtungen abgestimmt werden müssen. Insbesondere darf dabei nicht die Ethik sozialer Arbeit aus den Augen verloren werden. Soziale Arbeit muss sich auch – oder gerade – bei einer verstärkt betriebswirtschaftlichen Ausrichtung stets an humanitären Werten orientieren (vgl. Gehrmann/ Müller 2006: 18).

Instrumente und Handlungsansätze des der Managementlehre entlehnten Sozialmanagements können insbesondere auch auf die sozialräumliche Organisation und Steuerung angewandt werden. Dazu gehören exemplarisch Projektmanagement, Netzwerkmanagement und Kontraktmanagement.

3   Management im Sozialraum

Damit Lebensbedingungen in Sozialräumen erfolgreich verbessert werden können, sind Management- und Steuerungsprozesse erforderlich, die die Voraussetzungen und Grundlagen analysieren, Projekte begleiten und initiieren, Prozesse koordinieren und moderieren sowie Menschen und Netzwerke zusammenführen und Ressourcen bündeln. Diese Management- und Steuerungsaufgaben werden im Folgenden beschrieben. Der Fokus liegt dabei auf der räumlich-geografischen Perspektive, da sich sozialräumliches Management insbesondere auf die sich aus dieser Perspektive ergebenden Aufgaben und Anforderungen bezieht. Die Perspektive der Lebensweltorientierung muss dabei stets angemessen berücksichtigt werden.

Die Planung, Organisation und Steuerung im Sozialraum ist ein prozesshaftes Handeln, das verschiedene, aufeinander bezogene Phasen beinhaltet. Diese orientieren sich im Wesentlichen an den Ansätzen der Sozialplanung (vgl. Schone 2000: 173) und den Säulen des Sozialmanagements nach Schwarz (vgl. 1995: 65). Sozialräumliches Management umfasst:

- Die Zielentwicklung,
- die Beschreibung und Bewertung des Sozialraums,
- die Formulierung des Handlungsbedarfs,
- die Entwicklung, Koordination und Steuerung von Projekten und Maßnahmen,
- die Evaluation der sozialräumlichen Arbeit.

3.1 Zielentwicklung für den Sozialraum

Unter möglichst breiter und umfassender Beteiligung von BewohnerInnen, professionellen Akteuren und ehrenamtlich Engagierten werden in einer ersten Phase Ziele für den Sozialraum erarbeitet. Es geht darum festzulegen, in welche Richtung sich der Sozialraum entwickeln soll und welche Ergebnisse die Beteiligten (gemeinsam) erreichen wollen. Die gemeinsam formulierten Ziele dienen zukünftig als richtungsgebende Wegweiser, an denen alle Beteiligten ihre Tätigkeiten im Sozialraum ausrichten.

3.2 Beschreibung und Bewertung des Sozialraums

Die Beschreibung und Bewertung des Sozialraums im Sinne einer Bestandsaufnahme umfasst im Wesentlichen die Erfassung der Infrastruktur, sozialer Strukturen und Netzwerke sowie der Ressourcen und Potenziale, aber auch der Defizite und Schwächen des Sozialraums. Das Instrument dafür ist die *Sozialraumanalyse*. Eine sozialräumliche Analyse sollte sowohl quantitativ als auch qualitativ angelegt sein. Die Analyse quantitativen Datenmaterials bezieht sich dabei – möglichst kleinräumig gegliedert –, auf die Bevölkerungs- und Sozialstruktur sowie die soziale Infrastruktur. Ferner sollten beispielsweise Daten zur Siedlungsstruktur, der Kriminalstatistik und aus dem Bereich der Jugendhilfe ausgewertet werden (vgl. Jordan u.a. 2001: 43). Auf der Grundlage des Datenmaterials lassen sich soziale Indikatoren bilden. Anhand dieser Indikatoren können in Form von Kennziffern Annahmen über die Lebenssituation, Stärken und Schwächen im Sozialraum getroffen werden (vgl. Jordan 2000: 340). So lassen sich beispielsweise über Daten zum ALG-II-Bezug und die Analyse der Elternbeiträge zum Kindergartenbesuch Aussagen zur materiellen Situation der BewohnerInnen des Sozialraums treffen. Verschiedene Datensätze sind bei den Kommunalverwaltungen – zum Beispiel im Rahmen der Sozialberichterstattung – vorhanden und müssen deshalb nicht von Grund auf neu erhoben werden. Jedoch sind nicht überall alle benötigten Datensätze strukturiert und kleinräumig verfügbar. Hier müssen eigene Daten gesammelt oder vorhandenes Material aufbereitet werden.

Das statistische Datenmaterial bildet jedoch nur einen Teilbereich der Situation im Sozialraum ab. Um die Lage vor Ort und die Lebenswirklichkeit der BewohnerInnen möglichst umfassend und differenziert beschreiben und verstehen zu können, müssen statistische Daten um qualitative Informationen aus dem Sozialraum ergänzt werden. Dabei geht es darum, Lebenswelten, Einstellungen, Erfahrungen und Potenziale der Menschen vor Ort abzubilden, die Wahrnehmung von Räumen und Strukturen aus ihrer Perspektive zu dokumentieren und somit das statistische Datenmaterial zu unterfüttern, zu erläutern und zu erklären. Unter dem qualitativen Blickwinkel geht es zudem um die Erfassung vorhandener Netzwerke im Sozialraum. Zur Erhebung qualitativer Informationen eignen sich beispielsweise BewohnerInnen- und ExpertInnenenbefragungen, Beobachtungen, unterschiedliche Methoden der beteiligungsorientierten Praxisforschung (vgl. Krisch 2005: 162) – z.B. Stadtteil- oder Quartierbegehungen – sowie verschiedene Arten von Beteiligungsworkshops wie Zukunftswerkstätten oder Open Space-Veranstaltungen. Erhebungsmethoden, die BewohnerInnen und ExpertInnen des Sozialraums ehrlich und glaubhaft einbeziehen, können gleichzeitig einen aktivierenden Charakter für weitere Beteiligung und Engagement dieser Personengruppen haben.

Ergänzt werden sollte eine systematische Bestandsaufnahme der sozialen Einrichtungen, Organisationen und Netzwerke vor Ort mit ihren Konzepten, Handlungsansätzen und Arbeitsbereichen. Ziel ist es, einen Überblick über die Angebots- und Leistungsstruktur der Träger im Sozialraum zu erhalten. Ein umfassendes Abbild der sozialen Infrastruktur zeigt Standorte und Erreichbarkeit, Rahmenbedingungen, konzeptionell verankerte Ziele und Zielgruppen sowie die Angebote der Einrichtungen, Organisationen und Netzwerke auf. Eine Bestandsaufnahme der Einrichtungen kann mit Hilfe von Interviews, Fragebögen und der Auswertung von Konzeptionen und (Jahres-)Berichten der Organisationen vorgenommen werden (vgl. Schone 2000: 181 f.).

3.3 Formulierung des Handlungsbedarfs

Auf der Grundlage der Situationsanalyse, der Bedürfniserfassung, des abgeleiteten Bedarfs im Quartier und der Zielvorgaben für den Sozialraum wird der Handlungsbedarf formuliert. Unter den Bedürfnissen sind die individuellen Wünsche und Interessen der BewohnerInnen zu verstehen, die in einen fachlichen Bedarf übersetzt werden. Der Bedarf zeigt Angebote und Maßnahmen auf, die zur Befriedigung der Bedürfnisse erforderlich sind. Die Analyse von Bedürfnissen kann über Datenanalysen, Befragungen und Beteiligungsverfahren erfolgen. Die Formulierung des Handlungsbedarfs geschieht in einem fachlichen bzw. politischen Aushandlungsprozess. Die Bedarfssituation ergibt sich zum einen aus den Ergebnissen der Bedürfnisanalyse – wobei klar sein muss, dass nicht jeder individuell geäußerte Wunsch erfüllt werden kann –, zum anderen aus einer Stärken-Schwächen-Analyse auf der Basis der Bestandsaufnahme. Dazu wird die vorhandene Angebotsstruktur den für den Sozialraum definierten Zielen und den von BewohnerInnen und ExpertInnen geäußerten Bedürfnissen gegenübergestellt. Auf diese Weise wird deutlich, welche Angebots- und Leistungslücken es im Sozialraum gibt, und welche Maßnahmen zur Verbesserung der Situation im Quartier für notwendig erachtet werden. Bei der Definition der Bedarfssituation handelt es sich um einen meist komplexen Aushandlungsprozess, an dem unterschiedliche Beteiligte mit verschiedenen Interessen und Sichtweisen teilhaben. Zudem beeinflussen vielerlei Faktoren diesen Prozess – z.B. rechtliche Rahmenbedingungen und politische Interessen und Vorgaben (vgl. Schone 2000: 184 ff.).

3.4 Entwicklung von Maßnahmen

Aus dem Handlungsbedarf werden in einem nächsten Schritt notwendige Angebote und Maßnahmen abgeleitet, die zur Verbesserung der Lebensqualität sowie der sozialen und ökonomischen Situation im Sozialraum beitragen. Dabei soll es vor allem darum gehen, den Menschen vor Ort dazu zu verhelfen, eigene Fähigkeiten und Kompetenzen zur Selbsthilfe zu entwickeln und nutzen, um ihre Lebenssituation selbst zu verändern (vgl. Alisch 2003: o.P.). Die Entwicklung und Planung von Angeboten und Maßnahmen geschieht auf der Grundlage von Zielentwicklung, Bestandsaufnahme und Bedarfsermittlung. Der im Rahmen eines

Ist-Soll-Vergleichs ermittelte Handlungsbedarf – der Bestand (IST) wird dazu dem Bedarf (SOLL) gegenübergestellt – wird in dieser Phase hinsichtlich seiner Ausgestaltung differenziert und beschrieben. Dabei geht es nicht nur darum, neue Angebote zu schaffen und Projekte zu installieren, sondern es geht auch um Umstrukturierungen und konzeptionelle Veränderungen und Anpassungen (vgl. Schone 2000: 188 ff.). Hier ist es insbesondere bedeutsam, Träger vor Ort einzubeziehen und Maßnahmen mit ihnen abzustimmen, da sie mehrheitlich für die Umsetzung des Handlungsbedarfs sorgen. Aufgaben zu verteilen, zu verändern oder eventuell sogar zu reduzieren erweist sich als sensibler Prozess, den das Sozialraummanagement offen und fair begleiten und moderieren sollte.

Eine weitere Aufgabe des Sozialraummanagements besteht darin, eigene Projekte und Maßnahmen zu entwickeln und durchzuführen sowie Träger bei der Projektumsetzung zu unterstützen und zu begleiten. Ein hilfreiches Instrument ist hier das Projektmanagement (vgl. Kap. 4.1), das die Planung, Steuerung und Auswertung von Projekten unterstützt.

3.5 Koordination und Steuerung der Maßnahmen

Eine wesentliche Aufgabe ist die Koordination und Steuerung der im Sozialraum vorhandenen Angebote, Projekte und Netzwerke. Es muss sichergestellt werden, dass der formulierte Handlungsbedarf abgedeckt wird und die zur Entwicklung des Sozialraums erforderlichen Maßnahmen angeboten werden. Gleichzeitig gilt es, überflüssige Mehrfachangebote zu vermeiden bzw. abzubauen und die dadurch freigesetzten Ressourcen für neue Aufgaben zu nutzen. Freie Träger und andere Anbieter sozialer Dienstleistungen müssen dafür gewonnen werden, notwendige Angebote und Maßnahmen vorzuhalten bzw. zu entwickeln. Über ein Kontraktmanagement (vgl. Kap. 4.3) mit den freien Trägern und anderen Anbietern werden gemeinsame Zielsetzungen vereinbart und entsprechende Vereinbarungen über Angebote und Maßnahmen sowie Finanzierungsfragen geregelt. Ein hilfreiches Instrument zur Koordination der verschiedenen Anbieter sozialer Angebote und Dienstleistungen ist das Netzwerkmanagement (vgl. Kap. 4.2).

3.6 Evaluation sozialräumlichen Arbeitens

Die Evaluation sozialräumlichen Arbeitens beinhaltet eine systematische Erfassung und Analyse von Ergebnissen und Veränderungen der Angebote und Maßnahmen im Sozialraum. Über einen permanenten Aus- bzw. Bewertungsprozess werden die Veränderung der Bedarfssituation beobachtet sowie die Zielerreichung und die Wirkung von Angeboten, Maßnahmen und Projekten überprüft. In der Konsequenz wird gegebenenfalls ein neuer oder veränderter Handlungsbedarf formuliert. Wichtig ist es auch in dieser Phase BewohnerInnen und professionelle Akteure einzubeziehen, die Wirkungen und Ergebnisse aus ihrer Sicht bewerten. Bei der Evaluation geht es jedoch nicht nur darum, Zielerreichung und Wirkungen zu bewerten, sondern auch darum, Effektivität und Effizienz der Maßnahmen zu überprüfen. In diesem Zusammenhang gilt es zu prüfen, ob die eingesetzten Ressourcen die erwünschten Wirkungen erzielen, und ob die vorhandene Angebotsstruktur der aktuellen Bedarfssituation entspricht. Voraussetzung einer Evaluation im Sozialraum ist ein systematisches Berichtswesen und die Bereitschaft der Träger, ein solches zu unterstützen. Interviews, Fragebögen, Gruppendiskussionen und Evaluationsworkshops sind Beispiele für nützliche Methoden zur Aus- und Bewertung sozialräumlicher Maßnahmen und Entwicklungen.

4 Instrumente des Sozialmanagements für die sozialräumliche Arbeit

Für ein professionelles und erfolgreiches Management im Sozialraum ist es hilfreich, sich der Instrumente des Sozialmanagements zu bedienen. Nachfolgend werden exemplarisch das Projekt-, Netzwerk- und Kontraktmanagement beschrieben, die sich insbesondere für das Management im Sozialraum eignen.

4.1 Projektmanagement

Die Initiierung und Begleitung von Projekten und Maßnahmen im Sozialraum kann zu den wichtigsten Aufgaben von Sozialraummanagern gezählt werden. Projekte sollen als Instrumente dienen, mit denen „die Menschen bemächtigt werden, mehr Bestimmung über die Gestaltung ihres eigenen Lebens zu haben" (Jordan u.a. 2001: 60). Für eine professionelle Planung und Steuerung der Projekte können sich Sozialraummanager der Methode des Projektmanagements bedienen.

Ein *Projekt* ist definiert als ein zielorientiertes, zeitlich begrenztes Vorhaben mit einem festgelegten Anfangs- und Endzeitpunkt. Es ist gekennzeichnet durch Einmaligkeit und Komplexität – d.h. es handelt sich nicht um eine Routineangelegenheit – sowie begrenzte Ressourcen. Ein Projekt beinhaltet stets Veränderung (vgl. Schiersmann/Thiel 2000: 80 f.). Dabei kann es sich beispielsweise um ein neues Angebot, ein neues Konzept oder neue Organisationsstrukturen handeln. Die Planung, Organisation, Überwachung, Steuerung und Auswertung von

Projekten sind Aufgaben des Projektmanagements. Das *Projektmanagement* hat dafür Sorge zu tragen, die Projektziele innerhalb des festgelegten Zeitraums mit den zur Verfügung stehenden Ressourcen zu erreichen.

Die Umsetzung eines Projekts gliedert sich in drei Phasen:

- Projektplanung
- Projektdurchführung und
- Projektauswertung.

Die *Projektplanung* beinhaltet eine konkrete, eindeutige und verbindliche Festlegung der Projektziele als Basis für eine erfolgreiche Projektumsetzung. Dazu gehört die Benennung von Indikatoren, anhand derer die Zielerreichung gemessen und bewertet werden kann. Grundlage der Zielformulierung ist eine Analyse der Bedarfssituation im Sozialraum: Festgestellte Bedarfe oder Defizite werden beschrieben und abgegrenzt sowie Ursachen, Zusammenhänge und Ressourcen analysiert. Wichtig ist es, möglichst alle am Projekt Beteiligten bei der Zielformulierung einzubinden. Nur wenn die Ziele allen Beteiligten bekannt sind und auf Akzeptanz stoßen, kann davon ausgegangen werden, dass alle am gleichen Strang ziehen und in dieselbe Richtung gehen. Zudem ist es wichtig, Wissen und Erfahrungen von BewohnerInnen und Schlüsselpersonen als ExpertInnen des Sozialraums einzubeziehen. So lassen sich die Realisierbarkeit der Ziele sowie das Interesse und die Bereitschaft der Teilnehmenden einschätzen. Bei komplexeren und längerfristigen Projekten empfiehlt sich die Festlegung von Teilzielen. Sie schaffen Transparenz im Projektverlauf und erleichtern Zwischenbewertungen. Gegebenenfalls sollten unter den Projektbeteiligten Zielvereinbarungen getroffen werden (vgl. dazu Kapitel 4.3).

Zur Projektplanung gehört weiterhin die Organisation des Projektablaufs. Dies beinhaltet die Darstellung einzelner Projektaktivitäten und ihrer zeitlichen Abfolge sowie die Festlegung von Meilensteinen – das sind wichtige Ereignisse oder einzelne Etappen im Projektverlauf – mit der entsprechenden Formulierung von Einzelergebnissen. Dazu gehören zudem die Abschätzung des zu erwartenden Aufwands, die Benennung der für einzelne Aufgaben verantwortlichen Personen, die Terminierung von Meilensteinen und Abläufen sowie die Planung des Dokumentationssystems. Eine gute Projektplanung ist wichtig, um das Projekt erfolgreich umzusetzen. Bei der Planung sollten jedoch Spielräume offen gelassen werden, um flexibel auf Veränderungen reagieren und notwendige Anpassungen vornehmen zu können.

In der *Projektdurchführung* geht es darum, die Planung in die Tat umzusetzen. Zu den notwendigen Voraussetzungen gehört es, Verantwortlichkeiten zu regeln, Aufgaben zu verteilen sowie notwendige Rahmenbedingungen und Ressourcen bereitzustellen. Die Projektleitung ist in dieser Phase für die Projektsteuerung zuständig. Dazu wird der aktuelle Stand des Projekts regelmäßig mit der

Planung abgeglichen. Insbesondere geht es darum, die Einhaltung von Projektzielen sicherzustellen und Termin- und Kostenvorgaben zu kontrollieren. Bei Abweichungen von der Projektplanung ist es Aufgabe der Projektsteuerung, die Planung entsprechend anzupassen oder adäquate Maßnahmen der Umsteuerung zu ergreifen. Mögliche Risiken und deren Ursachen müssen frühzeitig erkannt und eingeschätzt werden und präventive Maßnahmen ergriffen bzw. geplant werden. Eine wichtige Aufgabe der Projektleitung in dieser Phase ist zudem die Koordination und Motivation der am Projekt beteiligten Akteure.

Die letzte Phase beinhaltet die *Auswertung* des Projektes. Im Vordergrund steht die Frage, ob die angestrebten Ziele erreicht und vorgegebene Termin- und Ressourcenvorgaben eingehalten wurden. Evaluiert werden sollten auch tatsächliche und mögliche Auswirkungen der Projektarbeit, die Qualität der Rahmenbedingungen sowie die Art und Effektivität der Projektorganisation und -durchführung. Eine gute Evaluation dient aber nicht nur der Auswertung und Beurteilung des abgewickelten Projektes, sondern kann auch nachhaltige Ergebnisse für zukünftige Projekte liefern. So können erfolgreiche Ansätze für nachfolgende Projekte vermerkt, Fehler analysiert und in Zukunft vermieden werden. Nicht zuletzt kann die Evaluation Ideen für neue Projekte hervorbringen.

Ein wichtiges Element ist die Projektdokumentation. In ihr werden Informationen über das Projektgeschehen sowie Ergebnisse und Erkenntnisse gesammelt und vermerkt (zum Projektmanagement vgl. Nüß 2005). Das Sozialraummanagement initiiert in Kooperation mit BewohnerInnen und Schlüsselakteuren Projekte, die die Entwicklung des Sozialraums fördern. Es unterstützt die Planung und Umsetzung von Projekten nach der Methode des Projektmanagements oder führt selbst die Projektleitung durch. Eine entscheidende Aufgabe des Sozialraummanagements ist die Akquise von Finanzmitteln und anderen Ressourcen zur Durchführung von Projekten, denn die Ausstattung des Sozialraums mit finanziellen Mittel entscheidet über Anzahl und Art möglicher Projekte. Der Fokus liegt hier auf dem Einwerben von Drittmitteln beispielsweise über Sponsoring, Spenden, Stiftungen oder ausgeschriebene Förderprogramme.

4.2 Netzwerkmanagement

Menschen und Organisationen sowie vorhandene Netzwerke und Angebote prägen den Sozialraum. Eine der Hauptaufgaben des sozialräumlichen Managements ist die Vernetzung von Personen und Organisationen sowie die Förderung von Kooperationen im Quartier. Denn: „Von dem Versorgungsangebot, der fachlichen Qualität und der Kooperationsbereitschaft aller beteiligten Stellen und Personen wird der Erfolg oder Mißerfolg der professionellen Sozialarbeit zunehmend bestimmt." (Schwarz 1995: 71). Netzwerkarbeit bündelt und effektiviert insbesondere vorhandene Potenziale und vorhandenes Wissen. Menschen und Organisationen eines Quartiers verfügen über unterschiedliche Erfahrungen und Kompetenzen. Sie versammeln in sich wertvolle Ressourcen und Potenziale für die Entwicklung des Sozialraums, welche es aufzuspüren und zu aktivieren gilt.

Sozialraummanagement hat im Rahmen des Netzwerkmanagements insbesondere die Schnittstellenfunktion zwischen BewohnerInnen, ehrenamtlich Engagierten, professionellen Akteuren sowie Verwaltung und Politik. Es dient als Sprachrohr der BürgerInnen in die Ebene von Verwaltung und Politik, vermittelt zwischen verschiedenen Positionen, moderiert Konflikte und Prozesse und bringt Menschen an einen Tisch. Dabei ist insbesondere darauf zu achten, auch die „Stärken der Schwachen" (Jordan u.a. 2001: 60) einzubringen sowie Beziehungen zu knüpfen und zu entwickeln (ebenda: 60). Hier sind vor allem kommunikative Kompetenzen und „neue Wege der Kommunikation" (ebenda: 60) gefordert.

Im Rahmen des Netzwerkmanagements geht es zudem darum, Angebote im Sozialraum zu koordinieren und – zugeschnitten auf die Bedarfssituation im Quartier – aufeinander abzustimmen. Vorhandene Ressourcen und Kompetenzen müssen gebündelt werden, dadurch freigesetzte Ressourcen können dem Aufbau neuer Angebote dienen. Ein erster Schritt besteht darin, Transparenz über die Angebote und Maßnahmen im Sozialraum zu schaffen. In einem nächsten Schritt werden diese der Bedarfssituation im Quartier gegenübergestellt. Im Ergebnis geht es darum, die Angebotsstruktur im Sozialraum konsequent auf den Bedarf im Quartier zuzuschneiden. Solche Angebote, die zum Beispiel mehrfach durchgeführt werden oder ähnliche Themen haben, können gegebenenfalls zusammengeführt werden. Nicht passgenaue Angebote müssen entsprechend dem Bedarf verändert, reduziert oder eingestellt werden. Dadurch frei werdende Kapazitäten – personeller oder finanzieller Art – können für den Ausbau bestehender notwendiger Maßnahmen oder den Aufbau neuer Angebote und Projekte genutzt werden. Entscheidend für diesen Prozess ist, den Trägern eine – zumindest zeitlich befristete – Garantie zu geben, vorhandenes Personal und Gelder nicht zu kürzen oder zu streichen.

Kooperation erfordert die Öffnung der Einrichtungen und Organisationen in das Quartier. Dabei geht es nicht nur um die Teilnahme an Gremien und den Austausch von Informationen. Kooperation erfordert den konstruktiven Austausch und eine intensive Zusammenarbeit an gemeinsamen Themen und Konzepten mit anderen Einrichtungen und Akteuren des Quartiers (vgl. Schwarz 1995: 73). Um einen Sozialraum positiv und wirkungsvoll zu entwickeln, bedarf es einer gemeinsamen, abgestimmten Bedarfsplanung der Institutionen und Einrichtungen. Auch müssen künftige gemeinsame Ziele, Aufgaben, Maßnahmen und Schritte erörtert und festgelegt sowie Aufgaben verteilt und verzahnt werden. Entscheidend ist aber auch, verschiedene Bereiche und Ressorts außerhalb des Sozialwesens einzubeziehen. Exemplarisch zu nennen sind folgende Bereiche: Gesundheit (z.B. Gesundheitsamt, Hebammen und Kinderärzte), Schulen und andere Bildungseinrichtungen (z.b. Musikschulen und Familienbildungsstätten), der Bereich Stadtentwicklung, die lokale Wirtschaft (gerade alteingesessene Einzelhändler sind oftmals an der Entwicklung und Unterstützung des Quartiers sehr interessiert) sowie örtliche Wohnungsgesellschaften. Wichtig ist, dass diese Bereiche davon profitieren, sich an Netzwerken zu beteiligen. Dafür sollten die Interessen der jeweiligen Organisationen abgefragt und in der Kooperation entsprechend berücksichtigt werden.

Als Grundlage für die Arbeit in und mit Netzwerken dient die *Netzwerkanalyse*. Sie erfasst zunächst alle vorhandenen Netzwerke und Gremien des Sozialraums mit ihren Akteuren, Aufgaben und Zielsetzungen. In einem nächsten Schritt werden Überschneidungen und Verflechtungen innerhalb der Vernetzungsstrukturen identifiziert und die Kooperationsstrukturen bewertet. Eine weitere Analyse umfasst die der *Stakeholder*. Stakeholder sind Personen, die ein bestimmtes Interesse am Sozialraum haben und Einfluss ausüben (vgl. Schubert 2005b: 197), wobei diese Interessen und Einflussmöglichkeiten sehr unterschiedlich sein können. Die Stakeholder werden hinsichtlich ihrer Interessen identifiziert und ihr Einfluss auf den Sozialraum bewertet. Aus dieser Analyse ergeben sich Schlüsselpersonen, die wichtig für die Vernetzung und das Netzwerkmanagement sind. Andere Personen sind möglicherweise erst einmal nicht so relevant. Aus den Ergebnissen der Netzwerkanalyse werden Strategien und Maßnahmen abgeleitet, wie der Netzwerkaufbau bzw. -umbau im Sozialraum zu gestalten ist und wie Netzwerkpflege und -förderung betrieben werden müssen (vgl. ebenda: 198 f.).

Wichtig innerhalb von Vernetzungsstrukturen ist der Nutzen, den die Mitglieder von einem Netzwerk haben. Die Beteiligung an einem Netzwerk muss sich also „lohnen". Die Möglichkeit Informationen zu bekommen, eigene Interessen angemessen einbringen zu können sowie Unterstützung für eigene Anliegen zu finden, muss in einem positiven Verhältnis zum aufzubringenden Aufwand für ein Netzwerk stehen. Ein Netzwerk sollte zudem ein gemeinsames Ziel formulieren und verfolgen. Auch Netzwerktreffen wie Runde Tische oder Arbeitskreise müssen einer bestimmten Zielrichtung folgen, um die Teilnehmenden motiviert dabei zu halten. Sie sollten zudem professionell moderiert werden. Ergebnisse und Vereinbarungen sollten schriftlich fixiert und allen Netzwerkpartnern zugänglich gemacht werden.

Schließlich gehört zur Vernetzungsarbeit auch die Beziehungspflege. Die Identifikation der Netzwerkmitglieder mit ihrem Netzwerk bildet die Grundlage für erfolgreiche Vernetzungsaktivitäten. Vertrauensbildende Maßnahmen in Form gemeinsamer Aktivitäten außerhalb der „eigentlichen" Netzwerkarbeit – z.b. Exkursionen – befördern gegenseitiges Verständnis und den informellen Austausch (vgl. ebenda: 205 f.). Fortbildungen reichern beispielsweise das Netzwerk nicht nur inhaltlich an, sondern haben auch eine hohe motivierende Wirkung auf die Beteiligten.

4.3 Kontraktmanagement

Das Kontraktmanagement ist ein wichtiges Instrument, um Prozesse im Sozialraum zu steuern und zu koordinieren. Es dient zudem der Sicherstellung von Angeboten und Maßnahmen sowie der Qualitätssicherung im Hinblick auf die Durchführung und Zielerreichung. Auf der Grundlage der Bestandsaufnahme eines Sozialraums werden Ziele definiert, die den Problemen und Defiziten des Gebiets entgegenwirken und eine positive Entwicklung des Quartiers forcieren sollen. Zur Erreichung dieser Ziele wird ein Handlungskonzept entwickelt, das notwendige Interventionen, Maßnahmen und Projekte formuliert. Diese Interventionen, Maßnahmen und Projekte werden von verschiedenen Trägern, Organisationen und Vereinigungen im Sozialraum durchgeführt. Über das Kontraktmanagement kann der Sozialraummanager sicherstellen, dass alle notwendigen Maßnahmen abgestimmt, in der gewünschten Qualität erbracht und angestrebte Ziele umgesetzt werden. Dazu werden mit den jeweiligen Trägern und Anbietern vor Ort Verträge (Kontrakte) über die zu erbringenden Angebote geschlossen. Grundsätzlich sollten diese Verträge stets schriftlich formuliert werden. Bei Kooperationspartnern, mit denen es bereits eine zuverlässige, längerfristige Zusammenarbeit gibt, sind möglicherweise mündliche Absprachen ausreichend und angemessen. Es empfiehlt sich, die Art und Ausgestaltung der Kontrakte hinsichtlich des jeweiligen Partners flexibel zu gestalten. Die Verträge enthalten Festlegungen über die angestrebten Ziele – d.h. die zu erbringenden Leistungen und Ergebnisse –, den Zeitraum der Durchführung, die Kosten der Maßnahmen, das zur Verfügung gestellte Budget und andere Ressourcen - z.B. Materialien - sowie die Dokumentation und Berichterstattung (vgl. Schubert 2005a: 148). Statt finanzieller Mittel können aber auch andere Tauschmöglichkeiten für gegenseitige Leistungen vereinbart werden. So könnten beispielsweise einem Anbieter von außerhalb des Sozialraums, Räume in einer Einrichtung des Quartiers mietfrei für sein Angebot zur Verfügung gestellt werden.

Kontrakte werden auf der Grundlage von Absprachen und Aushandlungsprozessen zwischen dem Sozialraummanager und den Trägern geschlossen und sind nicht als direktive Anweisungen zu verstehen. Insbesondere die gemeinsame Formulierung der Ziele ist eine wichtige Grundlage für eine erfolgreiche, qualitative Leistungserbringung. Zu diskutieren ist, welche Ziele für eine positive Sozialraumentwicklung relevant und realistisch sind und wie die Realisierbarkeit der Ziele einzuschätzen ist. Auch BewohnerInnen und andere Schlüsselpersonen des Sozialraums können einbezogen werden, um ihre Sichtweisen und Erfahrungen einzubringen. Dies kann z.B. in Form von Beteiligungsveranstaltungen wie etwa Zukunftswerkstätten geschehen. Für die Kontrakte ist eine differenzierte Zielentwicklung notwendig. Es müssen sowohl Ziele definiert werden, die den Output – also Leistungen und Mengen – festlegen als auch Ziele, die den Outcome – die Wirkungen – beschreiben (vgl. Schubert 2005a: 152; 156). So gilt es beispielsweise für ein bestimmtes Projekt festzulegen, wie viele Personen einer bestimmten Zielgruppe erreicht werden sollen und welche Veränderungen bei den TeilnehmerInnen mit dem Projekt angestrebt werden. Für eine erfolgreiche Umsetzung müssen die Ziele konkret, präzise und verständlich formuliert werden, so dass sie für alle Beteiligten eindeutig und nachvollziehbar sind (vgl. Nüß 2005: 172).

Das Kontraktmanagement legt Ziele und zu erbringende Leistungen fest, die zwischen Kostenträgern und Leistungserbringern kooperativ ausgehandelt werden. Es orientiert sich damit an Ergebnissen (Output) und Wirkungen (Outcome) und nicht am Input – also den einzusetzenden Ressourcen (vgl. Schubert 2005a: 153). Als Steuerungsinstrument im Sozialraum dient das Kontraktmanagement damit dem effektiven und effizienten Einsatz von Ressourcen sowie einer zielgerichteten, wirkungsvollen Ressourcenverteilung. Dabei ist zu beachten, dass nicht in allen Bereichen – z.B. in der Jugendhilfe – ein Budgetvolumen im Voraus verbindlich vereinbart werden kann. So müssen Rechtsansprüche – z.B. auf Hilfen zur Erziehung – erfüllt werden, auch wenn das festgelegte Budget bereits verbraucht ist (vgl. Jordan u.a. 2001: 50). Eine Budgetbegrenzung wäre hier also wirkungslos und hätte lediglich die Funktion einer Orientierung gebenden Bezugsgröße. Vielmehr kann im Rahmen des Kontraktmanagements darauf hingewirkt werden, entsprechende Angebote vorzuhalten, die präventiv wirken und damit längerfristig Kosten sparend wirken können.

Ein gelungenes Kontraktmanagement betont das kooperative Miteinander der im Sozialraum Tätigen. Es schafft Transparenz über Ziele, Leistungen und Kosten und sichert die Struktur-, Prozess- und Ergebnisqualität der Angebote und Projekte in dem Gebiet.

5 Anforderungen an das Sozialraummanagement

Die Anforderungen an Sozialraummanager sind hoch. Sozialraummanagement beinhaltet Planung, Umsetzung und Evaluation komplexer Prozesse unter Einbezug unterschiedlicher Personen und Organisationen. Es zielt darauf ab, Lebensbedingungen in sozialen Räumen unter Nutzung der Potenziale des Sozialraums zu verbessern. Die vorausgehend beschriebenen Aufgaben des Managements im Sozialraum bilden nur einen Ausschnitt der Aufgabenpalette ab. Von Sozialraummanagern wird ein hohes Maß sozialer, planerischer, fachlicher und wirtschaftlicher Kompetenzen gefordert. Sie müssen managen können, ebenso wichtig sind aber auch kommunikative Fähigkeiten. Sozialraummanager moderieren und vermitteln zwischen BewohnerInnen, Verwaltung, Politik und Wirtschaft. Ihr Handeln orientiert sich an den Themen und Motiven der Menschen im Sozialraum und versucht diese zu aktivieren, ihre Lebensbedingungen positiv zu gestalten. Das Sozialraummanagement unterstützt sie dabei und versucht die notwendigen Rahmenbedingungen zu schaffen sowie Ressourcen bereitzustellen und vorhandene Potenziale zu stärken. Dafür werden Netzwerke zwischen BewohnerInnen, Ehrenamtlichen und Professionellen geschaffen und gefördert.

Für sozialraumorientiertes Arbeiten steht ein breites Spektrum an Konzepten, Arbeitsansätzen, Methoden und Instrumenten verschiedener Disziplinen zur Verfügung. Deshalb sind interdisziplinäres Denken und Handeln gefordert. Der Blick muss über den Rand der eigenen Profession hinausgehen und andere Bereiche einbeziehen. So wird vielfach vorgeschlagen und praktiziert, das Sozialraummanagement mit einem interdisziplinären Team aus Akteuren der Sozialen Arbeit und aus dem Bereich der Stadtplanung zu besetzen. (vgl. Jordan u.a. 2001: 60)

Manager im Sozialraum sind immer aufs Neue gefordert, Menschen, Organisationen und Prozesse zusammenzubinden, zu vermitteln und zu moderieren. Sozialraummanager dürfen sich nicht auf dem Erreichten ausruhen, sondern müssen kontinuierlich neue Prozesse der Aktivierung, Projektentwicklung und Netzwerkförderung vorantreiben. Dabei behalten sie insbesondere die Menschen im Blick und beziehen auch jene ein, die nicht zu den ohnehin Aktiven gehören oder Schwierigkeiten haben, ihre Interessen zu vertreten wie beispielsweise BewohnerInnen mit Migrationshintergrund oder alte Menschen.

Sozialraummanagement bedeutet vor allem Beziehungsarbeit. Für die Managementaufgaben können die beschriebenen Instrumente und Ansätze hilfreich sein.

Literatur

Alisch, Monika (2003): „Philosophie" und Ansatz von Quartiermanagement. 12 Thesen als Versuch, ein Konzept der Realität anzupassen. URL: http://www.stadtteilarbeit.de/seiten/theorien/alisch/quartiersmanagement.htm am 10.12.2006.

Bundesministerium für Jugend, Familie, Frauen und Gesundheit (Hrsg.) (1990): Achter Jugendbericht. Bericht über Bestrebungen und Leistungen der Jugendhilfe, Bonn.

Gehrmann, Gerd/Müller, Klaus D. (2006): Management in sozialen Organisationen. Handbuch für die Praxis Sozialer Arbeit, , Regensburg, Berlin.

Hinte, Wolfgang (2001): Von der Stadtteilarbeit zum Stadtteilmanagement. In: Hinte, Wolfgang/Lüttringhaus, Maria/Oelschlägel, Dieter (2001): Grundlagen und Standards der Gemeinwesenarbeit. Ein Reader für Studium, Lehre und Praxis, Münster.

Jordan, Erwin (2000): Sozialraum und Jugendhilfeplanung. In: Jordan, Erwin/Schone, Reinhold (Hrsg.): Handbuch Jugendhilfeplanung. Grundlagen, Bausteine, Materialien, Münster, S. 331-387.

Jordan, Erwin/Hansbauer, Peter/Merchel, Joachim/Schone, Reinhold (2001): Expertise. Sozialraumorientierte Planung. Begründungen, Konzepte, Beispiele. Herausgegeben vom Institut für Soziale Arbeit e.V., Münster.

Kommunale Gemeinschaftsstelle für Verwaltungsvereinfachung (1998): Kontraktmanagement zwischen öffentlichen und freien Trägern in der Jugendhilfe. KGSt-Bericht 12/1998, Köln.

Krisch, Richard (2005): Methoden qualitativer Sozialraumanalyse als zentraler Baustein der Konzeptentwicklung. In: Deinet, Ulrich (Hrsg.): Sozialräumliche Jugendarbeit. Grundlagen, Methoden, Praxiskonzepte, Wiesbaden, S. 161-173.

Lohr, Rolf-Peter (2001): Wider die sozialräumliche Spaltung. Das Programm "Soziale Stadt" und seine Bedeutung für die Soziale Arbeit. In: Blätter der Wohlfahrtspflege 2001, Heft 5+6, S. 109-112.

Luttringhaus, Maria (2001): Zusammenfassender Überblick: Leitstandards der Gemeinwesenarbeit. In: Hinte, Wolfgang/Lüttringhaus, Maria/Oelschlägel, Dieter: Grundlagen und Standards der Gemeinwesenarbeit. Ein Reader für Studium, Lehre und Praxis, Münster.

Nuß, Sandra (2005): Projektmanagement. In: Schubert, Herbert (Hrsg.): Sozialmanagement. Zwischen Wirtschaftlichkeit und fachlichen Zielen, Wiesbaden, S. 167-185.

Schiersmann, Christiane/Thiel, Heinz-Ulrich (2000): Projektmanagement als organisationales Lernen. Ein Studien- und Werkbuch (nicht nur) für den Bildungs- und Sozialbereich, Opladen.

Schone, Reinhold (2000): Organisation von Planungsprozessen. In: Jordan, Erwin/Schone, Reinhold (Hrsg.): Handbuch Jugendhilfeplanung. Grundlagen, Bausteine, Materialien, Münster, S. 121-206.

Schubert, Herbert (2005a): Kontraktmanagement. In: Schubert, Herbert (Hrsg.): Sozialmanagement. Zwischen Wirtschaftlichkeit und fachlichen Zielen, Wiesbaden, S. 147-166.

Schubert, Herbert (2005b): Netzwerkmanagement. In: Schubert, Herbert (Hrsg.): Sozialmanagement. Zwischen Wirtschaftlichkeit und fachlichen Zielen, Wiesbaden, S. 187-209.

Schwarz, Gotthart (1995): Sozialmanagement, 2. Auflage, Alling.

Thiersch, Hans (1997): Lebensweltorientierte Soziale Arbeit. Aufgaben der Praxis im sozialen Wandel, Weinheim, München.

Daseinsvorsorge – Möglichkeiten und Grenzen einer lokalen Agenda

Tom Schmid

1 Gemeinden als Träger sozialer Netze

1.1 Soziale Netze

Die Gemeinde, kleinste Verwaltungseinheit des Staates und neben der Familie wichtigste Grundform der Gesellschaft (König 1958:7), war schon lange Gegenstand der soziologischen Aufmerksamkeit. Bereits Max Weber setzt sich in „Wirtschaft und Gesellschaft" mit dem Charakter der Stadt und darüber hinaus der Siedlung insgesamt auseinander. Für ihn ist für eine Siedlung (im Gegensatz zur großen Stadt) eine *„dem Nachbarverband spezifische, persönliche gegenseitige Bekanntschaft der Einwohner miteinander"* (Weber 2002:727) konstituierend. Gemeinde ist also nicht nur kleinste Verwaltungseinheit, sondern auch Nahraum ihrer BewohnerInnen; genauer gesagt der Ort, an dem jene Hilfe gegeben (und genommen) wird, die über die einzelne Hausgemeinschaft hinaus greift. Wieder mit Weber (2002:215):

> „Der Hausverband ist die Gemeinschaft, welche den regulären Güter- und Arbeitsbedarf des Alltags deckt. Wichtige Teile des außerordentlichen Bedarfes an Leistungen bei besonderen Gelegenheiten, akuten Notlagen und Gefährdungen deckt unter den Verhältnissen agrarischer Eigenwirtschaft ein Gemeinschaftshandeln, welches über die einzelne Hausgemeinschaft hinausgeht: die Hilfe der ‚Nachbarschaft'".

Die (lokale) Gemeinschaft, also die Gemeinde als Ort der gegenseitigen Hilfe, ist für Weber Handlungsraum der Solidarität – wie es sich in den Aufgaben der kommunalen Daseinsvorsorge, von der noch zu reden sein wird, bis heute fortsetzt.

Dennoch: Idealisierung oder Romantisierung dieser gegenseitigen Unterstützung in der lokalen Nachbarschaft wäre und ist falsch. Auch darauf verweist uns bereits Weber (2002:216, Hervorhebung im Original): Denn die nachbarschaftliche Gemeinschaft ist

> „im Ganzen eher auf Innehaltung möglichster Distanz trotz (oder auch gerade wegen) der physischen Nähe als auf das Gegenteil gerichtet ... und nur in Fällen ge-

meinsamer Gefahr mit einiger Wahrscheinlichkeit auf ein gewisses Maß von Gemeinschaftshandeln gezählt werden kann. (…) Das ‚Gemeinschaftshandeln' ist nicht die Regel, sondern die, sei es auch typisch wiederkehrende, Ausnahme. Immer ist es weniger intensiv und namentlich diskontinuierlich im Vergleich mit demjenigen der Hausgemeinschaft, ganz abgesehen davon, dass es schon in der Umgrenzung der jeweils am Gemeinschaftshandeln Beteiligten weit labiler ist."

Wenn man also Daseinsvorsorge als kommunale Aufgabe versteht, und zwar als Aufgabe nicht nur der kleinsten Staatseinheit „Gemeinde", sondern auch der Solidargemeinschaft jener, die in den Gemarkungen dieser Gemeinde (genauer: in der jeweiligen „Nachbarschaft") leben, und ihre Tragfähigkeit analysieren will, ist ein differenzierender Blick fern jeder Romantisierung nicht nur angebracht, sondern auch notwendig. An die Stelle der Romantik tritt die Regulierung.

„Die Nachbarschaftsgemeinschaft kann ein amorphes, in dem Kreise der daran Beteiligten flüssiges, also ‚offenes' und intermittierendes Gemeinschaftshandeln darstellen. Sie pflegt in ihrem Umfang nur dann feste Grenzen zu erhalten, wenn eine ‚geschlossene' Vergesellschaftung stattfindet, und dies geschieht regelmäßig dann, wenn eine Nachbarschaft zur ‚Wirtschaftsgemeinschaft' oder die Wirtschaft der Beteiligten regulierende Gemeinschaft vergesellschaftet wird." (Weber 2002:217).

Die hier angesprochene Nachbarschaftsgemeinschaft kann – insbesondere in der Sprache der Sozialraumanalyse – auch als Netzwerk bezeichnet werden, als soziales Netz zur gegenseitigen Unterstützung, und zwar nicht nur in Krisen, sondern bei vielfältiger Bewältigung des Alltages und der Erfüllung von Freizeitwünschen. Diese Nachbarschaftsgemeinschaft, die nun nicht mehr allein räumlich gedacht werden darf und daher besser als „soziales Netz" zu beschreiben ist, steht uns zur Verfügung, wenn wir eine/n TennispartnerIn suchen, wenn die Kinder zur Schule gebracht werden sollen oder wenn die Großmutter pflegebedürftig ist. In diesem Netz finden wir Hilfe beim Hausbau genau so wie Mitinteressierte an Volksmusik. Daher darf dieses „soziale Netz", darf die sachlich und örtlich definierte „Nachbarschaft" nicht statisch gedacht werden. Denn

„Netzwerke unterscheiden sich auf eine merkwürdige Art von Gruppen, Familien oder Organisationen. Sie werden uns immer nur in Ausschnitten bewusst, denn wir aktualisieren sie immer nur anlassbezogen. Wenn mein Auto kaputt ist, kommen mir andere ‚Helfer' in den Sinn, als wenn das Gleiche mit meiner Beziehung passiert. Sie sind dadurch dem Ego nicht in jeder Situation verfügbar, sondern kontextabhängig." (Früchtel/Budde 2006:204).

Diese sozialen Netze sind strukturierende Komponenten eines Sozialraumes. Die soziale Welt lässt sich

„in Form eines - mehrdimensionalen - Raumes darstellen, dem bestimmte Unterscheidungs- bzw. Verteilungsprinzipien zugrunde liegen; und zwar die Gesamtheit der Eigenschaften (bzw. Merkmale), die innerhalb eines fraglichen sozialen Universums wirksam sind, das heißt, darin ihrem Träger Stärke bzw. Macht verleihen. Akteure oder Gruppen sind anhand ihrer relativen Stellung innerhalb dieses Raumes definiert. Jeder (oder jede) hat diese und nur diese Stellung (oder eine angebbare Klasse benachbarter Stellungen – das heißt, innerhalb einer bestimmten Region des Raumes) inne, so dass es zwar theoretisch, aber nicht praktisch möglich ist, in zwei entgegen gesetzten Regionen gleichzeitig Stellung einzunehmen. Inwieweit die zur Konstruktion des Raumes herangezogenen Eigenschaften wirksam sind, lässt sich dieser auch als Kräftefeld beschreiben, das heißt als ein Ensemble objektiver Kräfteverhältnisse, die alle in das Feld eintretenden gegenüber sich als Zwang auferlegen und weder auf die individuellen Intentionen der Einzelakteure noch auf deren direkte Interaktionen zurückführbar sind." (Bourdieu 1985:9f)

Der Sozialraum wird gebildet durch Positionen, die Menschen einnehmen und zwar

„auf der Grundlage von Kapitalbesitz in seinen verschiedenen Varianten: ökonomisches, soziales, kulturelles Kapital. Gesellschaftliche Teilnahme – in positiven wie in negativen Ausprägungen (Ausgrenzungen) – verdichten sich an Orten und sind in diese eingeschrieben; sie werden grundlegend aber im gesellschaftlichen Sozialraum gebildet und sind auch nur dort wirklich beeinflussbar." (Riege /Schubert 2002:19).

Dieser gesellschaftliche Sozialraum ist eine „Aneinanderreihung von Positionen" (Bourdieu 1998:160), also als ein Ort zu verstehen, wo Bedürfnisse entstehen, aber auch Bedürfnisse gestaltet werden (können).

Löw macht Bourdieus Verständnis von Wechselverhältnis und Rückführung des sozialen Raumes auf den physischen Raum deutlich, der

„metaphorisch gemeinte soziale Raum und der sozial angeeignete geografische Raum. (...) Bourdieu ... will ... zum Ausdruck bringen, dass der soziale Raum seinen Niederschlag im angeeigneten physischen Raum findet. Der soziale Raum zwinge zu bestimmten distributionellen (An)-Ordnungen im angeeigneten physischen Raum. Diese haben zur Konsequenz, dass die angeeigneten physischen Räume Auskunft über die Stellung im sozialen Raum gäben, das hieße zum Beispiel, dass sich von der Wohnung die Klassenlage des Akteurs ableiten ließe. Dieses Eingelagert-Sein sozialer Strukturen in den physischen Raum führe u.A. dazu, dass sich soziale Strukturen derart langsam verändern." (Löw 2001:182f).

Diese Trägheit des sozialen Raumes, die verantwortlich ist für die Herausbildung langlebiger Milieus und stabiler kommunaler Strukturen, stimmt empirisch vorfindbar (siehe z.B. Rautner-Reiter 2006), aber sie stimmt nur zum Teil. Die Wirklichkeit ist immer differenzierter als unsere Begrifflichkeit von ihr.

„Was existiert, das ist ein Raum von Beziehungen, ebenso wirklich wie der geographische, worin Stellenwechsel und Ortsveränderungen nur um den Preis von Arbeit, Anstrengungen und vor allem Zeit zu haben sind (dem Aufsteiger man die Kletterei an). Entfernung bemisst sich hier auch in Zeit (des Aufstieges oder der Umstellung zum Beispiel). Wie auch die Wahrscheinlichkeit der Mobilisierung zu einer organischen Bewegung – samt Apparat, Sprechern usw. (eben dem, was von ‚Klasse' sprechen lässt) – in einem umgekehrten Verhältnis zur räumlichen Entfernung steht: Zwar ist die Chance des – realen oder nominellen – Zusammenschlusses eines Ensembles von Akteuren durch einen Delegierten um so größer, je näher im Raum sich diese stehen und einer je kleineren, damit homogener konstruierten Klassen sie zugehören; dennoch ist die Annäherung der Nächsten niemals zwingend notwendig (direkte Konkurrenz kann als entsprechendes Hemmnis wirken) – wie auch die Annäherung der fernsten niemals unmöglich." (Bourdieu 1985:13; Hervorhebungen im Original)

1.2 Sozialräumliche Organisierungen

Das „soziale Netz" ist nur *eine* der möglichen Formen, in denen sich Individuen organisiert haben oder organisiert werden. Im Prinzip können *drei Ebenen* sozialer Organisationsformen unterschieden werden, wobei die Gemeinde am ehesten jenem sozialen Raum (siehe Löw 2001) darstellt, in dem alle drei Ebenen verschnitten werden:

- *Informelle (primäre) Netzwerke* sind gering und ohne umfassende formale Festlegungen organisiert. Neben dem Haushalt als der kleinsten überindividuellen Unterstützungseinheit sind dies die Familie und in größerer Distanz FreundInnen, NachbarInnen und ArbeitskollegInnen.

- *Intermediäre (sekundäre) Strukturen* sind mehr oder weniger organisierte Vereinigungen, die in Selbsthilfe, freiwilliger Laienhilfe und/oder durch formell Beschäftigte in Einrichtungen der Freien Wohlfahrt Hilfe und Unterstützung anbieten. Diese Strukturen werden auch als *Sozialwirtschaft* oder „*Dritter Sektor*" bezeichnet (siehe Anastasiadis et. al 2003) und sind sowohl von staatlichen wie von marktwirtschaftlichen Strukturen zu unterscheiden.

- *Formelle (tertiäre) Einrichtungen (Institutionen)* sind gesellschaftlich (staatlich) organisiert. Es handelt sich um Unterstützungseinrichtungen auf gesetzlicher Basis (Trägerschaft durch den Bund, die Sozialversicherungsträger, das AMS, die Länder oder Gemeinden) oder um über den Markt organisierte Leistungserbringer mit einer relativ bürokratisch strukturierten Organisationsform (z.B. Privatversicherungen) (siehe Hovorka et. al. 1996:29ff).

Kern der **primären Ebene** ist die Familie, um den herum sich die Nachbarschaftsgemeinschaften oder sozialen Netze gruppieren. Zum Verständnis der Wirkungsweise von Familie als „Netzknoten" ist es nötig, einen klaren Familienbegriff zu entwickeln. Dabei gilt es, einem Missverständnis vorzubeugen: Der Anstieg von Anforderungen und Erwartungen an Familie ist vor allem *quantitativ*, nicht qualitativ. Qualitativ waren Familien *immer* der erste Raum, wo Menschen in Krankheit und Not Zuwendung und Fürsorge erhalten haben, entweder im Haushalt oder während stationärer Pflege in Spital oder Heim. Neu ist jedoch der Umfang dieser Anforderungen. Dieser kann am Problem der Pflege deutlich gemacht werden: Immer mehr Personen erreichen – vor allem dank des medizinischen Fortschrittes – ein immer höheres Alter und leben deutlich länger mit ihren Krankheiten, damit aber auch mit ihrem Bedarf an Fürsorglichkeit. Gleichzeitig nimmt – sowohl bei den Betroffenen als auch bei ihren Angehörigen – die Bereitschaft ab, die letzten Lebensjahre der institutionellen Pflege eines Heims zu überantworten. Immer mehr Menschen wünschen, so lange es geht zu Hause gepflegt zu werden (oder zu pflegen).

Aber Pflegesituationen, die vor ein oder zwei Generationen noch üblicherweise nach ein paar Jahren vorbei waren, dauern heute in der Regel jahrelang. Für die betroffenen Personen bedeutet dies vor allem das Glück, auch mit Krankheit und Behinderung länger leben zu können. Gleichzeitig ist es aber für sie und ihre Angehörigen eine ungeheure Herausforderung, sich für eine unvorhersehbar lange Dauer auf die Krankheit oder Behinderung und damit auf diesen Fürsorglichkeitsprozess einzustellen. Eine Aufgabe öffentlicher Sozialpolitik besteht sicherlich darin, dass diese Aufgabe nicht (oder zunehmend weniger) als Belastung erlebt wird.

Um zu klären, ob und wie weit Familien heute in der Lage sind, diese Aufgabe auch zu bewältigen, ist es nötig, den Familienbegriff zu differenzieren (Schmid 1997:3f) und dabei drei Formen unseres Verstehens von Familie zu unterscheiden:

- Die *Haushaltsfamilie* als die „Kernfamilie" im klassischen Sinn. Sie besteht aus den im gleichen Haushalt zusammenlebenden Angehörigen; hier leben in der Regel zwei, zunehmend seltener drei Generationen zusammen. Mit steigendem Anteil alter Menschen und einer wachsenden Zahl von Menschen, die (noch) kinderlos zusammenleben, nimmt aber auch die Zahl von Haushaltsfamilien zu, in denen nur eine Generation lebt. Abgrenzungsprobleme erwachsen bereits dort, wo mehrere Generationen zwar in einem Haus, aber in verschiedenen Haushalten leben.
- Die *Rechtsfamilie* als die Gruppe jener Menschen, die in einem durch das Familienrecht definierten Verwandtschaftsverhältnis mit den daraus abgeleiteten Fürsorglichkeitspflichten stehen. Die Rechtsfamilie ist im Gegensatz zu den anderen beiden Gruppen durch rechtliche und biologische Verhältnisse definiert, nicht aber durch Beziehung.
- Die *Beziehungsfamilie* schließlich als jene Gruppe von verwandten oder einander sonst nahe stehenden Personen, die unabhängig von der räumlichen Nähe ihrer Lebensverhältnisse durch vielfache und in der Regel stabile Bande der Beziehung, der Zuneigung und der Freundschaft verbunden sind.

Die eigentliche Basis sozialer Netze ist nicht die Haushaltsfamilie, sondern die *Beziehungsfamilie*. 85 % der Senioren beispielsweise geben an, im Umkreis von 20 Minuten über eine Person zu verfügen, die zu Hilfeleistungen bereit ist. Hingegen geben nur 15 % der alten Menschen (7 % der Männer, aber 21 % der Frauen) an, alleine zu leben (BMSG 1999:49ff). Nur ein kleiner Teil älterer Menschen (8 %) lebt sozial völlig isoliert (Kytir/Münz 1992:86). Allerdings soll auch nicht vergessen werden, dass Frauen in familiären Unterstützungsnetzen in der Regel höhere Verantwortung tragen und intensivere Netzarbeit (Unterstützungsarbeit) leisten als Männer. [1]

Der **sekundären** Ebene kommt große Bedeutung zu, etwa für die Abdeckung von Hilfe und Fürsorglichkeit an jene Personen, die sonst keine Hilfe erhalten und andererseits für die Unterstützung und Entlastung der familiären Fürsorglichkeitsstrukturen. Familienentlastende intermediäre Einrichtungen nehmen einen zentralen Raum ein, wenn es darum geht, familiäre Hilfsstrukturen zu erhalten und zu stabilisieren. Aber die Strukturen der intermediären Ebene sind so umfangreich wie vielfältig und beschränken sich nicht auf den Sozialbereich. Sport, Kultur, Feuerwehren, Freizeitgestaltungen, Volksmusik, Schrebergärten, aber auch Selbsthilfeorganisationen, Genossenschaften und Gewerkschaften bilden als „Dritter Sektor" (siehe Anastasiadis et. al. 2003) die lokalen Netze einer kommunalen Daseinsvorsorge im weiteren Sinn. Die Bandbreite erstreckt sich von organisierten Selbsthilfegruppen über kleine, lokal organisierte Vereine bis zu den großen Wohlfahrtsträgern, den landes- oder bundesweit organisierten Organisationen, aber auch den Einrichtungen der Gesundheits- und Sozialsprengel. Ihre Aufgaben liegen in subsidiärer Hilfe, Familienentlastung, Beratung, Mobilisierung, Betreuung, etc., aber sie erfüllen auch vielfältige Bedürfnisse nach Betätigung und Engagement. Ohne intermediäre Einrichtungen und den vielen Menschen, die hier hauptberuflich oder ehrenamtlich tätig sind, wäre unser Wohlfahrtsstaat nicht zu denken.

Gleichzeitig sind intermediäre Einrichtungen der Ort experimenteller Gestaltung. Hier wird oft ausprobiert und entwickelt, was schon in einigen Jahren zum Regelinstrumentarium öffentlicher Einrichtungen werden wird. Die Tätigkeit in diesen Einrichtungen, und zwar unabhängig, ob sie freiwillig oder entgolten geleistet wird, lässt sich in Abgrenzung zu Tätigkeiten im marktwirtschaftlichen Sektor als „*Arbeit mit Mission*" bezeichnen (Seibel 2002, Anastasiadis et. al. 2003:238ff, Anastasiadis 2006), mit allen Vor- und Nachteilen, die sich daraus ergeben, etwa für die Qualität der Arbeit (siehe Anastasiadis et. al., 2003, Schmid et. al 2006).

---

[1]   Zu den Konsequenzen, die sich daraus ergeben, siehe v.a. Tronto 1996.

Selbsthilfe und Freiwilligenarbeit bilden einen wesentlichen Bestandteil der Intermediäre. Die Studie über den „Dritten Sektor in Wien" zeigt, dass hier (und das dürfte in den übrigen österreichischen Bundesländern nicht anders sein) doppelt so viele Menschen ehrenamtlich wie bezahlt arbeiten (Anastasiadis 2003:132). Zum Beispiel sind im Sozialbereich in Österreich bei Nonprofit Organisationen rund 95.000 Personen hauptberuflich und rund 152.000 Personen ehrenamtlich tätig, zwei Drittel von ihnen sind Frauen, ein Drittel sind Männer (siehe Khol 1999:215ff). Aber so vielfältig sich intermediäre Einrichtungen auch präsentieren, so unbefriedigend kann die Tatsache sein, dass gesellschaftliche Strukturen auf sie angewiesen sind. Denn intermediäre Einrichtungen sind in der Regel nicht flächendeckend und verfügen nur über ein eingeschränktes Leistungsangebot. Ihre Träger und ihre PartnerInnen der Öffentlichen Hand sind, sowohl örtlich als auch von der Qualität und Qualifikation der Leistungen auf die Aktivitätsbereitschaft und Aktivitätsmöglichkeit der Menschen vor Ort angewiesen. Dadurch ergeben sich zwangsweise regionale Disparitäten in der Versorgung.

Intermediäre Einrichtungen sind in ihrer Existenz in der Regel neben Spenden auf Subvention und Förderung durch die Öffentliche Hand angewiesen. Daher ist ihre Existenz stets unsicher und konjunkturabhängig. Viele intermediäre Einrichtungen stehen heute in einer prekären Situation mit unsicherer Gegenwart und ungewisser Zukunft (siehe Anastasiadis 2003, Mayrhofer/Pallas/ Schmid 2004). Intermediäre Einrichtungen können daher ihren Aufträgen und Zielen nur dann dauerhaft nachkommen, wenn sie in ein stabiles Sicherungsnetz der Öffentlichen Hand eingebettet sind, sei es über eine langfristig garantierte Subvention oder durch eine vertraglich garantierte Leistungsfinanzierung über Tagsätze oder Stundenhonorare.

Die Aufgaben des **dritten Netzes**, der so genannten „Öffentlichen Hand" (Bund, Länder, Gemeinden, Sozialversicherungsträger, AMS) bestehen vor allem in der Daseinsvorsorge der Bevölkerung, also der Existenzsicherung, dem Schutz vor den Risiken des Alters, der Krankheit und der Arbeitslosigkeit, aber auch der Regulierung sozialer Verhältnisse und der umfassenden Qualitätssicherung. Und sie haben einen umfassenden Bildungs-, Sport- und Kulturauftrag. Diese Verantwortung – und das ist die inhaltliche Verbindung dieser drei Ebenen – besteht allerdings nicht darin, Leistungen selbst zu erbringen. Die Öffentliche Hand hat vielmehr die Aufgabe, zu gewährleisten, dass diese Aufgaben erfüllbar sind und erfüllt werden; ob die entsprechenden Leistungen von der Öffentlichen Hand selbst erbracht werden oder von Einrichtungen des Dritten Sektors oder von marktorientierten Einrichtungen, hängt je nach Einzelfall von den historischen, lokalen und personellen Gegebenheiten und den vielfältigen sachlichen Zusammenhängen und Zwängen ab.

1.3 Das Soziale im Sozialraum

Bevor es im zweiten Teil um die Gemeinde als Träger von Daseinsvorsorge geht, soll der Blick noch einmal auf „**das Soziale**" als ein (aber nicht einziger) sozialer Kitt gelenkt werden, der sozialräumliche Netze erfordert und formt. Ausgangspunkt des Sozialen ist das Risiko, und zwar sowohl das „sichere" Risiko (z.b. Bildung, Alter) als auch ein „mögliches Risiko" (z.b. Arbeitslosigkeit, Krankheit, Unfall, Armut), das es abzusichern gilt (vgl. z.B. Leibfired/Leisering 1995). Das Risiko und seine Absicherung ist immer eine Herausforderung an Gemeinschaften, sowohl an nahe stehende als auch an die Gruppe der Unbekannten.

> „Das Risiko ist paradigmatisch für die Existenz des Sozialen: Es lässt einen Unfall, einen Autounfall oder einen Arbeitsunfall nicht mehr als individuelles Versagen oder göttlich verantwortet erscheinen, sondern als Folge des Zusammenlebens der Menschen. (…) Lebensrisiken werden zunehmend als ‚normal' angesehen und zugleich als soziale Produkte verstanden, die aus dem Zusammenwirken der Vielen hervorgehen." (Kessl/Krasmann 2005:228).

Die Kommune ist jener Ort, an der sich Linien vielfältig schneiden: die Linien der unterschiedlichen Bedürfnisse genauso wie die der Hilfe durch Nahestehende (in Familien, Nachbarschaft oder sozialen Vereinen) und die Hilfe unter Fremden (vermittelt überwiegend über Beiträge und Steuern). Hier liegt der praktisch gelebte Anknüpfungspunkt für Solidarität als Solidarität unter Fremden, vermittelt über Sozialversicherung und steuerfinanzierte Leistungen genauso wie als Solidarität unter Nahestehenden (siehe Schmid1998), zumindest unter potentiell Nahestehenden. [2] Diese Solidarität unter (zumindest potentiell) Nahestehenden ist ein wesentliches Element der Daseinsvorsorge im kommunalen Raum. Hier setzt auch das Forces Konzept der Sozialarbeit nach Mary Richmond an, die bereits vor knapp 100 Jahren darauf hingewiesen hat, dass gelingende Einzelfallarbeit über den Einzelfall hinaus gehen und Fall mit Feld verbinden muss (siehe Früchtel/Budde 2006:201). Dabei wird Sozialarbeit als niederschwellige Intervention begriffen, die nur dort einsetzt, wo andere Institutionen des Nahraumes nicht hinreichen oder zu kurz greifen.

> „In Richmonds Case Work ist die menschliche Persönlichkeit ein komplexes Arrangement individueller Anlagen, Fähigkeiten und Kräfte UND sozialer gesellschaftlicher Einflüsse, die in einem permanenten Prozess wechselseitiger Formung und Beeinflussung stehen ... . Erfolgreiche Soziale Arbeit nützt dementsprechend „Kräfte" aus beiden Sphären und kennt sich aus mit den
> - Family Forces, den Kräften der Kernfamilie

---

[2] Gerade in größeren Gemeinden kann es durchaus sein, dass auch freiwillige HelferInnen nicht zum Bekanntenkreis der Person(en) gehören, denen sie helfen, dennoch würde ich diese Hilfe eher als Hilfe unter Nahestehenden denn als Hilfe unter Fremden einordnen, wohl wissend, wie abstrakt diese Kategorien gegenüber der Vielfalt von Realitäten geworden sind

- Personal Forces, den Kräften von Verwandten und Freunden
- Neighbourhood Forces, den Kräften von Nachbarn, Vermietern, Arbeitgebern, Pfarrern, Bekannten aus der Kirchengemeinde, ÄrztInnen, Gewerkschaften, Vereinen, Abendschulen, Sparvereinen, Wohnungsbaugesellschaften,...
- Civic Forces, den Kräften von LehrerInnen, BeratungslehrerInnen, Polizei, Bewährungshelfern, Besserungsanstalten, Postboten,..
- Charitable Forces, den Kräften von Kirchengemeinden, einzelnen Wohltätern, Selbsthilfeprojekten, Arbeitsprojekten, Kinderschutzvereinen, Gemeindeschwestern, Suppenküchen,..
    - Public Relief Forces, den Kräften von Sozialämtern, Krankenhäusern,.." (Früchtel/Budde 2006:201, Hervorhebung im Original).

Dabei darf jedoch nicht vergessen werden, dass es sich gerade in der Kommune um einen „Ort der Freiwilligkeit" handelt, dass man also die hier genannten „Forces" zwar vermuten kann und wahrnehmen soll, wo sie vorhanden sind, sie aber nicht voraussetzen darf. Denn die Strategie, soziale Inklusionspotenziale nur mehr in lokalen Gemeinschaften auszumachen, verbindet moralische Inklusion wie individuelle Verantwortungszuweisung (siehe Kessl/Krasmann 2005:235). Die Verantwortung wird sowohl jenen zugewiesen, die Hilfebedarf haben wie jenen, die helfen könnten und daher moralisch gezwungen werden sollten, zu helfen. Hinter diesem Konzept stehen Ideen der „Bürgergesellschaft" (siehe Khol 1999) genauso wie die Ideologie des Kommunitarismus (siehe Etzioni 1995, 1996, 1997). Diese Konzepte arbeiten nicht mit den vorgefundenen und je verschiedenen Interessen der Menschen, sondern mit einem moralischen Gemeinschaftsgefühl, das über die gemeinsame Verantwortung der Community zu schaffen und über moralischen Druck individuell abzusichern ist. Diese

„Strategien einer ‚Ethno-Politik' gehen nämlich gerade nicht von einer tradierten Gesellschaft, sondern von einer künstlichen Community aus, die erst herzustellen ist und für die sich die Individuen entscheiden müssen. Strategien einer Aktivierung sozialen Kapitals erweisen sich somit als entscheidender Bestandteil von Strategien einer Territorialisierung des Sozialen, die von kalkulierenden Individuen ausgeht, die sich ihre Chancen und Möglichkeiten der Lebensgestaltung selbst ausrechnen." (Kessl/Krasmann 2006:235, Hervorhebung im Original).

Auch wenn wir meinen, Gemeinden sollen nicht der Ort sozialen Drucks und *moralischer* Orientierung auf „Nächstenliebe" sein, sind sie doch (mögliche) Orte der direkten Demokratie. Das heißt, sie bilden jene Orte, in denen eine umfassende Daseinsvorsorge durch Betroffene und ihr Umfeld, durch intermediäre Organisationen und/oder durch öffentliche Institutionen in einem je konkret zu flechtenden Muster erbracht wird. Durch demokratische Prozesse auf kommunaler Ebene können Gemeinden Daseinsvorsorge im lokalen Umfeld sichern. Dieses demokratische Potential kommunaler Daseinsvorsorge scheint in der österreichischen Praxis jedoch noch sehr gering entwickelt. Es ist aber darauf zu achten, dass eine mögliche Entwicklung dieser demokratischen Potentiale nicht durch einen forcierten Ausbau moralischer Überformungen kommunitaristischer (oder bürgergesellschaftlicher) Fremd- und Selbstverantwortungen behindert wird.

Die Daseinsvorsorge der Gemeinden steht an der Schnittstelle von Nächstenliebe und Fernstenliebe, sie kombiniert (mehr oder weniger organisiert, mehr oder weniger zufällig) intermediäre und institutionelle Sozialpolitik und die Leistungen der sozialen Institutionen mit den sozialstaatlichen Leistungen. Die Rolle des Sozialstaates ist nach wie vor zentral für die Gestaltung des Lebens; der Sozialstaat ist

> „von Beginn an in besonderem Maße **Taktgeber des Lebenslaufes** gewesen: Durch ein ausgebautes öffentliches Bildungswesen gibt er Starthilfen in der Arbeitsgesellschaft, stellt Weichen, eröffnet **Lebenschancen.** Durch ein entwickeltes Rentensystem schafft er **Erwartungssicherheit** in der Lebensspanne, sofern der Einzelne einem ‚normalen' Leben mit regelmäßiger Erwerbsarbeit oder Ehe nachgeht, das dadurch zugleich als **normative biografische Ordnung** befestigt wird. Und schließlich sieht er für die Wechselfälle des Lebens, bei denen diese Vorkehrungen nicht greifen, besondere **Risikosicherungen** vor wie Kranken- und Arbeitslosenversicherung, Sozialhilfe und Sozialarbeit. Kurz, der Sozialstaat definiert Lebensphasen, steuert Lebenswege und verbürgt biografische Kontinuität. Die Frage in der (gegenwärtigen, Anm. T.S.) gesellschaftlichen Situation ... ist: Trägt die Verbindung zwischen sozialstaatlichen Institutionen und individuellem Lebenslauf, greift die Sicherungsfunktion des Sozialstaates, genauer: des ... Sozialversicherungsstaates angesichts der neuen vielfältigeren, brüchigeren Lebensläufe?" (Leibfried/Leisering 1995:7; Hervorhebungen im Original).

Damit wird deutlich, dass die Schnittstellenfunktion der kommunalen Daseinsvorsorge im Sozialen vor allem dort gefordert wird, wo es um individuelle Lebenssituationen und Lebensbiografien geht, die (mehr oder weniger deutlich) von jenen „Normalbiografien" abweichen, denen der Sozialstaat eine zumindest hinreichende Verstetigung der Lebensbiografie verspricht.

Die Situation ist aber komplexer, denn sozialpolitische Diskurse neigen dazu, einen Blick auf die Armut zu absolutieren. Armutslebenslagen werden in den grellsten Tönen dargestellt, sozialpolitische Verschlechterungen fast lustvoll aneinander gereiht. Jede aktuelle Epoche wird als Epoche „des Sozialabbaus" beschrieben, menschliche Lebenslagen als immer trister und bedrohlicher dargestellt. Öffentliche Haushalte seien bereits an der Grenze des Zusammenbruchs angelangt, der Zusammenbruch des Sozialstaates (Kaufmann 1997:7) sei nur mehr eine Frage der Zeit. Bourdieu nennt das „*das Elend der Welt*" bzw. das „*alltägliche Leiden an der Gesellschaft*"(Bourdieu1998).

Was hier plakativ als „*Armutsvoyeurismus*" bezeichnet wurde, kann im wissenschaftlichen Diskurs auch als „*Defizitdiskurs*" (Vobruba 1991:40ff) bezeichnet werden:

„Das übliche Verfahren im sozialpolitischen Defizitdiskurs läuft so ab: Erst wird der sozialpolitische Versorgungsstand einer Gruppe erhoben. Dann wird dieser Versorgungsstand an einem Maßstab ausreichender Versorgung gemessen. Als Maßstab fungieren entweder gesetzlich fixierte Sozialleistungsstandards oder das normative Dafürhalten der sozialpolitisch engagierten Forscher. Man deklariert, so oder so, wie viel man ‚für genug' hält. Erstere Variante läuft auf Untersuchungen der Ursachen von Nichtinanspruchnahme sozialstaatlicher Leistungen hinaus, letztere Variante führt – je nach der frei definierten Armutsgrenze – zu relativ beliebigen Feststellungen von gesellschaftlichen Armutspotentialen. Dies mündet nicht selten in eine politische Konkurrenz, aus der jener als der ‚kritischste' Sozialpolitiker hervorgeht, der die höchsten Armutszahlen zustande bringt. Schließlich wird dann aus den festgestellten sozialpolitischen Versorgungsdefiziten auf sozialpolitischen Handlungsbedarf geschlossen, und es werden entsprechende Maßnahmen vorgeschlagen." (Vobruba 1991:40).

Allerdings, dieser „Armutsvoyeurismus" oder „Defizitdiskurs" hat durchaus seinen Sinn: Er kann den Blick auf die je aktuellen größten Probleme lenken und die Öffentlichkeit – und somit auch die Politik – empfänglich für sozialpolitische Interventionen machen. Er kann daher für den politischen Diskurs und für Medienaktionen durchaus geeignet sein.

„Die Sinnhaftigkeit", so Vobruba, „des sozialpolitischen Defizitdiskurses steht außer Zweifel. Tatsächlich bedarf es des Nachweises und auch immer wieder der Hinweise auf sozialstaatliche Versorgungsdefizite als sozialpolitische Handlungsorientierungen und als Handlungsanstöße ebenso wie des moralisch motivierten Engagements für sozial Schwache. (...) Die praktische Sinnhaftigkeit des sozialpolitischen Defizitdiskurses ist begrenzt. Denn dem Defizitdiskurs liegt ein zu einfaches Akteursmodell zugrunde. Das heißt: Argumentationen im Defizitdiskurs gehen – explizit oder implizit – davon aus, dass der Nachweis von Versorgungsdefiziten ausreicht, um sozialpolitisch kompetente Akteure zum Handeln zu bringen." (Vobruba 1991:41).

Aber nicht nur politische Handlungsmuster sind komplex und folgen in der Regel komplexen Interessensstrukturen und Interessensverflechtungen, auch die diesem Diskurs zugrunde liegenden Problemlagen sind komplex.

Es geht also darum, Sozialstruktur als *Prozess* zu fassen (Kohli 1999:112). Armutslebenslagen oder armutsgefährdende Lebenslagen sind (zumindest hierzulande) zeitlich begrenzt, und zwar sowohl in ihrer je konkreten Erscheinung wie in den Lebenslagen der Betroffenen. (siehe Leibfried/Leisering 1995). Und sozialpolitische Leistungen kommen nicht nur – in der Regel nicht einmal hauptsächlich – den sozial Bedürftigen zugute. Sie sind vor allem ein Instrument der Verstetigung des Lebenslaufes: Pensionen, Krankenversicherungen, Arbeitslosenversicherungen und Pflegevorsorge dienen mehr dem (materiellen) Erhalt eines „normalen" Lebenslaufs als der Beseitigung von Armutslebenslagen (siehe Schmid 2000a). Dazu kommt, manche „Armutslebenslagen" können durchaus ein missverständlicher Ausdruck einer materiell stabilen Lebenslage sein, etwa wenn jemand zwar als „langzeitarbeitslos" gilt, aber mit Hilfe betrieblicher Zusatzleistungen materiell abgesichert auf seine Pension wartet (siehe dazu z.b. Schmid/Mayrhofer/Regner 2000).

2   Kommunale Daseinsvorsorge

2.1 Daseinsvorsorge als kommunale Aufgabe

Staatliche Umverteilung über Steuern und Beiträge ist „vergesellschaftete Nachbarschaftshilfe" oder „Solidarität unter Fremden" (siehe Schmid 1998). In der Gemeinde durchdringen und überschneiden sich „Nächstenliebe" und „Fernstenliebe", also die empathische Verantwortlichkeit für Angehörige und NachbarInnen und die solidarische - in der Regel über Beiträge und Steuern erbrachte Leistung für (oft unbekannte) Mitglieder des Gemeinwesens wohl am stärksten, vor allem in ihrer Funktion der kommunalen „Daseinsvorsorge".

In der Bundesverfassung (siehe Art. 116 und 118 B-VG) ist den Gemeinden die Möglichkeit wirtschaftlicher Betätigung einschließlich der Führung (kommunaler) Unternehmen als Teil der Gemeindeselbstverwaltung zugewiesen.

„Überblickt man die Entwicklung kommunaler Wirtschaftätigkeit, so zeigt sich eine Schwerpunktsetzung in Aufgaben der Versorgungssicherung. Die rein erwerbswirtschaftliche Betätigung der Kommunen ist demgegenüber deutlich auf dem Rückzug. Die verfassungsrechtliche Garantie der Gemeinde als selbständiger Wirtschaftskörper entspricht also der zentralen Funktion, die den Kommunen bei der Versorgung der Bevölkerung mit so genannten Daseinsvorsorgeleistungen zugekommen ist und immer noch zukommt." (Holoubek/Segalla 2002:64, siehe auch Segalla 2006:158ff).

Diese Daseinsvorsorge kann durch eigene Betriebe, durch Töchterbetriebe, durch Verbindungen mit privaten Betrieben in so genannten public private partnership Modellen (siehe dazu etwa Segalla 2006:169f) erfolgen oder durch private Betriebe oder Nonprofit-Organisationen im Auftrag der Gemeinde. Diese Aufträge unterliegen in der Regel dem Bundesvergabegesetz (siehe dazu Kropik/Mille/ Sachs 2006), können aber auch durch Förderungen und Subventionen (vor allem im Sozial- und Behindertenbereich, siehe etwa Mayrhofer/Pallas/Schmid 2004) erfolgen. Innerhalb der allgemeinen gesetzlichen Schranken kann die Gemeinde privatwirtschaftlich zu erbringende Versorgungsaufgaben aus eigener Initiative und ohne gesetzlichen Auftrag bzw. gesetzliche Genehmigung (freilich aber unter Beachtung der allgemeinen, für die in Aussicht genommene Tätigkeit gültigen rechtlichen Rahmenbedingungen) wahrnehmen.

„Verschiedentlich machen Bundes- oder Landesgesetze den Gemeinden die Ausübung bestimmter Aufgaben, die mit Mitteln des Privatrechtes zu besorgen sind, jedoch zur Pflicht" (Segalla 2006:166),
beispielsweise die Abfallentsorgung: Aber auch Mitwirkungspflichten im jeweiligen Sozialhilferecht der Länder können genannt werden.

Es gibt im österreichischen Recht keine positivrechtliche Definition von
„Daseinsvorsorge" aber zahlreiche engere und weitere Definitionen in der Lehre
(siehe Holoubek/Segalla 2002:64). In einem weiteren Verständnis umfasst kommunale Daseinsvorsorge

„in einer typologischen Betrachtung die Versorgung der Bevölkerung mit wirtschaftlichen, kulturellen und sozialen Infrastrukturleistungen. Voraussetzung für die
Qualifikation eines Sachgebietes als ‚Bereich der Daseinsvorsorge' ist eine politische Entscheidung, staatliche Verantwortung für diesen Bereich zu übernehmen, die
sich in entsprechenden rechtlichen Festlegungen dieser Verantwortung nieder-
schlägt." (Holoubek/Segalla 2002:64).

Übliche Aufgaben kommunaler Daseinsversorgung im engeren Sinn sind die
Versorgung mit Wasser und Energie, die Abwasserentsorgung und die Abfallbe-
seitigung sowie die Gestaltung des kommunalen Straßennetzes (Straßenbau,
Erhaltung, Schneeräumung etc.). In einer weiteren Definition werden auch
kommunale Kultur- und Sportleistungen sowie die sozialpolitischen Aufgaben
der Gemeinde (Versorgung mit sozialen Diensten, Gesundheits- und Pflegever-
sorgung, etc.) verstanden. Insbesondere in der sozial- und gesundheitspolitischen
Daseinsversorgung arbeiten die Gemeinden eng mit den Ländern zusammen,
wobei diese Arbeitsteilung in jedem Bundesland unterschiedlich geregelt ist
beispielsweise in den jeweiligen Sozial- und Behindertenhilfegesetzen (vgl. z.B.
Pfeil 1989, Pfeil 2001).

2.2 Das „zweite soziale Netz" als ursprünglich kommunale Aufgabe

In der vorindustriellen Zeit war die „soziale Frage" noch weitgehend auf Ar-
mutspolitik reduziert und diese oblag nahezu ausschließlich den Kommunen
(vgl. etwa Melinz/Zimmermann1991, Ritter 1991, Talos 1981, Hautmann/Kropf
1974, Sachße/Tennstedt 1986, Schmid 2000). Die Armen eines Dorfes wurden
entweder reihum bei den Bauern untergebracht oder es wurden kommunale Ar-
beitshäuser errichtet, die oft Ähnlichkeiten mit Strafanstalten hatten (siehe z.B.
Schmid 2005). Erst mit der Herausbildung der Industrie und dem Entstehen von
Sozialversicherungen im letzten Drittel des 19. Jahrhunderts löste sich auch die
kommunale Armenfürsorge aus der reinen Naturalwirtschaft. Aber Leistungen
der Gemeinde waren an zwei Prinzipien gebunden, an die „Heimatzuständigkeit"

und die „Subsidiarität". Das Reichsheimatgesetz von 1863 regelte das Heimatrecht,

„das Recht des ungestörten Aufenthaltes in einer Gemeinde .... Die Heimatberechtigung konnte ursprünglich nur durch Geburt, Verehelichung, Aufnahme in den Heimatverband oder Übernahme eines öffentlichen Amtes und erst mit der Heimatrechtsnovelle von 1896 auch nach durchgehendem zehnjährigen Aufenthalt erworben werden." (Pratscher 1991:160).

Die Härte dieses Heimatrechtes erwies sich beispielsweise nach dem Börsenkrach von 1871, wo 800 in Wien arbeitslos gewordene Industriearbeiter zwangsweise in ihre (überwiegend niederösterreichischen und mährischen) Heimatgemeinden ausgewiesen und teilweise zwangsweise abgeschoben wurden (siehe z.B. Hautmann/Kropf 1974:67). Diese Heimatzuständigkeit mit ihren Konsequenzen in der Armenversorgung wirkte bis weit in die erste Republik hinein.

Das zweite für die kommunale Armenversorgung relevante Prinzip war und ist das der Subsidiarität (Nachrangigkeit).

„Die Gemeinden hatten nur jene heimatberechtigten Armen zu unterstützen, die ihren Lebensunterhalt nicht (mehr) aus eigenen Kräften und mit eigenen Mitteln besorgen konnten und nicht von dritten Personen wie vor allem Familienangehörigen und Verwandten versorgt werden mussten. Lohnarbeit und familiäre Hilfe gingen jeglicher staatlichen Fürsorge bevor und sollten im Bedarfsfall eine ausreichende soziale und materielle Absicherung bieten. Die Armenfürsorge der Gemeinden blieb schließlich auch nachrangig gegenüber der kirchlichen und privaten Wohlfahrtspflege" (Pratscher 1991:160).

Die Prinzipien der Heimatzugehörigkeit und der Subsidiarität finden sich auch im heutigen Sozialhilferecht, allerdings ist die Zuständigkeit mittlerweile teilweise von der Gemeinde auf das jeweilige Land übergegangen. Aber immer noch kommt der Gemeinde eine Mitwirkungspflicht in der Sozialhilfe zu (beispielsweise bei der Entgegennahme des Antrages oder bei der Feststellung der die Hilfe begründenden Tatbestände). Und sie ist als Trägerin der Daseinsfürsorge in der Regel für die Erbringung sozialer Dienste verantwortlich, die sie entweder selbst erbringt oder durch Wohlfahrtsträger, aber auch private Betriebe erbringen lässt. Die Gemeinden tragen einen Teil des finanziellen Aufwandes der Sozialhilfe in einigen Bundesländern (wie z.B. in Niederösterreich) pauschaliert nach der Gemeindegröße, in anderen Bundesländern abhängig von den realen Kosten jener GemeindebürgerInnen, die Sozialhilfeleistungen beanspruchen. Auch in der modernen Sozialhilfe ist Subsidiarität ein zentrales Prinzip, denn Sozialhilfe steht nur nachrangig nach Arbeitsfähigkeit, der Verwertung des eigenen Vermögens und familiärer Unterstützungen zur Verfügung. Und sie ist nach wie vor an die „Heimatzuständigkeit" gebunden, diesfalls an eine (in der Regel bereits sechsmonatige) Aufenthaltsdauer im jeweiligen Bundesland.

Bei manchen kommunalen (Sozial)leistungen, wie etwa der Vergabe von Gemeindewohnungen, wird die Heimatzuständigkeit üblicherweise nach wie vor sehr eng ausgelegt. Allerdings sind zum Beispiel ermäßigte Tarife im kommunalen Hallenbad nur für GemeindebürgerInnen nach EU-Recht mittlerweile verboten.

2.3 Ausdifferenzierende Wirklichkeiten

Kommunale Daseinsvorsorge zielt auf die Heimatzuständigkeit jener Personen, für die diese Leistungen erbracht werden. Durch veränderte Lebenswirklichkeiten sind eindeutige regionale (kommunale) Zuständigkeiten jedoch immer schwerer auszumachen. So gibt es immer wieder Auseinandersetzungen um kommunale Tarife (z.B. Wasser oder Kanal) für die so genannten *ZweitwohnungsbesitzerInnen* - ein Problem, das vor allem in den „Speckgürteln" rund um Großstädte, aber auch in touristisch interessanten Gegenden spürbar ist. So stehen in der Stadt Baden zum Beispiel 21.600 so genannten „WohnbürgerInnen" 5.500 „Nebenwohnsitzfälle" gegenüber, das ist ein Fünftel der hier gemeldeten Personen. Für diese ZweitwohnungsbesitzerInnen bedeutet Daseinsvorsorge etwas anderes als für Menschen, die sich permanent in der jeweiligen Gemeinde aufhalten, wobei auch hier zwischen Personen zu unterscheiden ist, die täglich oder wöchentlich auspendeln und jenen, die in ihrer Heimatgemeinde auch arbeiten, dort also einen zentralen Lebensmittelpunkt haben. So sind beispielsweise von den 17.200 Personen aus Baden, die erwerbstätig sind oder einer Ausbildung nach gehen, 6.600 oder 38,5 % PendlerInnen und haben daher ihren täglichen Lebensmittelpunkt nicht in ihrer Heimatgemeinde.

Der eingangs entwickelte soziologische Befund von der „Nähe auf Distanz" trifft also in zunehmendem Ausmaß nicht nur auf kleinräumliche Beziehungsgruppen (Familie, Nachbarschaft) zu, sondern mittlerweile auf ganze Gemeinden. Daher gilt er nicht nur für informelle und intermediäre, sondern auch für das Netz der formellen, staatlichen (in unserem Fall kommunalen) Unterstützungsstrukturen. Aus diesem Befund aber zu schließen, die Strukturen der Daseinsvorsorge würden nunmehr dünner, ist sicherlich falsch. Sie werden *anders*. Und dieses Anderswerden ist Gegenstand der aktuellen Analysen des Sozialraumes und der Arbeit im Sozialraum. Bevor diese Debatte kurz umrissen wird, ist ein Exkurs auf eine wesentliche kommunale Querschnittsmaterie notwendig: das Alter. Allein aus demografischen Gründen rückt dieses Thema immer stärker ins Zentrum der Aufgaben und Diskurse kommunaler Daseinsvorsorge.

2.4 Alter als (kommunale) Querschnittsmaterie

Die Sozialwissenschaft hat sich wie die Sozialberichterstattung und die Sozialpolitik längst von einem „Defizitbild des Alters" gelöst, in dem Alter nur als das beschrieben wird, was „nicht mehr geht". Nach heutigem Verständnis ist das dritte Lebensalter ein aktives, es ist in der Gesellschaft gleichberechtigt vertreten (siehe BMAGS 1999:9ff). Aus der Sicht staatlicher Sozialpolitik, insbesondere aus der Sicht von Sozialpolitik der Länder und Gemeinden, ist „Alter" heute insgesamt zu einer zentralen Querschnittsmaterie für Politik avanciert (siehe Naegele 1993:176). Alternsfragen gehören speziell auf kommunaler Ebene schon lange nicht mehr allein in den Zuständigkeitsbereich von klassischen Institutionen der Seniorenhilfe (Sozialamt, Wohlfahrtsverbände, Kirchen, etc.). Sie greifen bereits längst über die Grenzen „klassischer" Sozialpolitik hinaus und reichen weit in die Gesundheitspolitik (geriatrische und gerontopsychiatrische Versorgung) hinein, sind zu wichtigen Themen der Wohnungs- und Städtebaupolitik (Wohnraummodernisierung und -anpassung, integriertes Wohnen, Gemeinwesenorientierung, etc.), der kommunalen Verkehrspolitik (stark veränderte Mobilitätsstrukturen bei Jung wie Alt) und der Nahversorgung geworden. Altenpolitik bezieht sich auch auf kommunale Bildungs-, Freizeit- und Kulturpolitik.

Und Altenpolitik ist heute ein wesentliches Feld der Demokratisierung und Mitbestimmung. Ältere Menschen haben nach einer österreichischen Untersuchung (Bahr/Leichsenring/Strümpel 1996:185ff) Interesse an mehr Mitbestimmung vor allem in drei Bereichen: Erstens, und am höchsten bewertet, an Mitbestimmung bei lebensweltbezogenen Themen (Gemeindeleben, Pflegeprobleme, etc.), zweitens an Mitsprache bei biografiebedingten alter(n)sspezifischen Problemen (Arbeitslosigkeit Älterer, Übergang in die Pension, Pensionsanpassung, Versorgung, etc.) und drittens an interessensgeleiteter Teilhabe am allgemeinen politischen Geschehen. Die umfassende Einbindung älterer Menschen und deren Vertretungen in den politischen Entscheidungsprozess wurde in den letzten Jahren auf allen Ebenen vorangetrieben, etwa durch Seniorenbeiräte. Einen bisherigen Höhepunkt bildet das 1998 beschlossene BundesseniorInnengesetz, dass die Mitbestimmung der Senioren erstmals auf gesetzlicher Ebene regelt (BMAGS 1999:40f).

Auch für problemnahe öffentliche Alte(r)nspolitik ist daher neben dem traditionellen top-down-Ansatz zunehmend eine Berücksichtigung des bottom-up-Ansatzes notwendig (siehe z.b. Vogelskamp/Günter 2005) – will meinen, die Betroffenen (die alten Menschen und ihre Angehörigen) sowie die informellen wie intermediären Hilfestrukturen sind in die Entscheidungen einzubeziehen. Dabei geht es nicht nur darum, Interessen der Betroffenen in die Entscheidungen einzubeziehen, sondern auch die vielfältige Expertise der Betroffenen und ihrer unmittelbaren Helferinnen. Es geht also darum, „Soziale Netze" zu erkennen, zu nutzen und gegebenenfalls zu verstärken. Dieser Ansatz ist in hohem Ausmaß bedarfsbezogen, problem- und potentialorientiert und er ist gemeinwesennah, denn er trifft Menschen dort, wo sie leben. So kann in hohem Ausmaß das Sozialkapital einer Gesellschaft in die Seniorenpolitik einbezogen werden, das aus der Gesamtheit der Fähigkeiten, Fertigkeiten und Motivationen jener Menschen besteht, die in ihrem Gemeinwesen helferisch und gemeinnützig tätig sind oder sein könnten.

3   Möglichkeiten und Grenzen der Gemeinden

Während einerseits Anforderungen an kommunale Daseinsvorsorge steigen (etwa aus demografischen Gründen) und wegen der Veränderungen und Ausdifferenzierungen von Lebenslagen immer komplexer werden, nehmen andererseits die Spielräume der Kommunen immer stärker ab. Gemeinden bekommen mehr Aufgaben übertragen, z.b. durch die Sicherheitspolizeinovelle 2002 die Übertragung des Melde- und Passwesens und des Fundwesens von der Exekutive (Bundespolizei und Gendarmerie). Aber gleichzeitig entfallen Einnahmequellen wie beispielsweise die Getränkesteuer, die einer der größten Einzeleinnahmeposten der Gemeinden war, aber nach einer EuGH-Erkenntnis vom März 2000 dem Gemeinschaftsrecht widerspricht. Bis heute wurde und wird den österreichischen Gemeinden dieser Einnahmenausfall nicht ersetzt, weder durch den Finanzausgleich noch durch andere Steuereinnahmen.

Auch die Steuerreform 2005 hatte negative Auswirkungen auf die kommunalen Haushalte. Diese verlieren 400 Millionen Euro oder 6,5 % ihrer Ertragsanteile im Jahr.

> „Die Steuerreform 2005 ist insofern auch eine der besonderen Art, weil in der Vergangenheit bei Steuersenkungen doch immer mehr oder weniger große Gegenfinanzierungen eingesetzt wurden, um die Auswirkungen auf die Budgets der Länder und Gemeinden abzufedern." (Pramböck 2004:4).

Bei dieser Steuerreform war dies nicht der Fall. Schließlich trifft auch der Stabilitätspakt die Gemeinden voll, denn seit 2002 müssen Länder und Gemeinden positiv budgetieren, um das gesamtstaatliche Maastricht-Ziel von maximal 3% des BIP an Neuverschuldung nicht zu gefährden.

Die Anforderungen an die Kommunen, dennoch ihre Aufträge der Daseinsvorsorge erfüllen zu können, steigen. Sowohl die Entwicklung neuer *PublicPrivate-Partnership*-Modelle als auch verstärkte Orientierungen auf Effizienz und Verwaltungseinsparungen prägen die österreichischen Kommunen. Für eine aktive und innovative sozialraumorientierte Sozialpolitik und Sozialarbeit bedeutet diese Situation, nicht zu resignieren und knappe Mittel zu beklagen (wiewohl dies fallweise eine durchaus befreiende Wirkung haben kann). Vielmehr gilt es, gemeinsam mit den Akteurinnen und Akteuren im Sozialraum neue Initiativen und Strategien zu entwickeln, um bestehende Spielräume weitgehend zu erhalten und neue Spielräume zu eröffnen. Dabei wird es weniger darum gehen, „neue" globale Rezepte zu entwickeln, sondern Best-Practice-Beispiele zu sammeln und aufzubereiten. Je nach regionaler Situation kann die Perspektive in neuer gemeindegrenzüberschreitender Zusammenarbeit und regionaler Initiativsetzung, der Nutzung Europäischer Strukturfonds, der Kooperation bisher isolierter Initiativen, der Förderung neuer Netze, der Entwicklung (und Qualitätssicherung) von PPP-Kooperationen liegen. Notwendig scheint mir auf jeden Fall eine Demokratisierung der lokalen, sozialraumorientierten Daseinsvorsorge, da ohne aktive Beteiligung der Bürgerinnen und Bürger möglicherweise „fremdgesteuerte" Antworten entwickelt werden, wo es (noch?) gar keine Fragen gibt, während anderswo dringend benötigte Ressourcen fehlen. Qualifizierte und qualitätsgesicherte Beratung ist jedenfalls eine nützliche Ressource für sozialraumorientierte lokale Daseinsvorsorge.

Auch die Veränderungen der Sozialstruktur spielen bei einer (nicht kommunitaristischen) Neufassung der Rolle von Daseinsvorsorge der Gemeinden an der Schnittstelle von Nächstenliebe und Fernstenliebe eine große Rolle. Hier sei beispielhaft die Rolle der *Mobilität* herausgegriffen. Wahrscheinlich sind Mobilitäten ungleich verteilt. Einerseits gibt es Bevölkerungsgruppen, die immer mobiler werden (müssen), wobei Mobilität nicht nur als Gewinn zu sehen ist, denn auch Depravation kann durch Mobilität verstärkt werden, wenn ihre Kosten von Zeit und Geld zu hoch sind. Neben die Geldarmut tritt dann rasch die Zeit- und/oder Kontaktarmut. Dieser wachsenden Mobilität stehen in den Kommunen zunehmend immobiler werdende soziale Gruppen gegenüber (z.B. alte, pflegebedürftige, gettoisierte, arme Menschen). Zu diskutieren wäre, welche Auswirkungen diese Entwicklungen auf Gemeinden als interaktiver und politischer Raum haben (werden) und wie darauf zu reagieren ist.

Literatur

Anastasiadis, Maria / Essl, Günther / Riesenfelder, Andreas / Schmid, Tom / Wetzl, Petra (2003): Der Dritte Sektor in Wien – Zukunftsmarkt der Beschäftigung. Wien (Forschungsbericht im Rahmen des Equalprojektes „Der 3. Sektore in Wien: Bestandsaufnahme und Weiterentwicklung eines beschäftigungsintensiven Wirtschaftsbereiches)

Anastasiadis, Maria (2006): Die Zukunft der Arbeit und ihr Ende? München – Mering.

Bacher, Johann (Hrg.) (1993): Handlungsfelder kommunaler Sozialpolitik. Eine sozialwissenschaftliche Fallstudie am Beispiel der Stadt Wels. Linz.

Bahr, Christine / Leichsenring, Kai / Strümpel, Charlotte (1996): Mitsprache – Bedarfsfelder für politische Mitsprache älterer Menschen in Österreich. Wien.

Binder, Bruno (20029: Die Daseinsvorsorge der Gemeinde. In: Österreichischer Gemeindebund / Österreichischer Städtebund (Hrg.): 40 Jahre Gemeindeverfassungsnovelle 1962. Wien, S. 105-120.

Bourdieu, Pierre (1985): Sozialer Raum und „Klassen". Lecon sur la lecon. Zwei Vorlesungen. Frankfurt/Main.

Bourdieu, Pierre (1998): Das Elend der Welt. Zeugnisse und Diagnosen alltäglichen Leidens an der Gesellschaft. Konstanz.

Buck, Nick / Gordon, Ian / Harding, Alan / Turok, Ivan (Eds.) (2005): Changing Cities. Rethinking Urban Competitiveness, Cohesion and Governance. New York.

Bundesministerium für Arbeit, Gesundheit und Soziales (1999): Älter werden in Österreich – Seniorenbericht. Wien.

Cuthbert, Alexander R. (2006): The Form of Cities. Political Economy and Urban Design. Malden MA – Oxford, UK – Carlton, Aus.

Dünne, Jürg / Günzel, Stephan (Hrg.) (2006): Raumtheorie. Grundlagentexte aus Philosophie und Kulturwissenschaften. Frankfurt/Main.

Etzioni, Amitai (1995): Die Entdeckung des Gemeinwesens. Stuttgart.

Etzioni, Amitai (1996): Die faire Gesellschaft. Jenseits von Sozialismus und Kapitalismus. Frankfurt/Main.

Etzioni, Amitai (1997): Die Verantwortungsgesellschaft. Individualismus und Moral in der heutigen Demokratie. Berlin.

Früchtel, Frank / Budde, Wolfgang (2006): Wie funktioniert fallunspezifische Ressourcenarbeit? Sozialraumorientierung auf der Ebene von Netzwerken. In: Budde, Wolfgang / Früchtel, Frank / Hinte, Wolfgang (Hrg.): Sozialraumorientierung. Wege zu einer veränderten Praxis. Wiesbaden, S. 201-218.

Grebenc, Vera (2006). Needs Assessment in Community – what communities can tell us. In: Flaker, Vito / Schmid, Tom (Hrg.): Von der Idee zur Forschungsarbeit. Forschen in Sozialarbeit und Sozialwissenschaft. S. 167-190.

Grimm, Gaby / Hinte, Wolfgang / Litges, Gerhard (2004): Quartiermanagement. Eine kommunale Strategie für benachteiligte Wohngebiete. Berlin.

Hautmann, Hans / Kropf, Rudolf (1974): Die österreichische Arbeiterbewegung vom Vormärz bis 1945. Sozialökonomische Ursprünge ihrer Ideologie und Politik. Wien.

Häussermann, Hartmut / Siebel, Walter (2004): Stadtsoziologie. Eine Einführung. Frankfurt/Main – New York.

Heuwinkel, Dirk (1981): Aktionsräumliche Analysen und Bewertung von Wohngebieten. Hamburg.

Hinte, Wolfgang / Litges, Gerd / Springer, Werner (2000): Soziale Dienste: Vom Fall zum Feld. Soziale Räume statt Verwaltungsbezirke. Berlin.

Hinte, Wolfgang / Litges, Gerd / Springer, Werner (2003): Sozialräumliche Finanzierungsmodelle. Qualifizierte Jugendhilfe auch in Zeiten knapper Kassen. Berlin.

Holoubek, Michael / Segalla, Patrik (2002): Instrumente kommunaler Daseinsvorsorge – Evaluierung und Fortentwicklung. In: Österreichischer Gemeindebund / Österreichischer Städtebund (Hrg.): 40 Jahre Gemeindeverfassungsnovelle 1962. Wien, S. 63-104.

Hovorka, Hans / Redl, Leopold (1987): Ein Stadtviertel verändert sich. bevölkerungsaktivierende Stadterneuerung. Wien.

Hovorka, Hans (1988): Republik „Konge". Ein Schwimmbad erzählt seine Geschichte. Wien.

Hovorka, Hans unter Mitarbeit von Bauer, Ingrid und Schmid, Tom (1996): Familienpolitische Begleitstudie zum Pflegegeldgesetz, Wien – Klagenfurt/Celovec.

Karrer, Marva 81995): Die Piazza. Frauen und Männer in einem süditalienischen Dorf. Frankfurt/Main – New York.

Kaufmann, Franz-Xaver (Hrg.) (1987): Staat, intermediäre Instanzen und Selbsthilfe. München.

Kaufmann, Franz-Xaver (1997): Herausforderungen des Sozialstaates. Frankfurt/Main.

Kessl, Fabian / Krasmann, Susanne (2005): Sozialpolitische Programmierungen. In: Kessl, Fabian / Reutlinger, Christine / Maurer, Susanne / Frey, Oliver (Hrg.): Handbuch Sozialraum. Wiesbaden, S. 227- 246.

Khol, Andreas (1999): Durchbruch zur Bürgergesellschaft. Wien.

Kohli, Martin (1999): Ausgrenzungen im Lebenslauf. In: Herkommer, Sebastian: Soziale Ausgrenzungen. Gesichter des neuen Kapitalismus. Hamburg, S. 111-129.

Kommunalwissenschaftliches Kommunikationszentrum (KDZ) (1990): Kommunale Altenhilfe. Eine Herausforderung. Wien.

König, Rene (1958): Grundformen der Gesellschaft: Die Gemeinde. Hamburg.

Kropik, Andreas / Mille, Annemarie / Sachs, Michael (2006): Das Vergaberecht in Österreich. Wien.

Kytir, Josef / Münz, Rainer (Hrg.) (1992): Alter und Pflege – Argumente für eine soziale Absicherung des Pflegerisikos. Berlin.

Leibfried, Stefan / Leisering, Lutz (1995): Zeit der Armut. Frankfurt/Main.

Lindner, Rolf (2004): Walks on the Wild Side – Eine Geschichte der Stadtforschung. Frankfurt/Main – New York.

Löw, Martina (2001): Raumsoziologie. Frankfurt/Main.

Löw, Martina / Steets, Silke / Stoetzer, Sergej (2007): Einführung in die Stadt- und Raumsoziologie. Opladen – Farmington Hills.

Mayrhofer, Marlene / Pallas, Bettina / Schmid, Tom (2004): Finanzierung der Kärntner Sozialwirtschaft. Status quo. Wien – Klagenfurt/Celovec.

Melinz, Gerhard / Zimmermann, Susan (1991): Über die Grenzen der Armenhilfe. Kommunale und staatliche Sozialpolitik in Wien und in Budapest in der Doppelmonarchie. Wien – Zürich.

Mönninger, Michael (Hrg.) (1999): Stadtgesellschaft. Frankfurt/Main.

Naegele, Gerhard (1993): Standards in der kommunalen Altenplanung – Die Zeit der „einfachen Antworten" ist vorbei. In: Kühnert, Sabine / Naegele, Gerhard (Hrg.): Perspektiven moderner Altenpolitik und Altenarbeit. Hannover.

Naschold, Frieder / Oppen, Marie / Tondorf, Karin / Wegener, Alexander (1994): Neue Städte braucht das Land – Public Gouvernance: Strukturen, Prozesse und Wirkungen kommunaler Innovationsstrategien in Europa – eine Projektskizze. Berlin.

Österreichischer Gemeindebund / Österreichischer Städtebund (Hrg.) (2002): 40 Jahre Gemeindeverfassungsnovelle 1962. Wien.

Österreichischer Gemeindebund / Österreichischer Städtebund (Hrg.): 15 Jahre kommunale Interessensvertretung in der Bundesverfassung. Wien.

Perri 6 / Vidal, Isabel (Eds.) (1994): Delivering Welfare. Repositioning non-profit and co-operative action in Western European welfare states. Barcelona.

Pfeil, Walter J. (1989): Österreichisches Sozialhilferecht. Wien.

Pfeil, Walter J. (2001): Sozialhilfe. Vergleich der Sozialhilfesysteme der österreichischen Bundesländer. Wien (Herausgegeben vom BMSG).

Pramböck, Erich (2004): Steuerreform – von wegen Selbstfinanzierung. In: Österreichische Gemeinde-Zeitung Heft 4/2004, S. 4 -5.

Pratscher, Kurt (1991): Zwischen Staat und Privat. Von der Armenfürsorge zum Wohlfahrtsstaat. In: Talos, Emmerich / Riedlsberger, Alois (Hrg.): Zeit-Gerecht. 100 Jahre katholische Soziallehre. Steyr, 158-165.

Putnam, Robert D. (2000): Bowling alone. The Collapse and Revival of American Community. New York – London – Toronto – Sidney.

Rautner-Reiter, Ulrike (2006): Zukünftige demografische Entwicklung und die daraus resultierende Konsequenz für eine bedürfnisgerechte, stadtteilorientierte Altenarbeit. Überlegungen einer zukünftigen Altenarbeit anhand des Stadtteils Mitterau in Krems. Diplomarbeit an der FH St. Pölten. St. Pölten.

Reiser, Marion (2006): Zwischen Ehrenamt und Berufspolitik. Professionalisierung der Kommunalpolitik in deutschen Großstädten. Wiesbaden.

Riege, Marlo / Schubert, Herbert (2002): Einleitung: Zur Analyse sozialer Räume. Ein interdisziplinärer Integrationsversuch. In: Riege, Marlo / Schubert, Herbert (Hrg.): Sozialraumanalyse. Grundlagen – Methoden – Praxis. Opladen, S. 7-60.

Ritter, Gerhard A. (1991): Der Sozialstaat. Entstehung und Entwicklung im internationalen Vergleich. München.

Sachße, Christoph / Tennstedt, Florian (1986): Soziale Sicherheit und soziale Disziplinierung. Frankfurt/Main.

Schmid, Tom (1997): „Der Krebs, die Community und ich" - Die Umwelt als Betreuungsressource - Möglichkeiten und Grenzen. In: Schießling, Gabi (Hrg.): Ich, der Krebs und Ihr – Kongressband. Innsbruck, o.S.

Schmid, Tom (1998): Solidarität aus sozialwissenschaftlicher Sicht; in Soziale Sicherheit, 4/98. Wien, S. 292-299.

Schmid, Tom (2000): Zwischen Einkommensersatz und Armutsvermeidung – die doppelte Aufgabe gesellschaftlicher Sozialpolitik. In: Sallmutter, Hans (Hrg.): Mut zum Träumen,. Bestandsaufnahme und Perspektiven des Sozialstaates. Wien. S. 39- 58.

Schmid, Tom (2000a): Treffgenauigkeit von Transferleistungen; in: Soziale Sicherheit 10/2000. Wien, S. 862 – 876.

Schmid, Tom (2005): Integrace nebo segregace? In: Bartonova Miroslava / Pipekova, Jarmila / Vitkova, Marie (ed.): Integrace handicapovanych na trh prace v mezinarodni dimenzi. Brno, S. 102- 113.

Schmid, Tom / Mayerhofer, Marlene / Regner, Ramona (2000): Situation älterer ArbeitnehmerInnen am Wiener Arbeitsmarkt, Studie der SFS im Auftrag der Gemeinde Wien. Wien, 2000.

Schmid, Tom / Pantucek, Gertraud / Kickinger, Hubert / Lengauer, Sonja / Meusburger, Martina / Prochazkova, Lucie / Rogy, Andrea / Veitschegger, Margaretha (2006): Qualitätsdebatte in der Sozialarbeit – Neuer Wein in alten Schläuchen oder Anpassung an veränderte Notwendigkeiten? Leittext für das inhaltliche Verständnis von „Qualität" für die EntwicklungspartnerInnenschaft „Donau EQUAL – Quality in Inclusion". St. Pölten.

Segalla, Patrik (2006): Kommunale Daseinsvorsorge. Wien – New York.

Seibel, Wolfgang (1992): Funktionaler Dilettantismus. Erfolgreich scheiternde Organisationen im Dritten Sektor zwischen Markt und Staat. Baden-Baden.

Seibel, Wolfgang (2002): Das Spannungsfeld zwischen Mission und Ökonomie. 5. NPO-Forschungscolloquium, Linz.

Talos, Emmerich (1981): Staatliche Sozialpolitik in Österreich. Rekonstruktion und Analyse, Wien.

Tönnies, Ferdinand (2005): Gemeinschaft und Gesellschaft. Darmstadt.

Tronto, Joan (1996): Politics of Care: Fürsorge und Wohlfahrt. In: Transit 12. Frankfurt/Main, S. 142-153.

Vobruba, Georg (1991): jenseits der sozialen Fragen. Frankfurt/Main.

Vogelskamp, Stephan Alexander / Günter, Roland (2005): Das süße Leben. Der neue Blick auf das Alter und die Chancen schrumpfender Städte. Essen.

Weber, Max (2002): Wirtschaft und Gesellschaft. Tübingen.

Kommunale Sozialpolitik aus der Perspektive von BürgermeisterInnen und MandatarInnen Niederösterreichs.

Ein Problemaufriss sowie drei Handlungsansätze aus der Sozialraumorientierung.

Manuela Brandstetter

Das Projekt [1] „Sozialräumliches Arbeiten in ländlichen Gemeinden Niederösterreichs" wird von Ursula Stattler im vorliegenden Band ausführlich in seinen Inhalten und Zielsetzungen beschrieben. Dieser Beitrag bezieht sich auf einen besonderen Ausschnitt des Projekts, nämlich die Gestalt der *„kommunalen Sozialpolitik aus dem Blickwinkel von Entscheidungs- und Verantwortungsträgern auf kommunaler Ebene"*. Die Einschätzungen und Sichtweisen der Entscheidungsträger über zentrale soziale Problemfelder des ländlichen Raums bilden dabei den Grundriss der Ausführungen. Darüber hinaus werden Fragestellungen und Expertisen von im sozialen Raum sozialarbeiterisch Tätigen dargestellt.

Das methodische Vorgehen bei der Recherche lässt sich folgendermaßen beschreiben: Die Frage nach den zentralen Anliegen sowie den sozialgeographischen und -strukturellen Besonderheiten der Kommunen in den jeweiligen Regionen erfolgte im Zuge von ExpertInnengesprächen mit BürgermeisterInnen und MandatarInnen ländlicher Kommunen (anhand vorab erstellter Interviewleitfäden). Inhalt der ExpertInnengespräche war das spezifische Betriebswissen der GesprächspartnerInnen (vgl. Meuser/Nagel 2005:76)[2] zu den drängenden Fragen und Problemen der sozialen Kommunalpolitik. Dabei ging es nicht darum he-

---

[1] Das Projekt „Sozialräumliches Arbeiten in ländlichen Gemeinden" wurde im Rahmen der Equal-EntwicklungspartnerInnenschaft „Donau – Quality in Inclusion" im Zeitraum von Juli 2005 bis Juni 2007 an der Fachhochschule St. Pölten durchgeführt. Näheres dazu auf www.donau-quality.at bzw. www.sozialraum.at.

[2] Zielgruppen der Beratungsarbeit sind RepräsentantInnen von Behörden, VerantwortungsträgerInnen der lokalen Politik, zivilgesellschaftlichen Einrichtungen, bürgerschaftliche AkteurInnen sowie Führungspersonen sozialer Organisationen und Betriebe. Die ExpertInnengespräche wurden auch mit RepräsentantInnen der öffentlichen Wohlfahrt, der freien Wohlfahrt sowie mit engagierten zivilgesellschaftlichen AkteurInnen geführt, wobei in diesem Zusammenhang eher das Kontextwissen interessierte, welches Bezugsgrößen für die Inhalte der MandatarInnen und BürgermeisterInnen lieferte (vgl. Meuser/Nagel 2005:76).

rauszufinden, ob und inwieweit die Befragten über die Details ihres Aufgaben-spektrums Bescheid wissen und kompetent dazu Auskunft geben können. Viel-mehr interessierten wir uns für deren Schwierigkeiten, Konfliktlinien und Ideen in ihrem jeweiligen Handlungsfeld.[3]

Aus diesem Grund wird in einem ersten Schritt die Kommunalpolitik als Handlungsfeld der Sozialen Arbeit sozialgeographisch sowie legistisch umrissen; in weiterer Folge werden die Erfahrungen von Verantwortungsträgern (Bürger-meisterInnen und MandatarInnen) in Gemeinden aufgrund ausgewählter Thesen dargestellt. Die Thesen werden abschließend zentralen Prinzipien aus sozial-raumorientierten Handlungs- und Beratungsansätzen gegenübergestellt und als mögliche Exits für Probleme kommunaler Sozialpolitik diskutiert.

1 Sozialgeographischer Aufriss ländlicher (Klein-) Kommunen

Kommunalpolitik besteht in erster Linie aus Verwaltungspolitik. Dies weist auch die amtliche Statistik aus: Die Gemeinde stellt die „*kleinste Verwaltungsinstitution*" dar (Kötter 1972:16). Ihr Gegenstand ist die

„politische Gemeinde als Gebietskörperschaft, d. h. als eine mit bestimmten öffent-lichen Rechten und Aufgaben betraute Gruppe der Gesamtbevölkerung, die auf ei-nen bestimmten Ausschnitt des Gesamtareals des Landes lebt und wirkt" (Bobek 1955:16).

Ihren gesellschaftspolitischen Spielraum erhält die Gemeinde nicht durch die ihr unmittelbar überantworteten Aufgaben (z.B. Raumordnungspolitik, Flächen-widmung, Finanzausgleich, kommunale Wohnungspolitik, Infrastrukturpolitik, Altersfürsorge, Kindergartenwesen, Sozialhilfe in Subsidiarität, Schulpolitik, etc.), auch nicht durch die Besorgung kommunaler Aufgaben im Rahmen der eigenen Wirtschaftsgebarung. Vielmehr liegt dieser Spielraum im Prinzip der Selbstverwaltung (Klose 1975:9):

„Heute geht es längst nicht in erster Linie um die Besorgung von Verwaltungsauf-gaben im eigenen Zuständigkeitsbereich, sondern um die initiative Mitwirkung an der Gestaltung der Gesellschaftspolitik in allen ihren Teilbereichen und um eine Einflussnahme auf die Entwicklung der Wirtschafts- und Sozialstruktur"

Die Ausgangsposition, um diese Aufgaben wahrzunehmen, ist insbesondere für die kleinen und wenig wirtschaftskräftigen österreichischen Gemeinden relativ ungünstig. Auch ist das Interesse der Öffentlichkeit wie der Wissenschaft am Gemeindegeschehen vergleichsweise gering (vgl. Klose 1975:11). Unter ande-

---

[3]   Diese Erhebungselemente bildeten gleichzeitig das Grundgerüst für die in weiterer Folge geplanten Beratungen, die mithilfe von Vernetzung, Kooperationsformen, Partizipationsstrate-gien und unter Einbezug zivilgesellschaftlicher und informeller Netze die soziale Lebensquali-tät in einem Gemeinwesen erhöhen sollten (vgl. Pantucek 2005).

rem wird dies auf die Kompliziertheit der meisten Teilbereiche der Kommunalpolitik zurückgeführt.

„Schon der rechtliche Rahmen der Gemeindetätigkeit zeichnet sich durch eine Fülle
von Rechtsvorschriften aus, wobei bundes- und landesverfassungsgesetzliche Bestimmungen, die Ausführungsgesetzgebung des Bundes und der Länder, Verord-
nungen aller Gebietskörperschaften, Gewohnheitsrechte, Stadtrechte und Gemein-
deordnungen, dazu noch die verschiedenen Wahlordnungen nur die wichtigsten
Rechtsquellen darstellen. Nicht weniger kompliziert ist die Finanzgebarung der Gemeinden. (...) Dazu kommt die große Zahl der Gemeinden, die eine Überschaubarkeit der gesamten Gemeindeverwaltung und der kommunalen Wirtschaft eines Landes überaus erschweren. Auch nach der Durchführung weit reichender Gemeindezu-
sammenlegungen stellt die Gemeindestruktur eines kleinen Landes wie Österreich
einen Bereich dar, den nur wenige SpezialistInnen einigermaßen überschauen."
(Klose 1975:12)

Auch Lichtenberger (1989:38) beschreibt die Position der Gemeinden im Vergleich zu Bund, Ländern und anderen Gebietskörperschaften als defizitär aufgrund folgender Mängel in der institutionellen und räumlichen Hierarchie:

1. Es fehlt eine „mittlere Ebene" zwischen Ländern und Selbstverwaltungskörpern.
2. Ebenfalls fehlen übergreifende komplementäre Organisationsformen.
3. EntscheidungsträgerInnen in den kleinen Gemeinden sind merklich überfordert.

Mit dem ersten Defizit spricht die Autorin eine Transformatorebene der Mittel-
vergabe und Entscheidungsfindung an, die in Österreich weitgehend fehlt, weil
eine beachtliche Entscheidungsbefugnis hinsichtlich der Zuteilung ressortgebun-
dener Mittel an den *„Spitzen der zentralistischen und föderalistischen Bürokratie"* liegt, während die Durchführung jedoch an den Enden der Weisungsketten
erfolgt. Wünschenswert wäre – so die Autorin – eine mit finanziellen und echten
Entscheidungsbefugnissen ausgestattete Ebene, die den leeren Platz in der räumlichen Hierarchie zwischen Bund, Ländern und Gemeinden zu füllen imstande
ist. Die politischen Bezirke können dabei laut Lichtenberger keine Abhilfe schaffen.

Auch das Fehlen übergreifender Verbände (Kapitel 2) zwischen *„oligarchi-
schen Strukturen von Ministerien, Kammern, Körperschaften, Interessensvereinigungen"*, die imstande wären Organisationsstrukturen in räumlicher Hinsicht
zur Verfügung zu stellen, ist ein Manko, das zulasten der Kommunen geht. Zu
einem ähnlichen Befund gelangt auch Schäffer (1971:51), wenn er feststellt, dass
– im Gegensatz zur vertikalen – die horizontale Koordination, also jene zwischen
Gebietskörperschaften gleichen Typs, *„...im österreichischen Bundesstaat relativ
vernachlässigt ist."*

Die Zweiteilung der Mittel zwischen Ländern und Gemeinden (vgl. Kapitel 3) überfordert die Gemeinden. Die zentrale Ausnahme bildet Vorarlberg, wo die Gemeinden in ihren Kompetenzen durch eine direkte Demokratie, einen Konsens zwischen Land und Gemeinden, gestärkt werden konnten.

Neben Defiziten, die aus der Kompetenzverteilung und den Verwaltungsverfahren entstehen, lässt sich die Situation österreichischer Gemeinden sozialgeographisch folgendermaßen skizzieren: Nahezu die Hälfte der österreichischen Bevölkerung lebt in Gemeinden mit weniger als 10.000 EinwohnerInnen, d.h. den häufigsten Typus bildet die Kleingemeinde. Mit dem weit verbreiteten Phänomen der Streusiedlung geht einher, dass in den ländlichen Gemeinden und außerhalb zentraler Orte und bevölkerungsdichter Umlandbereiche rund 1,9 Millionen Menschen in Österreich leben, die dort relativ stark mit den strukturellen Defiziten wie Nahversorgung und Versorgung mit Arbeitsplätzen vor Ort konfrontiert sind (vgl. Lichtenberger 1989:27).

Fünf weitere Dimensionen charakterisieren den Status Quo österreichischer Gemeinden:

- Die österreichische Gemeindeverfassung stammt aus dem Jahr 1848 und fußt in ihrer territorialen Organisation noch weitgehend auf mittelalterlichen Siedlungsstrukturen, Talschaften, Dörfern und Kirchensprengeln. Tiefgreifende Reformen der administrativen Landkarten wurden in Österreich bis in die 70er Jahre nicht vorgenommen.
- Die Verwaltung und Leitung der Gemeinden erfolgte in Österreich bis in die 70er Jahre ehrenamtlich; für Kleingemeinden ist dies heute noch üblich.
- Die Stellung der Gemeinden in der Österreichischen Raumordnungskonferenz wird in der Fachliteratur als sehr unbedeutend ausgewiesen (vgl. Lichtenberger 1989:24; Klose 1975:24).
- Der Finanzausgleich gilt als eines der „kompliziertesten Instrumente der Finanzpolitik" (Klose 1975:55), da es darum geht, die verschiedenartigen Interessen von Bund, Ländern und Gemeinden in ihrer heterogenen Struktur zu berücksichtigen.
- *„Aufgabe des Finanzausgleichs ist es (...), die innerhalb eines pluralistischen gegliederten Staatsgebildes auftretenden Unterschiede in der Finanzkraft der einzelnen Glieder auszugleichen"* (Schmölders 1966:359 zit. Klose 1975:55).
- Die Kritik am bestehenden Finanzausgleich kommt insbesondere aus solchen Gemeinden, die im Vergleich zu ihrer EinwohnerInnenzahl relativ ungünstig bedacht wurden, weil selbst im Fall einer Bevölkerungsabnahme die Aufgaben nicht reduziert werden.
- Kommunalpolitik wird idealtypisch als Interessensausgleich auf Gemeindeebene beschrieben, der indirekt BürgerInnen (bezogen auf einen regional

eingegrenzten Raum) in *all* ihren Interessenslagen zu vertreten hat; während beispielsweise die Kammern sowie andere Träger von Selbstverwaltung Menschen nur in ausgewählten Interessenslagen erfassen (z.b. in Bezug auf die Berufsausübung, vgl. Klose 1975:20). Wirkungen auf die Sozialpolitik können dennoch nur mittelbar erzielt werden (z.b. Veränderung einer Sozialstruktur einer Siedlung durch gezielte Flächenwidmung). Ansonsten wird den Gemeinden in sozialpolitischer Hinsicht vielfach nur eine Ordnungsfunktion zugewiesen, die idealtypisch wie folgt beschrieben wird:

„Sozialstruktur sei demnach das relativ stabile und nur langsam veränderbare Ordnungsgefüge eines Gesellschaftssystems. Für eine kommunale Strukturpolitik geht es darum, Änderungen der Sozialstruktur vorsichtig und mit großer Behutsamkeit anzugehen. Sie sind immer nur im Rahmen eines langfristigen Konzepts sinnvoll. Auch diese Überlegungen sprechen dafür, dass der Gemeinde im sozialen Wandel in gewissem Umfang eine Ordnungsaufgabe der Erhaltung zukommt. (...) Diese Ordnungsaufgabe stellt an den in der Gemeinde tätigen Politiker besonders hohe Anforderungen. Mehr als in anderen Bereichen ist der Kommunalpolitiker vielfach den Spannungen in der Gesellschaft ausgesetzt, den unterschiedlichen Interessen einzelner Gruppen und Teilen einer Gemeinde beziehungsweise den unterschiednen Beziehungen der einzelnen Gemeindebürger. Die besondere persönliche Nähe stellt an den Kommunalpolitiker nicht nur besonders hohe Forderungen hinsichtlich Objektivität, sondern auch besonderer Fähigkeiten, ausgleichend zu wirken." (ebd. 1975:12) Ohne an dieser Stelle näher auf die Prekarität obiger Festschreibungen einzugehen, welche das Amt des Bürgermeisters bzw. der Bürgermeisterin auf Konfliktregulation reduzieren und es ihrer eigentlichen Steuerungsdimension berauben, wird in weiterer Folge der angesprochene soziale Wandel skizziert, vor dem Kommunen sich gegenwärtig befinden und der in kommenden Dekaden verstärkt zu erwarten ist. Lichtenberger (1989:54) hält zusammenfassend folgende Entwicklungslinien fest, die bei gleich bleibender Fertilität und bei Fortbestand von Ein-Kind-Familien von enormem soziodemographischen Einfluss sein werden – eine Entwicklung, die insbesondere die infrastrukturell benachteiligten, ländlichen Kleingemeinden trifft:

· Langfristig wird sich die Erwerbsbevölkerung reduzieren[4] während die Gesamtbevölkerung gleichzeitig überaltert. Der soziopolitische Trend wird sich verstärken, dass die Verantwortung für die Altersversorgung von der Gesellschaft zur einzelnen Person verschoben wird. Mittelfristig betrifft dies in erster Linie Länder und Kommunen in ihren Aufgaben der Altersfürsorge.

---

[4] Die Pufferfunktion von Frauen am Arbeitsmarkt lässt keine ernsthaften Prognosen zu, inwieweit diese Erwerbsquote – im Hinblick auf die regionale Nachfrage – noch ausgeschöpft werden kann/wird (vgl. Lichtenberger 1989:54).

- Fraglich ist die sukzessive Nutzung von Einfamilienhausgebieten. Genauso ist ungewiss, ob in der nächsten Generation noch der derzeit wichtige Vorgang des Rückzugs von Wien in die Heimatgemeinden in Niederösterreich stattfinden wird. Wenn dies nicht passiert, werden Abwanderungsdörfer als Siedlungen nicht mehr zu halten sein. Die Gefahr des schleichenden Verfalls und der Zunahme von Blight-Phänomenen ist gegeben.
- Der zu erwartende Rückgang der SchülerInnenzahl in ländlichen Gemeinden wird zu einer weiteren Einstellung von Verkehrsmitteln führen, was die Verfallserscheinungen in den peripheren Gebieten beschleunigt.

Im Kontext dieses nur knapp beschriebenen Szenarios werden VerantwortungsträgerInnen kommunaler Sozialpolitik eine Reihe komplexer Fragen zu beantworten und Aufgabenstellungen zu bewältigen haben. Welche dies sind, und welche Thesen sich daraus für innovative Ansätze der Sozialraumorientierung ergeben, zeigt der nächste Abschnitt.

2 Soziale Kommunalpolitik aus Sicht der ExpertInnen

Dieses Kapitel bietet breit aufgestellte Thesen über kommunale Sozialpolitik aus der Perspektive der im Handlungsfeld stehenden und agierenden ExpertInnen (BürgermeisterInnen und GemeindemandatarInnen).[5] Dadurch wird ein anwendungsbezogener Situationsüberblick generiert, dem zwei erkenntnisleitende Fragen vorausgehen: Welche Vorstellungen über soziale Lagen, soziale Herausforderungen und sozialpolitische Steuerung existieren auf Gemeindeebene? Welche Ideen zu Optimierungs-, Veränderungs- und Entwicklungsstrategien lassen sich daraus ableiten?

Die Interviews zeigten, dass das Thema „kommunale Sozialpolitik" für VerantwortungsträgerInnen offensichtlich moralisch geladen und ideologiebesetzt ist. Obwohl die verbalen Daten keineswegs einheitliche Vorgehensweisen, einheitliche Handlungsempfehlungen oder einheitliche Typologisierungen erbrachten, können aus ihnen dennoch einige zentrale Leitgedanken deduziert werden.

---

[5] Es wird im Zuge dieser ExpertInnensicht der Anspruch erhoben richtungweisende Thesen zu generieren, diese allerdings nicht zu gewichten und abzusichern. Das Forschungsinteresse gilt der Exploration eines unzureichend erforschten Feldes nicht der weiterführenden Überprüfung entwickelter Zwischenergebnisse.

2.1 Institutionalisierte Lösungen in der kommunalen Sozialpolitik

Ohne technische Lösungen, ohne ein professionelles Dienstleistungsangebot sind Lösungen für soziale Fragen aus Sicht der ExpertInnen undenkbar. Es geht in erster Linie um administrierbare Modelle, welche die Gemeinden vom öffentlichen Handlungsdruck entlasten. Im Vordergrund stehen weniger persönliche Schicksale Betroffener oder Fallgeschichten, sondern vielmehr das gezielte Management von Problemen. So wird die allgemeine Frage nach der „sozialen Lage" der Bevölkerung in der Kommune W1 vom Bürgermeister derselben folgendermaßen beantwortet:

> „Bei uns sind die Leute, auch die sozial schwachen Leute, integriert. ,Haus der Zuversicht' beschäftigt sich mit Kindern, die verschiedene Schwächen haben. Alle diese Organisationen bewegen sich auch in der Ortschaft, in der Stadt. Diese Leute werden nicht abgelehnt, wir sind diese Randgruppen gewöhnt. Verschiedenste Behinderte werden da betreut. Das ist für uns kein Thema. Diese Leute, die vielleicht früher versteckt worden sind, gehören bei uns zum Erscheinungsbild." (Interview W1, Z 3-9).

Die Professionalität „geschulter Kräfte" kommt darin zum Ausdruck, dass sie in Ausübung ihrer Profession „kein Aufsehen" erregen. „Integration von sozial schwachen Menschen" (ebd.) funktioniert nur, wenn andere BürgerInnen damit keine Probleme haben und wenn es keine Beschwerden gibt.

> „Über Projekte sind diese Menschen integriert. Sie gehen z.B. baden, spazieren, ins Kaffeehaus, sind im Ort präsent. Durch die geschulten Kräfte und die Organisationen hat man das geschafft. (...), Organisationen, die da arbeiten, (...) Da wird keinerlei Aufsehen erregt. Wir haben für diese Leute auch Essen auf Rädern, Volkshilfe, Heimhilfe. Mir ist nicht bekannt, dass es Bürger gäbe, die damit Probleme hätten." (Ebd.)

Diese Herangehensweise ähnelt auch der betont pragmatischen, managerialen Lösung der Frage nach den *„großen sozialen Herausforderungen der Zukunft"* – fernab von richtungweisenden sozialpolitischen Innovationen und ideellen Szenarien:

> „Essen auf Rädern wird vom Krankenhaus W geholt. Wird in Plastikboxen warm an den Haushalt gebracht. Haben zwei Damen aus der Gemeinde angestellt. Eine Woche fährt die, eine Woche die andere, auch am Wochenende/Feiertag wird das Essen ausgebracht. Das leistet die Gemeinde mit den A-Behindertenverband ist für Behinderte/ältere Menschen zuständig. Großer Aufgabenbereich für die Gemeinde. Fängt bei Babys an und geht zu allen Altersschichten. Bezogen auf Behinderte aller Altersgruppen. Da gibt es Unterstützung. Ausweis von z.B. Sehbehinderten. Auch Pflegegeldanträge. Ist alles sehr gut durchorganisiert. (...) Ist sehr sinnvoll. Haben einmal die Auslagen, es profitiert dann jeder davon." (Interview K, Z 9-13).

2.2 Die Frage nach den Kosten

„Wir zahlen überall – bei Essen auf Rädern, Tagesbetreuung, Mütter ... wir zahlen überall dazu." (Interview H, Z 100-102). Die Gleichsetzung des Sozialen mit den dadurch entstehenden Kosten hat zur Konsequenz, dass jene sozialen Fragen, die keine oder nur geringe materielle Mittel bedürften um bearbeitet zu werden, von den ExpertInnen nicht behandelt werden. Kostengünstige bzw. kostenneutrale Varianten der „Herstellung des Sozialen" werden nur bei expliziter Nachfrage erwähnt.

> „Das Problem ist hier, dass sich wieder alles auf das Geld reduziert, dass das alles Geld kostet, wissen wir aus eigener Erfahrung, speziell die sozialen Einrichtungen." (Interview H, Z 96-99).

> „Es ist ein Jonglieren mit dem Geld. (...). Aufteilungsschlüssel hat sich verändert. Gewisse Steuern gibt es nicht mehr, so die Getränkesteuer." (Interview B, Z 128-130).

Ein anderer Experte wiederum rundet seine Ausführungen zum sozialen Dienstleistungsangebot in seiner Gemeinde folgendermaßen ab:

> „Doch je mehr man den Leuten bietet, desto mehr wollen sie auch. Grenzen (finanzielle) werden ja eher leichtfertig gesetzt." (Interview W1, Z 47-48).

2.3 Die Gemeinden als letztes Glied

Die Selbstverwaltungskompetenz von Kommunen bezieht sich – aus Sicht der ExpertInnen – oft nur auf das Abdecken „größerer" Versäumnisse. Die Aufteilung der Kompetenzen ist vielfach unklar, genauso wie die konkrete Sachkompetenz der unmittelbar vorgesetzten Stellen angezweifelt wird. So beschreibt ein ressortführender Mandatar seine Sicht von Selbstverwaltung folgendermaßen:

> „Ich verstehe grundsätzlich unter Gemeinde: ‚Gemeinschaft von Menschen, die in einem Ort wohnen' ... Politik ist aufgefordert, für diese Bewohner in diesem Ort möglichst viele Möglichkeiten zu bieten. Es mangelt aber an der Substanz (finanzielle Unterstützung durch das Land, Anm. d. Vf.) und wenn das so weitergeht und alles abbröckelt, stellt sich die Frage: ‚Wozu das alles?'. Und es gibt keine Alternative zur Gemeinde. Dinge, die auf der BH oder beim Land entschieden werden, könnten durchaus von der Gemeinde entschieden werden, wenn das offensiv vertreten wird. Leute kennen den Bürgermeister. Wenn Leute Probleme haben, gehen sie dann zum Bürgermeister, der kann dann wieder zur BH usw." (Interview B, Z 91-100).

Ein anderer Experte beschreibt die prekäre Situation der Gemeinde im Verhältnis zum Land wie folgt:

> „Das Problem liegt für die Gemeinden darin, dass sie das letzte Glied in der Kette ist; der Bund sagt z.B. Wir bitten das Land etwas mehr zur Kasse. Und die Länder

geben den Ball weiter an die Gemeinde, aber da ist dann der Stopp." (Interview H, Z 20-22).

In ähnlicher Weise bringt es auch folgender Experte auf den Punkt: „Prinzipiell ist es schwierig. Gibt halt immer weniger Geld und das zunehmende Bestreben von der Politik, Druck auf die Gemeinden abzuwälzen." (Interview B, Z 46-49)

2.4 Freiwilligkeit und Ehrenamt

Um die Sozialstruktur in ländlichen Gemeinden aufrechtzuerhalten, bedarf es der Freiwilligkeit und des Ehrenamtes als voraussetzender Bedingung. Selbst das BürgermeisterInnenamt ist – aus Sicht der ExpertInnen - ein „Hobby mit Spesenabgeltung" (Interview W2, Z 18). Die Zivilgesellschaft wird vielfach als einziger Motor eines Veränderungs- und Innovationsprozesses beschrieben:

> „Heute wird in vielen freiwilligen Stunden so viel gemacht. Gemeinsam werden Feste organisiert, jeder tut mit. Das gibt einer Gesellschaft soziale Komponenten. Gemeinde hat viel mehr Mitglieder von den Ortschaften als früher. (...) Das ist der einzige Weg, um zu was zu kommen." (Interview W1, Z 20-21).

2.5 Der Zusammenhalt einer kommunalen Gesellschaft

Als Begriff ist das Soziale für die Kommunen schwer zu fassen und herzustellen; es ist eine abstrakte Kategorie, die vielfach nur über Umwege zu erreichen ist. Sozialzentren, Bauwerke und erneuerte Häuserfassaden sind die symbolischen Verdinglichungen, über die eine Herstellung des Sozialen in einer Kommune gelingen kann. In den ExpertInnengesprächen wird der Begriff des „Sozialen" dann eingeführt, wenn es darum geht, einen „Gradmesser" für den sozialen Zusammenhalt innerhalb der Kommune zu beschreiben. Vorab braucht es aber dafür oftmals Instrumente wie „Zwang", die es ermöglichen, das „Zusammenhalten" herzustellen, welches aber dennoch

> „...scheitert, wenn sich zwei Ortschaften nicht vertragen oder aber, wenn sich innerhalb der Ortschaft die Leute nicht vertragen. Aber wenn z.B. Kanal gemacht wird, müssen die Leute auf Umwegen gezwungen werden, zusammenzuhalten. Dann halten sich auch zusammen und das geht dann, auch wenn es manchmal mühselig ist. Es zahlt sich aber aus." (Interview W1, Z 23-25).

So erzählt ein Bürgermeister von der Entwicklung seines Gemeinwesens durch so genannte Dorferneuerung:

> „Halten auch viel mehr zusammen, bauen Versammlungshäuser. Familienstruktur ist wieder gut und wichtig. Junge bleiben da. Versuchen, hier Arbeit zu bekommen und bauen dann da. Früher war das nicht so, Ortschaften sind weniger geworden, das haben wir damit aufgefangen." (Interview W1, Z 15-25).

Im optimalen Fall ist das Soziale einfach nur vorhanden, ohne dass es explizit erörtert, ohne dass es zum Thema gemacht wird. Bürgermeister W1 beschreibt dieses Phänomen:

> „Wir haben schon Befragungsaktionen gemacht. Da war Soziales kein Thema für die Bevölkerung. Wäre auch für mich interessant. Sie könnten auch mit den Betreuerinnen des Dorferneuerungsvereines in Kontakt treten. Sind fast nur Damen. Chef ist ein Herr." (Interview W1, Z 75-78).

2.6 Die zentralen sozialen Herausforderungen an die ländlichen Kommunen

Folgende Themen dominieren den Diskurs über die „großen Herausforderungen der Zukunft": abnehmende SchülerInnenzahlen, Abwanderung in die urbanen Zentren, Ausdünnung des sozialen Zusammenhalts, Überalterung und damit verbundene Kostenvermehrung im Zusammenhang mit Altenbetreuung und -versorgung.

Ein Experte berichtet:

> „Zurzeit muss sich auch etwas ändern mit der Ganztagesbetreuung, Schulen; wir wissen noch nicht genau wie die große Politik entscheidet und wer zahlt. Ansonsten im Kernbereich Kinder, Nachmittagsbetreuung, Tagesmütter, Hilfswerk; sind wir gut." (Interview H, Z 32-35).

Ein Bürgermeister aus einer Grenzlandgemeinde thematisiert die soziodemographischen Probleme, vor denen er steht:

> „Im ländlichen Bereich, vor allem bei uns an der Grenze, gibt es extreme Probleme. Wir haben massive Überalterung und Abwanderung, hohe Arbeitslosenrate. Jugend muss nach Linz, St. Pölten und vor allem nach Wien, schulisch oder beruflich. Sie bleiben meist da, wo sie arbeiten und kommen erst im Alter wieder zurück. Wenn man als Gemeinde keine Arbeitsplätze hat, hat man keine Steuern. Hat man nur sporadisch Steuern und normale Finanzausgleichszahlungen. So ist wenig Spielraum. Da auch sozial noch tätig zu sein ist gleich Null. Es geht sich schon aus, doch man muss einfach überall runterzwicken. So geht es fast jedem Bürgermeister bei uns. Zusätzlich ist die Kanalisierung zum Umsetzen. Hoffentlich rechnet es sich. Auspendeln muss der Großteil. Landwirtschaftliche Betriebe werden immer weniger. So ist es zwischen 4 und 160 km zum Pendeln. Die meisten fahren täglich nach Wien, ich auch." (Interview W2, Z 1-14).

Kommunen brauchen Bevölkerungen, vor allem in Gestalt von Nachwuchs, wie Bürgermeister G. festhält:

> „Ganz wichtig, fängt unten an Kindergarten, Schule. Wenn man kleine Ortschaften am Leben erhalten will, braucht man Kindergarten und Schule in der Gemeinde. Kann man nicht mit dem Rechenstift darüberfahren. Nächstes Hauptproblem, das auch viele Kollegen sehen, sind die Schulsprengel. Relikt aus der Nachkriegszeit. In G und N gehen die Kinder in Kindergarten und Volksschule gemeinsam und Hauptschule nach H und nach D. Für die Gemeinde ist das krank, noch dazu haben die Or-

te noch nie unbedingt so harmoniert. Für den Zusammenhalt einer Ortschaft wäre es sehr wichtig, dass die Kinder in derselben Schule bleiben." (Interview G, Z 8-15).

Neben den zentralen demographischen und infrastrukturellen Herausforderungen für den ländlichen Raum dominiert ein zweiter Typus an Einschätzungen die Sicht der ExpertInnen. Dieser nimmt Bezug auf das nicht oder nur mangelhaft zur Verfügung stehende Fach- und Beratungswissen, das den Entscheidungsspielraum der VeranwortungsträgerInnen erweitern könnte. So problematisiert ein Bürgermeister das öffentliche Förderwesen, das der Gebietskörperschaft nur grundsätzliche Informationen zur Verfügung stellt:

> „Es gibt so viele unterschiedliche Förderungen, ist unüberschaubar. Bauern z.B. kriegen wieder mehr als Private oder überhaupt Firmen. Ist ungerecht, dass der der sich mehr auskennt mehr kriegt und umgekehrt. Eine Stelle die den Überblick hat, die berät. Finanzkoordinator wäre wichtig. Strukturen gehören bereinigt." (Interview G, Z 274-277).

Ein ressortführender Gemeinderat beschreibt die komplexen Entscheidungsvoraussetzungen für einen Bürgermeister und seine MandatarInnen:

> „Bin seit 20 Jahren auf der Gemeinde – Bürgermeister kann nicht alles wissen, Aufgaben sind so vielschichtig. Wichtig ist, finanzielles Grundzeug zu kennen (Budgetplanung,…). Die Budgeterstellung muss für ein Jahr vorausplanend sein. Ausgaben müssen da drinnen stehen. Budgetabweichungen muss man erklären. Sehr kompliziert." (Interview B, Z 196-201).

So geht es nicht nur direkt um Kostendeckung, sondern vielmehr um gezielte Sachinformationen, wie Bürgermeister G zum Ausdruck bringt:

> „Fehlend ist vielfach nicht nur die Kostendeckung, sondern insbesondere der spezielle Fachbezug in Form einer gezielten Expertise. Kernthema: Ein einfaches vereinheitlichtes Fördersystem für den ländlichen Raum" (Interview G, Z 326 -333).

2.7 Soziale Unterschiede, Fragen der sozialen Schichtung

Der „Durchschnittsbürger", die „Normalbevölkerung" bildet den Ausgangspunkt der Erörterung, Fragen der sozialen Unterschiede bzw. jene der sozialen Schichtung stellen keine explizite Kategorie in den Interviews dar. Nur nach explizitem Nachfragen werden diese Themen erwähnt. Die Gemeinde ist dann berufen „zu helfen" oder „zuzuschießen" (Interview G, Z. 19). Grundsätzlich treten solche Fälle erst dann ein – so die Darstellungen der Interviewpersonen – wenn der Generationenverbund „versagt" oder die Familie weggebrochen ist.

Eine Expertin, die nicht aus dem Kreis der Verantwortungsträger stammt, sondern aus dem operativen Bereich der Sozialarbeit, charakterisiert das Phänomen ländlicher Armut als etwas Besonderes:

> „Es betrifft dort die so genannte 'gute Mittelschicht' – ehemals Selbstständige. Das sind Leute, hoch qualifizierte Arbeitskräfte, die z.B. aus Krankheitsgründen ab 40

abgebaut wurden. Dann einen gewissen Lebensstandard erarbeitet haben und dann in die klassische Notsituation kommen. Das ist die versteckte Armut. Am Land sieht man die Armut nicht. In der Stadt sieht man die Sandler. Am Land hat jeder ein Haus, meist auch ein Auto und ist trotzdem von Armut betroffen. Die Bürgermeister gehören aufgeklärt, dass es halt auch Armut am Land gibt, dass man schnell in so eine Situation kommt, keiner davor gefeit ist. Lange gab es keine statistischen Zahlen in NÖ über Obdachlose. Es wird einfach nicht wahrgenommen. Was heißt Armut? Viele Bürgermeister würden da keine Antwort finden. Es gibt viele Variationen von Armut. Es gibt auch soziale Armut. Kein Teilnehmen am gesellschaftlichen Leben." (Interview R, Z 20-30).

Die Einschätzungen von BürgermeisterInnen betreffend Armut und sozialer Schichtung sind weitgehend homogen; eine zentrale Ausnahme bildet die folgende Sichtweise des Bürgermeisters von L. Für ihn stellt es offensichtlich einen zentralen Wert dar, Integration für *„Menschen auf der unteren Skala"* herzustellen. Im Vergleich zu jenen Gemeinden, die davon sprechen zu *„helfen"*, wenn Familie ausfällt, spricht dieser Bürgermeister von seiner Gemeinde als einem *„Zufluchtsort"*.

„Soziale Brennpunkte: L ist geschichtlich bedingt Sammelpunkt für untere Einkommensschichten, manchmal in der weiteren Umgebung Zufluchtsort für Wohnungssuchende. Mehr Verständnis als woanders. Bei uns eine nicht zu unterschätzende Anzahl an Menschen, die an der unteren Skala anzutreffen sind. Kommen aber trotzdem nicht schlechter mit ihnen aus. Verschiedene Institutionen werden dadurch mehr belastet: Kinderbetreuung, Wohnung, Arbeitsplätze." (Interview L, Z 5-10).

In der Gemeinde G ist soziale Schichtung an sich *„kein Thema"*. Erst wenn sich Armut als Konsequenz eines strukturbedingten Wandels darstellt (durch familiäre Verbünde, Abwanderung, Überalterung etc.), nehmen Verantwortliche Handlungsbedarf wahr:

„Voriges Jahr erstmals einen Heizkostenzuschuss von der Gemeinde aus, wollt net provokant sein, sonst hätt ich eh übers Land gegeben, aber das spar ich mir,... Das waren im Vorjahr 50 €, wenn ich mir die Pensionen anschaue, müssen die Pensionsbestätigungen bringen, da musst wirklich sehr entbehrlich leben, dass sich das alles ausgeht, dass der seine Wasser-, Kanal-, Telefon-Fixkosten hat. Einheizen muss er auch, wir machen das auch heuer wieder, das sind Kleinigkeiten wo man ein bisserl die älteren Menschen unterstützen kann. Früher hat es Großfamilien gegeben, gibt's heut nimmer. In der Landwirtschaft sehr wohl noch, aber alles andere, da oben ist so ein Grätzel, da sitzen sieben alte Damen auf engstem Raum, das sind private Häuser. Die Häuser haben sie noch, die Kinder sind weg und kommen wenn´s Glück haben alle 14 Tage und dann sind sie wieder weg." (Interview G, Z 15-19).

Zusammenfassend lässt sich sagen: Für die ExpertInnen stellt „das Soziale" in der Kommunalpolitik vielfach das Unaussprechliche, das Unsagbare, das Vielschichtige dar. Das Soziale ist zwar oft eine Bedingung für die Kommune, zu

„etwas zu kommen" (Interview W1, Z 23-25). Es gelingt aber vorwiegend nur über Ehrenamt und Freiwilligkeit, das Sozialleben zu steuern. Die sozialen Probleme einer Kommune hingegen bedürfen professioneller Lösungen, um die Sozialstruktur in den Kommunen aufrecht zu erhalten. Auffällig ist auch das Problem der VerantwortungsträgerInnen, mit vielen Fragen sozialpolitischer Steuerung alleine gelassen zu sein, wenig Informationen zu erhalten und Steuerung gewährleisten zu können. Sozialpolitische Aufgaben sind nur mangelhaft ausbuchstabiert; VerantwortungsträgerInnen verlassen sich vielfach auf ihren Instinkt und auf ihre Kenntnis der Bevölkerung. Selbstverwaltung bedeutet für die Befragten vielfach den Spagat zwischen Abhängigkeit von der *„großen Politik"* und ihrer Menschenkenntnis (Bürgermeister H, Z. 140).

3   Sozialraumorientierte Handlungsansätze

Basierend auf dem eingangs angeführten sozialgeographischen Aufriss und der Exploration des Handlungsfeldes aus ExpertInnensicht, geht es in diesem Abschnitt um die Frage: Was kann den befragten BürgermeisterInnen und MandatarInnen unmittelbar und unabhängig von ihrer jeweils konkreten Ausgangsbedingung an Beratung angeboten werden? Welches Feedback, welcher innovative Aspekt lässt sich aus dem Wissen um Sozialraumorientierung und Gemeinwesenarbeit ableiten und kann den MandatarInnen vermittelt werden? Der folgende Abschnitt versucht hierauf eine Antwort zu finden.

3.1 Analyse des Sozialraums

Ein sozialraumorientiertes Unterstützungsangebot bedarf einer empirisch fundierten Analyse der gegebenen Sozialraumstruktur vor Ort. Mit anderen Worten erfordert ein raumspezifisches Lösungsangebot vorab eine genaue Kenntnis der sozialen Lage vor Ort. Ein Beispiel, wie eine kleinräumig angelegte, regelmäßig fortschreibbare Datenbank aussehen könnte, und welche sozialdemographischen und -räumlichen Inhalte einer Analyse unterzogen und als „Sozialraumindikatoren" in regelmäßigen Abständen statistisch erfasst und ausgewertet werden könnten, ist nachfolgend dargestellt. Diese Auflistung präsentiert Bereiche der Datenerfassung, deren Teilbereiche konkrete Kennzahlen liefern. Die Analyse der Kennzahlen kann einen regelmäßigen Status-Quo-Vergleich mit der aktuellen Entwicklung sicherstellen.

Abb. 1: Institut für soziale Arbeit 2001:21-22

Bereich	1. Altersaufbau der Bevölkerung
Teilbereich	1.1 Grundliste der Jahrgänge nach Geschlecht und Nationalität
Teilbereich	1.2 Wohnbevölkerung insgesamt
Teilbereich	1.3 Bevölkerungsprognose

Bereich	2. Ökonomische/materielle Situation
Teilbereich	2.1 Sozialhilfedichte (nur HLU)
Teilbereich	2.2 Arbeitslosigkeit
Teilbereich	2.3 Einkommen
Teilbereich	2.4 Anteil der WohngeldempfängerInnen

Bereich	3. Wohnsituation
Teilbereich	3.1 Bevölkerungsdichte
Teilbereich	3.2 Wohneigentum
Teilbereich	3.3 Anteil der Belegrechtswohnungen
Teilbereich	3.4 Obdachlosigkeit/drohende Obdachlosigkeit

Bereich	4. Familiäre Situation
Teilbereich	4.1 Anteil der Familien mit Kindern an der Gesamtbevölkerung
Teilbereich	4.2 Anteil der alleinerziehenden Eltern
Teilbereich	4.3 Ausländische Familien mit Kindern
Teilbereich	4.4 sehr junge Eltern (beide Eltern unter 21 Jahren)
Teilbereich	4.5 Erwerbstätigkeit von Familien
Teilbereich	4.6 Anteil der Familiengerichtshilfe

Bereich	5. Situation von Kindern
Teilbereich	5.1 Geschwister
Teilbereich	5.2 Familienstatus
Teilbereich	5.3 Nationalität
Teilbereich	5.4 Sozialhilfebezug
Teilbereich	5.5 Anteil der Unterbringungen von Kindern (0 - 12 Jahre) außerhalb der eigenen Familie

Bereich	6. Situation Jugendlicher und Heranwachsender
Teilbereich	6.1 Bildung
Teilbereich	6.2 Verteilung unterschiedlicher Nationalitäten
Teilbereich	6.3 Arbeitslose junge Menschen
Teilbereich	6.4 Jugendliche in Maßnahmen der Jugendsozialarbeit
Teilbereich	6.5 Jugendliche in Betreuung der Jugendgerichtshilfe
Teilbereich	6.6 Unterbringungen (Hilfe zur Erziehung) von Jugendlichen und jungen Volljährigen außerhalb der eigenen Familie

Bereich	7. Kulturelle Situation
Teilbereich	7.1 Personen mit Hauptschulabschluss
Teilbereich	7.2 Konfessionszugehörigkeit
Teilbereich	7.3 Wahlbeteiligung

Bereich	8. Segregation (Entmischung)
Teilbereich	8.1 Anteil der Ausländerinnen an der Gesamtbevölkerung
Teilbereich	8.2 Familien mit Kindern
Teilbereich	8.3 Wanderungen

Bereich	9. Gesundheit
Teilbereich	9.1 Arztdichte
Teilbereich	9.2 Schulrückstellungen aus gesundheitlichen Gründen

Bereich	10. Infrastruktur
Teilbereich	10.1 Spielflächen für Kinder
Teilbereich	10.2 Betreuungsangebote für Kinder
Teilbereich	10.3 Freizeitangebote für Jugendliche
Teilbereich	10.4 Beratung und Unterstützung

Solche Instrumente der integrierten Sozialplanung verursachen zum Teil hohe Kosten in Erhebung und Auswertung und sind vielfach dem Vorwurf ausgesetzt, den in einem Gemeinwesen an sich unfassbaren und überaus komplexen sowie abstrakten Phänomenen mittels vereinfachender Quantifizierung zu begegnen. Weiters erscheint die Kritik berechtigt, dass empirizistische Be- und Erarbeitung von Indizes über das „Soziale" in Form von Ärztedichte, Sozialhilfedichte, der Summe an Delogierungen etc. immer nur Ex-Post-Darstellungen sind. D.h. sie erlauben immer nur im Nachhinein eine Beschreibung von Zuständen, eine summarische Abbildungen von Phänomenen, die in ihrer Komplexität auf anderen Ebenen mit anderen Darstellungsmitteln besser und effizienter zu verdichten wären.

Was eine Operationalisierung des Sozialen zu so genannten „harten" verdichteten Daten dennoch bringen kann, ist ein Mehr an Anerkennung in einer grundsätzlich mathematisierten, betriebswirtschaftlich ausgerichteten, öffentlichen Welt (vgl. Heintel 2006:10). Das bedeutet, dass eine Abbildung in statistischen Werten nicht nur den Versuch einer Verbildlichung des eigenen Handelns und Wirkens sowie der gesellschaftlichen Entwicklungen im längeren Zeitverlauf darstellt, sondern eine ausdrucksstarke Handlungsvariante im Umgang mit der so genannten „großen" Politik offenbart (Interview H, Z 32-35). Diese nützt selbst vielfach die „Spielräume" (ebd.), die sie im Hinblick auf Forschungsaufträge, Gutachtenerstellung etc. besitzt, um Erforderliches bzw. Nicht-Erforderliches zu argumentieren. Wenn sich kleine, infrastrukturell und wirtschaftlich schwache Kommunen derartige Expertisen nicht leisten, kann dies zu fatalen Auswirkungen in der eigenen Argumentationskette führen.

Zusammenfassend betrachtet, scheint aus Sicht einer sozialraumorientierten Sozialplanung ein multimethodischer Mix angebracht. Dieser Mix arbeitet mit empirischen Daten und bildgebenden analytischen Verfahren (z.B. aus der Netzwerkforschung und -analyse (vgl. Pantucek 2004a). Er kombiniert auf einfallsreiche Art und Weise amtliches Zahlenmaterial und selbständig erhobenen Daten und greift auf vorhandene Quellen etc. zurück. Eine derartige Kombination eignet sich, um lang- und mittelfristige (Fehl-)Entwicklungen zu erkennen und eine harte Argumentationsbasis für Verhandlungen zu generieren. Darüber hinaus macht sie Entwicklungen innerhalb der Kommune diskursfähig und ermöglicht Austausch mit anderen „betroffenen" ExpertInnen.

Es ist allerdings davor zu warnen, die in Datenbanken abgebildeten Zusammenhänge vorschnell zu eingrenzenden Ursache-Wirkungs-Ketten zu verknüpfen, z.B. einen geringen Anteil von Familien an der Gesamtbevölkerung als bedingende Ursache für Wanderungsbewegungen anzunehmen. Die Tatsache, dass Abwanderung, Armut, so genannte Überalterung, eine schlechte Infrastruktur etc. vorliegen und dass solche Faktoren der Sozialdemographie einer Kommune ein mittel- bis langfristiges „Sterben" prophezeien, heißt noch lange nicht, dass die Gemeinde insgesamt über schlechte (soziale) Ressourcen verfügt, und dass ein Worst-Case-Szenario zwangsläufig eintreten wird. Viele Beispiele aus unserer Beratungspraxis zeigen, dass Kommunen mit Kreativität, guter Kommunikation, einer fundierten Kenntnis der Defizite und der nutzbaren lokalen Ressourcen vor Ort optimale Erfolge erreichen können (siehe dazu auch den Beitrag von Ursula Stattler).

3.2 Bildung von gemeindeübergreifenden Zusammenschlüssen

Um die von Lichtenberger (siehe Kapitel 1) genannten Strukturdefizite, mit denen VerantwortungsträgerInnen ländlicher Kommunen konfrontiert sind, zu überwinden und sich gegenüber der „großen" Politik zu behaupten (Interview H, Z 32-35), erscheint aus einer sozialraumorientierten Perspektive die Bildung von kommunenübergreifenden Gremien zum Zwecke gezielter Kooperation unentbehrlich. Dabei ist an die Bildung von fachspezifischen Netzwerken gedacht, in denen gemeindespezifische Themen zu Fragen ihres vitalen (Über-)Lebens (z.B. zur Siedlungspolitik, Altersfürsorge und -betreuung, zu Ganztageseinrichtungen für Kinder etc.) bearbeitet und eine gemeinsame Strategie der Gegensteuerung entwickelt werden.

Vernetzung im Sinne eines sozialraumorientierten Vorgehens (vgl. Hinte 1994:5) meint, die im sozialen Raum vorhandenen AkteurInnen und Organisationen als Teile eines institutionalisierten Netzwerks zu nutzen. Diese Form der Vernetzung findet jenseits parteipolitischer oder ressortspezifischer Zuständigkeit statt, sie besitzt Rechtskörperschaft und ist in einem bestimmten Raum bzw. einer bestimmten Region verortet. Ein Beispiel für ein solches kommunenübergreifendes, verbindliches Gremium ist der Sozialsprengel Leiblachtal in Vorarlberg (bestehend aus den Gemeinden Hörbranz, Lochau, Hohenweiler, Möggers und Eichenberg), der insbesondere in Fragen kommunaler Sozial- und Gesundheitspolitik ein regional-logisches Vorgehen der Kommunen sicherstellt.

> „Der Sozialsprengel Leiblachtal ist eine gemeindeorientierte, überparteiliche Non-Profit-Organisation mit einer zentralen Anlauf- und Koordinationsstelle (Geschäftsstelle) für gesundheits- und sozialbezogene Themen. Der Sozialsprengel Leiblachtal ist somit die zentrale Anlaufstelle für alle BürgerInnen und sozialen Organisationen und politischen Gemeinden im Leiblachtal. Der Verein erbringt offene und ambulante Leistungen im gesamten Sprengelgebiet!" (www.sozialsprengel.org vom 4.10.2006).

Dieser Verein wird vornehmlich von den fünf Kommunen und vom Amt der Vorarlberger Landesregierung subventioniert und bildet ein Bündnis zwischen den Mitgliedern (zusammengesetzt aus den regionalen Einrichtungen der Sozial-

und Jugendhilfe, der ambulanten und stationären Hilfen sowie den AdressatInnen von Hilfe), den Gemeindeorganen und RepräsentantInnen des Landes.

Solche Zusammenschlüsse ermöglichen die Bildung intermediärer Instanzen, welche imstande sind, räumlich-administrative Defizite auszugleichen und das Machtgefälle zwischen Ländern und Selbstverwaltungskörpern abzufedern.

3.3 Nutzung zivilgesellschaftlicher Partizipation

Als dritte Variante eines sozialraumorientierten kommunalpolitischen Vorgehens ist das Prinzip der NutzerInnenorientierung zu beschreiben (Gissel-Palkovic 2006:6). Dieses ist seit der so genannten „aggressiven Gemeinwesenarbeit" bekannt (Pantucek 2004b:60). NutzerInnenorientierung wird von verschiedenen gesellschaftlichen Kräften immer wieder dazu eingesetzt, Wissen aus der Bevölkerung zu erschließen sowie Selbsthilfepotenzial der Bevölkerung bei der Bearbeitung bestimmter (insbesondere schwieriger, komplexer und viele Interessensgruppen betreffender) Themen zu fördern, die einen breiten Konsens innerhalb der Gemeinde erfordern. Dabei geht es um den Einbezug von BürgerInnen und (von bestimmten Maßnahmen unmittelbar) Betroffenen in die Entscheidungsfindung einer Gemeinde bzw. deren relevanter Gremien. Die Organisationsform, in welcher eine solche Beteiligung abgewickelt wird, kann vielgestaltig sein und ist nicht zuletzt von der Gemeindegröße und der Komplexität eines Themas abhängig.

Ein Beispiel eines solchen Gremiums zivilgesellschaftlicher Partizipation ist das in Deutschland seit einer Dekade beinahe flächendeckend verwirklichte Modell so genannter „kommunaler kriminalpräventiver Räte" unter Beteiligung der Zivilgesellschaft. Anhand des diskursstarken „Sicherheitsthemas"[6] wurde in

---

[6] Zielsetzung solcher Räte ist es, die vielfach sehr gute Vorsorgekompetenz von BürgerInnen in der Politikberatung zu nützen (vgl. Steinert 1995:410). Gerade in Anbetracht der Situation in Deutschland, wo aufgrund eines mystifizierten und ausschließlich staatlich bestrittenen Sicherheitsdiskurses die Zivilgesellschaft in ihrer ExpertInnenschaft vielfach geschmälert wurde, weil Verantwortung oftmals nur an Polizei und an Sicherheitsdiensten übertragen wurde, stellt dieser partizipative Ansatz eine Innovation dar. Steinerts (ebd.) Befund zum Thema zivilgesellschaftlicher Beteiligung im sensiblen Thema „Kriminalprävention und Sicherheit" lautet folgendermaßen: „Indem man die Sache an ExpertInnen delegiert, verfehlt man, was in dem Gegrummel und Mosern über >Unsicherheit< an realistischen und ernstzunehmenden Hinweisen auf Schwierigkeiten der Lebensführung, auf gegenseitige Beeinträchtigungen und Versäumnisse der öffentlichen Einrichtungen enthalten sein mag. Zugleich überlässt man damit die Unzufriedenheit über die Situationen den PopulistInnen, die daraus Ressentiments gegen Leute machen und die Sache also irrational halten, um sie für ihre eigenen Zwecke ausbeuten zu können. (...) Wenn man also der Unsicherheits-Propaganda etwas entgegensetzen will, das

vielen deutschen Kommunen ein Prototyp für ein ressortübergreifendes, problemorientiertes und partizipatives Vorgehen[7] auf Ebene der Gemeinden entwickelt, das für die Erarbeitung von Vorschlägen und Empfehlungen an die Kommunal- und Landesregierungen in Form von Politikberatungen tätig ist.

Was für Fragen der „Sicherheit" auf kommunaler Ebene in Deutschland große Popularität erlangte, soll auch – so die Empfehlung dieses Beitrags – für soziale und sozialpolitische Fragen auf Gemeindeebene nutzbar gemacht werden. In Anlehnung an die Debatte in Deutschland sind an dieser Stelle folgende zentralen Argumente anzuführen, die für eine breite Beteiligung auf kommunaler Ebene sprechen:

▪ Durch den Einbezug aller für das jeweilige Gemeinwesen relevanter Gruppen und staatlicher sowie nicht-staatlicher Organisationen und Institutionen (vgl. Finkel 1995:417) kann der Ursachenvielfalt und Komplexität von sozialen Problemen Rechnung getragen werden, ohne dabei schnellen „Insellösungen" (Van Den Brink 2005:45) aufzusitzen. Als einfache Rechnung nennt Van Den Brink: „je mehr Interessensgruppen in die Arbeit miteinbezogen werden, desto größer ist die Wahrscheinlichkeit, dass die angestrebte ganzheitliche Prävention erreicht werden kann."

▪ Die Mitglieder der Gremien vertreten unterschiedliche staatliche Institutionen (öffentliche Wohlfahrt, Justizwesen, Schule) sowie Wirtschaftsunternehmen, Gewerbebetriebe, Interessensvereinigungen, BürgerInneninitiativen und freie Wohlfahrtsträger (vgl. Hornbostel 1998:93-94). Dabei geht es um die Verwirklichung eines maximal ausgedehnten Kooperationsprinzips als „Leitlinie kommunalen Handelns" (Van den Brink 2005:45), die eine möglichst weitgehende Beteiligung aller im jeweiligen Gemeinwesen vertretenen gesellschaftlichen Gruppen in bestimmten Fragen anstrebt.

Zusammenfassend betrachtet, stellt die Ausrichtung am Sozialraum – sei es in Form von fundierter sozialer Regionalanalyse (siehe Punkt 3.1), in Form der Verortung brisanter Themen und der regional übergreifenden Vernetzung (siehe Punkt 3.2) oder als zivilgesellschaftliche Partizipationsstrategie (siehe Punkt 3.3) – eine konsequente Orientierung am jeweils konkreten örtlichen Ansatzpunkt

---

sowohl wirksam als auch beruhigend wirkt, dann muss man den Leuten ermöglichen, sich aktiv mit dem Problem zu beschäftigen." (ebd. 1995:411).

[7] In vielen Kommunen wurde bei der Errichtung kriminalpräventiver Räte der Anspruch auf BürgerInnenbeteiligung nicht entsprechend eingelöst. In Analyse der Initiativen Baden-Württembergs gelangt Van Den Brink (2005:65) zu dem Schluss, dass dort vielfach der privat engagierte und „funktionslose" Bürger unintegriert oder ein „ewiger Zaungast" (Lange 2000:244) geblieben ist. Deutlich wird, dass in bürgerfernen Gremien erarbeitete Maßnahmen und Strategien – ähnlich dem Vorgehen innerhalb bürokratischer Behördenstrukturen – wiederum alternative Lösungsansätze bzw. die Chancen partizipativen Vorgehens verstreichen lässt.

von Politik dar. Zweifelsfrei sprechen die vorhandenen strukturellen Defizite im ländlichen Raum eine deutliche Sprache; sozialraumorientierte Handlungsansätze richten sich dennoch immer an den darüber hinaus bestehenden Ressourcen, Möglichkeiten und Spielräumen, am so genannten sozialen Kapital im Bourdieu'schen (1983) Sinne, aus. Damit wird festgehalten, dass das Soziale – also die Summe der sozialen Beziehungen – immer der Kategorie Raum bedarf, um wirksam zu werden. Raum ist also nicht die Kulisse, vor der sich Beziehungen abspielen, sondern er ist vielmehr jene Bezugsgröße, die es braucht, damit Beziehungen sich überhaupt entfalten können. Dort setzt Sozialarbeit – im Sinne von Sozialraumorientierung – als professionelle Disziplin an, dort beginnt sie lebensweltliche Ressourcen vor Ort zu mobilisieren, Beziehungen aufzubauen und zu stärken (vgl. Pantucek 2005:11).

In Anbetracht einer zu erwartenden Bevölkerungsabnahme von mehr als 50% in 10 Jahren bringt ein Experte seine sozialpolitischen Prämissen folgendermaßen auf den Punkt:

„Ortsbild ist gut, man merkt, dass die Leute doch mitmachen. Man kann mit wenigem Aufwand auch einiges machen. Kleinigkeiten sind auch wertvoll. Abwasserbeseitigung kostet viel, doch keiner kann sich was vorstellen. Vorteil ist bei einer kleinen Gemeinde, dass man jeden kennt und weiß, wie jeder reagiert. Bewohner haben oft geschlafen, gekommen sind nur die Fremden und die paar Leute, die immer kommen. Jetzt ist das anders, die Leute kommen, Bürgermeister geht voran, die anderen gehen mit. Leute können sich identifizieren mit uns. Man sieht auch, wie sich die Leute verhalten. Optimismus ist auch wichtig. Das Beste muss herausgeholt werden. Nicht zurückschauen, nach vorne schauen." (Interview O, Z 120-133)

4 Fazit

Insgesamt ist Sozialraumorientierung keine neue Erfindung. Vielmehr greift sie auf jene *„Strategien der Einmischung", „Strategien der Organisation"* und *„Strategien der Ermächtigung"* zurück, die auch in Niederösterreich bereits Ende der 1980er Jahre gelehrt[8] und propagiert wurden (Pantucek 2004b:61). Die oben beschriebene fokussierte Aufmerksamkeit für das jeweilige Gemeinwesen ist unabhängig vom Modethema „Sozialraumorientierung" eine Nutzbarmachung langer professioneller Erfahrungen, die ursprünglich aus der Gemeinwesenarbeit stammen, wie dies Pantucek folgendermaßen zum Ausdruck bringt:

„Gemeinwesenbezogene Arbeit ist eine der wichtigsten und traditionsreichsten Arbeitsformen der Sozialarbeit seit mehr als einem Jahrhundert. Man kann sagen, dass

---

[8] Es handelte sich dabei um einen Weiterbildungslehrgang zum gemeinwesenorientierten Sozial-Management, der vom inzwischen verstorbenen Hans Hovorka und von Peter Pantucek aufgebaut und an der damaligen Bundesakademie für Sozialarbeit gehalten wurde.

sich hier bereits einiges Wissen angesammelt hat. Wenn wir über Sozialraumorientierung sprechen, handelt es sich also nicht oder nicht nur um ein Modethema, sondern um die Nutzbarmachung langer Erfahrung. Einer Erfahrung der Erfolge aber auch von Erfahrungen des Scheiterns." (ebd. 2004b:60)
Aus dieser Tradition heraus ist die Politikberatung von Kommunen, wie sie in diesem Beitrag für das Segment ländlicher Kommunen und deren Verständnis kommunaler Sozialpolitik beschrieben wurde, keine Innovation im eigentlichen Sinne, sondern eine Nahtstelle zu den frühen Formen der Gemeinwesenarbeit, beispielsweise auch zu den Settlement-Bewegungen der USA, wo in der sehr jungen Geschichte der Kommunen erkannt wurde, dass Wohlfahrtstätigkeit auf Ebene der Stadtteile zu organisieren ist und dass es dafür der Entwicklung entsprechender Netzwerke bedarf (vgl. Mohrlock 1993:22). Selbst der Begriff der „citizen participation" (BürgerInnenbeteiligung) war bereits nach dem amerikanischen Bürgerkrieg etabliert (ebd. 1993:27). An diese frühen Formen gilt es anzuknüpfen, um der vielfach vermittelten Tristesse entschieden, konzeptvoll und realistisch-optimistisch begegnen zu können.

Literatur

Bobek, Hans (1955): Bemerkungen zur Entwicklung von Gemeindetypen in Österreich. In: Beiträge zur Entwicklung von Gemeindetypen, Schriftenreihe der Österreichischen Gesellschaft für Bodenforschung und Landesplanung, Klagenfurt.
Boudieu, Pierre (1983): Soziale Ungleichheiten. In: Kreckel, Reinhard: Soziale Welt, Sonderband 2, Göttingen.
Chasse, Karl August (1996): Ländliche Armut im Umbruch. Lebenslagen und Lebensbewältigung, Opladen.
Finkel, R. (1995): Kriminalitätsverhütung als gesamtgesellschaftliche Aufgabe. Kommunale Präventionsräte als kriminalpolitisches Konzept am Beispiel Schleswig-Holsteins, in: Gossner Rolf a.a.O., 415-429.
Gissel-Palkovic (2006): Qualität in der Fremdunterbringung. Vortrag im Rahmen des Projekts „Donau-Quality in Inclusion", Fachtagung am 13.6.2006. www.donau-quality.at am 11.12.2006.
Heintel, P. (2006): Spannungsfelder im Qualitätsdiskurs. Vortrag im Rahmen des Projekts „Donau-Quality in Inclusion" am 20.9.2006, www.donau-quality.at am 11.12.2006.
Hinte, Wolfgang (1994): Intermediäre Instanzen in der Gemeinwesenarbeit. Die mit den Wölfen tanzen, unter http://www.stadtteilarbeit.de/seiten/lernprogramm/gwa/aufsaetze/hinte_intermediaere_instanzen.htm am 12.7.2005.
Hornbostel, S. (1998): Die Konstruktion von Unsicherheitslagen durch kommunale Präventionsräte. In: Hitzler, Ronald: Inszenierung Innere Sicherheit. Daten und Diskurse, Opladen.

Klose, Alfred (1975): Kommunalpolitik als Gesellschaftspolitik. Die Gemeinde im Spannungsfeld der Wirtschaftsgesellschaft, Schriftenreihe für Kommunalpolitik und Kommunalwissenschaft, Heft 3, Wien.

Kötter, Herbert (1972): Ländliche Soziologie. Die Gemeinde in der ländlichen Soziologie, in: Kölner Zeitschrift für Soziologie und Sozialpsychologie, Sonderheft 1, 4. Auflage, Opladen, 12-26.

Lichtenberger, Elisabeth (Hg.) (1989): Österreich zu Beginn des 3. Jahrtausends. Raum und Gesellschaft, Prognosen, Szenarien und Modellrechnungen, Wien.

Meuser, Michael/Nagel, Ulrike (2005): ExpertInneninterviews – vielfach erprobt, wenig bedacht. Ein Beitrag zur qualitativen Methodendiskussion, in: Bogner, Alexander: Das ExpertInneninterview, Wiesbaden.

Mohrblock, Marion (1993): Let´s organize! Gemeinwesenarbeit und Community Organization im Vergleich, 1. Auflage, München.

Pantucek, Peter (2004a): Die soziale Diagnose. Möglichkeiten und Grenzen des Einsatzes diagnostischer Instrumente in der Sozialarbeitspraxis, Wien.

Pantucek, Peter (2004b): Sozialräumliches Arbeiten in der Stadt und am Land. In: Gunsch, Reinhard (Hg.) (2005): Sozialräumliches Arbeiten. Ein neuer Weg zwischen Bedürfnisorientierung und Ressourcenknappheit? Tagungsakten Autonome Provinz Bozen, Abteilung für Sozialwesen, Dienststelle Personalentwicklung.

Pantucek, Peter (2005): Projektantrag zu „Donau“: Modul 2 „Sozialräumliches Arbeiten in ländlichen Gemeinden“, eingereicht bei BMWA und ESF. St. Pölten im Rahmen von EQUAL, Linz, Wien, St. Pölten.

Schäfer, Heinz (1971): Koordination in der öffentlichen Verwaltung. Wien.

Schmölders, Günter (1966): Gestaltung und Formen der öffentlichen Finanzwirtschaft. In: Hax, Karl/Wessels, Theodor. Handbuch der Wirtschaftswissenschaften. 2. Ausgabe, 2. Band, Köln.

Sozialraumorientierte Planung. Begründungen, Konzepte, Beispiele, Institut für Soziale Arbeit e.V. , 2001, www.eundc.de am 25.8.2005.

Steinert, Heinz (1995): Prävention als kommunale Aufgabe. Jenseits von Polizei und Strafrecht, in: Gössner Rolf (Hg.): Mythos Sicherheit: Der hilflose Schrei an den starken Staat, Baden-Baden, 403-415.

Van den Brink, Henning (2005): Kommunale Kriminalprävention. Mehr Sicherheit in der Stadt? Eine qualitative Studie über kommunale Präventionsgremien, Band 3, Frankfurt.

Weitere Quellen

www.sozialsprengel.org am 4.10.2006.

Diverse ExpertInneninterviews, geführt im Rahmen der EntwicklungspartnerInnenschaft „Donau – Quality in Inclusion“. Inhaltliche Koordination, Fachhochschule St. Pölten, Studiengang Soziale Arbeit, 2005 – 2007.

Handlungsfelder & Erfahrungsbericht

Frauen am Land. Kinder, Kombis und Gemeinderat

Katrin Pollinger

1 Möglichkeiten sozialräumlichen Arbeitens mit und für Frauen am Land

1.1 Stilles Verschwinden

Passanten anpöbeln, Wände mit Parolen beschmieren, grölend durch die Straßen ziehen ist ihre Sache nicht. Schade eigentlich, denn es könnte gut sein, dass damit so manche/r PolitikerIn auf ihre Situation aufmerksam und der Ruf nach Verbesserung erschallen würde, möglicherweise auch das eine oder andere Gemeinwesenprojekt entstehen könnte. Aber Frauen am Land wählen andere Wege, um aus ihrer schwierigen Lage herauszufinden: jene nämlich, die sie weg von hier führen, in die Stadt.

Dies hat eine Studie des Wirtschaftsforschungsinstitutes im Auftrag der Arbeiterkammer Oberösterreich erhoben (Biffl, Leoni: 2006, S. 18): Nicht Männer siedeln aus ländlichen Gebieten weg, sondern es verlassen vielmehr Frauen jene Gegenden, die besonders hohe Unterschiede in den Bedingungen für Frauen und Männer aufweisen.

Eine höchst lebensbeschwerliche Gegend für Frauen ist der Bezirk Hollabrunn im nördlichen Weinviertel (Niederösterreich). Laut einer von der OECD entwickelten Regionsanalyse ist Hollabrunn ein „überwiegend ländliches Gebiet". Mehr als die Hälfte der Bevölkerung lebt hier in Gemeinden, die von weniger als 150 EinwohnerInnen pro Quadratkilometer besiedelt sind. Dieser Bezirk zeichnet sich durch das Niederösterreichweit geringste Medianeinkommen seiner Bevölkerung, eine hohe Auspendelnotwendigkeit, Ausdünnung der regionalen Infrastruktur und Überalterung der Bevölkerung aus. Dies ist nicht zuletzt deshalb der Fall, weil Hollabrunn jahrzehntelang an den Eisernen Vorhang zur CSSR grenzte.

Der folgende Artikel basiert auf Erfahrungen der Autorin als Sozialarbeiterin im Weinviertel und der Projektarbeit „Frauenleben an der EU-Erweiterungsgrenze" der Fachhochschule St. Pölten, Studiengang Sozialarbeit. Aus diesem Projekt stammen Erzählungen von Frauen unterschiedlichen Alters von ihrem Leben in H., einem Dorf an der tschechisch-österreichischen Grenze.

Die Interviews wurden von Studierenden der Fachhochschule St. Pölten konzipiert, abgehalten und transkribiert. Es handelte sich dabei um Barbara Dirnbauer, Martin Denk, Martina Gröschl, Maria Hatzenbichler, Thomas Krauthaufer und Agnes Ehemoser. Ihnen sei an dieser Stelle für ihr Interesse, ihr Engagement, ihre Erkenntnisse und die daraus gezogenen Schlussfolgerungen besonders gedankt.
Vieles davon findet sich in den folgenden Ausführungen wieder.

1.2 Ein Ausflug nach Hollabrunn im Weinviertel / Niederösterreich

1.2.1 Eindrücke aus Sicht einer Sozialarbeiterin

Als Sozialarbeiterin in einem Beschäftigungsprojekt für Frauen im Bezirk Hollabrunn hatte ich Jobs mit bescheidener Attraktivität zu vergeben: Die Frauen putzten in Privathaushalten, waren schlecht bezahlt oder längstens ein Jahr angestellt. Doch zu meinem Erstaunen bewarben sich immer wieder sehr gut ausgebildete Frauen. Nach vielen Gesprächen mit Bewerberinnen und Mitarbeiterinnen zeigte sich deutlich die katastrophale berufliche Situation für Frauen in Hollabrunn, insbesondere dann, wenn sie Kinder haben. Die in dieser Gegend unabkömmliche Mobilität in räumlicher und zeitlicher Hinsicht sinkt mit der Geburt eines Kindes gegen Null, und damit sinken auch die Chancen, eine lukrative Tätigkeit auszuüben. Denn diese gibt es nur in der Stadt, welche aber für tägliches Pendeln unerreichbar weit entfernt liegt.

Die Erzählungen der Frauen bei den Gesprächen in der sozialarbeiterischen Beratung im Rahmen des Beschäftigungsprojektes glichen einander in vielerlei Hinsicht.

„Mein Mann pendelt nach Wien (bzw. nach St. Pölten, nach Krems). Also muss ich die Kinder in der Früh in den Kindergarten bringen. Der sperrt um sieben Uhr auf. Da kann ich frühestens um halb acht zu arbeiten beginnen." „Zu Mittag kommt der Größere von der Schule heim. Es gibt ja keine Nachmittagsbetreuung, da muss ich da sein."

Oftmals blieben den Frauen gerade einmal knappe vier Stunden am Vormittag und zwei bis drei Stunden am Nachmittag zur Verfügung, an denen sie nicht jemanden abholen oder zuhause sein mussten. Damit also waren sie auf Arbeitsplätze in der Gemeinde oder in der näheren Umgebung angewiesen. Diese waren allerdings rar, besonders schlecht bezahlt und intellektuell nicht ausreichend anspruchsvoll: Kassiererin, Arzthelferin oder Regalbetreuerin stellten die wenig lukrativen Möglichkeiten dar.

Eine Studie von Wiesinger/Machold im Auftrag der Bergbauerngesellschaft zur Frage der sozialen Integration bzw. Ausgrenzung peripherer ländlicher Regionen deckt folgende prekäre Situation auf:

„Niedriglohnbranchen siedeln sich bevorzugt in strukturschwachen ländlichen Regionen an, da für sie dort die Kostenstruktur günstiger ist. (...) Aufgrund der schwierigen Arbeitsmarktsituation in den strukturschwachen Regionen ist die Bereitschaft der Beschäftigten, zu relativ ungünstigen Konditionen zu arbeiten, hoch. Frauen sind in den Niedriglohnbranchen überproportional häufig vertreten." (Wiesinger/Machold, 2001:36).

Fehlende Kinderbetreuung ist auch der Grund dafür, dass Frauen am Land kaum Zugang zu beruflichen Aus- und Weiterbildungen haben. Dazu kommt, dass viele von ihnen keine oder nur eine der klassisch weiblichen Ausbildungen (Friseurin, Sekretärin, Verkäuferin) besitzen und sie diese Berufe auch lange nicht mehr ausübten. Außerdem können sich Frauen oft unmöglich vorstellen, sich weniger als bisher um die eigenen Kinder kümmern zu können. Denn der emotionale Druck auf Mütter ist im ländlichen Raum stärker als in der Stadt. Dies hat damit zu tun, dass am Land ein traditionelleres Rollenverständnis herrscht und Frauen stärker sozial beobachtet werden. Die Nähe zu den DorfbewohnerInnen hat auch zur Folge, dass viele Frauen nicht bereit sind, ihr Kind einer Tagesmutter zu überlassen. Denn dabei besteht nicht nur die Gefahr, in direkte Konkurrenz mit einer anderen Mutter zu treten sondern auch, dass „Geheimnisse" über die Kinder oder die Kindererziehung ausgeplaudert werden.

1.2.2   Zahlen und Fakten

Die Erzählungen der Frauen werden durch die Statistik des Bezirkes bestätigt. Das geringe Medianeinkommen seiner BewohnerInnen bedeutet, dass HollabrunnerInnen pro Monat um € 250,-- brutto weniger verdienen, als durchschnittliche NiederösterreicherInnen. Geschlechtsspezifisch betrachtet, bekommt eine Hollabrunnerin im Jahresdurchschnitt um € 2324 brutto weniger als der Durchschnitt ihrer Kolleginnen in Niederösterreich – damit wäre schon ein Gebrauchtwagen finanzierbar. Weiterhin sinkt die Zahl der unselbstständig Beschäftigten von 2004 auf 2005 um etwa 2,7%. Und: mehr als die Hälfte aller Beschäftigten (56%) pendeln, immerhin jede/jeder Dritte pendelt nach Wien. Das bedeutet: Die Gründung eines eigenen Betriebes ist als viel beschworene Lösung gegen Arbeitslosigkeit hier mangels Kaufkraft der KundInnen mit besonders hohen finanziellen Risiken verbunden. Außerdem schließen viele Einzelhandelsbetriebe ihre Pforten, was gleichfalls den Verlust von Frauenarbeitsplätzen mit sich bringt.

1.3 Selbständige Lebensführung

Viele Faktoren erschweren es Frauen, im ländlichen Raum selbstbestimmt zu leben (vgl. Aufhauser et a., 2002, 71ff; Prenner et al., 2000): Die schulische und berufliche Ausbildung von Mädchen erfolgt noch immer in sehr traditionellen Segmenten. Das Angebot an Arbeitsplätzen für gut ausgebildete Frauen ist auf dem Land sehr eingeschränkt. Hinzu kommt, dass Frauen dort weniger verdienen als in der Stadt. Im ländlichen Raum ist der Arbeitsmarkt für Frauen und Männer stärker segmentiert, sowohl horizontal als auch vertikal. Ältere Frauen sind auf dem Land nach wie vor häufig von einer schlechten oder fehlenden Alterssicherung und einer niedrigen Qualifizierung betroffen. Der Zugang zu Weiterbildungseinrichtungen ist für Frauen mangels Institutionen vor Ort sehr schwierig. Es herrschen nach wie vor größere Ressentiments gegenüber einer Vollerwerbstätigkeit von Frauen. Die unbezahlte Versorgungsarbeit innerhalb der Familie ist ungleich verteilt, und hauptsächlich pflegen Frauen ihre Angehörigen. Die versteckte Arbeitslosigkeit ist für Frauen sehr hoch. Unzureichende Kinderbetreuungs- und Pflegeeinrichtungen führen bei ihnen zu geringer Mobilität und damit zu geringer Erwerbsbeteiligung (vgl. Oedl-Wieser 2005: 108).

2   Zeit und Raum – Lebensgeschichten von Frauen am Land

Insgesamt zwölf Frauen des Dorfes H. erzählten den StudentInnen der Fachhochschule St. Pölten von den Schwierigkeiten ihres Alltags und auch von der Lust, als Frau am Land zu leben. Die StudentInnen waren im Rahmen des Projektes „Frauen an der EU-Erweiterungsgrenze" im Winter 2003/2004 vor Ort, um die Situation zu analysieren. Das Dorf H. liegt an der Grenze zu Tschechien, hat knapp 1.700 EinwohnerInnen und etwa 300 ZweitwohnungsbesitzerInnen.

Die folgenden Erzählungen sind eine Auswahl der anonymisierten Interviews; sie bieten einen Einblick in die Lebenswelt von Frauen am Land. Außerdem fügte die Autorin den Interviews nachträglich die politische Dimension hinzu, um zu veranschaulichen, dass nicht nur die räumliche, sondern auch die historisch-zeitliche Komponente für die Bewertung der aktuellen Lage bedeutsam ist. Welcher Raum wäre hierzu besser geeignet als der Grenzraum, der seine BewohnerInnen permanent dazu zwingt, sich an neue Bedingungen anzupassen?

2.1 Frau S, Bäuerin, 64 Jahre

Als Frau S. 1942 in H. zur Welt kommt, liegt das noch in der Ostmark. Ihr Geburtsort ist zu diesem Zeitpunkt kein Grenzort, wenn auch nur für kurze Zeit. Österreich stellt einen Teil des Deutschen Reichs dar und Hitler hat die angrenzenden Sudetengebiete annektiert. Die tschechische Bevölkerung wird brutal verfolgt, von ihren Höfen vertrieben und viele werden ermordet. Hitler lässt tschechische Intellektuelle von den Universitäten vertreiben, viele von ihnen finden den Tod in Konzentrationslagern (vgl. Coudenhove-Kalergi/Rathkolb, 2002: 13-14).

1945 endet der Zweite Weltkrieg, Österreich wird von den alliierten Truppen befreit, und die Tschechoslowakei beginnt wieder als eigenständiger Staat zu existieren. Nach den brutalen Verfolgungen der deutschen Besatzungsmacht gibt der erste Regierungschef der Tschechoslowakei, Edvard Benes, jene 143 Erlässe aus, die es der deutschen Minderheit verbieten, weiterhin in der Tschechoslowakei zu leben. Die deutschsprachige Bevölkerung wird aus dem Land getrieben, einige von ihnen siedeln sich in H. und den umliegenden Dörfern an.

Als Frau S. 1948 die erste Klasse der Volksschule besucht, sind in H. russische Einheiten stationiert. Die Bevölkerung lebt zu dieser Zeit großteils von der Landwirtschaft.

„Wie ich in die Schule gegangen bin, da sind in meiner Klasse vielleicht zehn Prozent Kinder gesessen, deren Eltern arbeiten gegangen sind, alle anderen haben von der Landwirtschaft gelebt." erzählt Frau S.

Während sie lesen und schreiben lernt und nachmittags am elterlichen Hof mitarbeiten muss, wird nur wenige Kilometer von diesem entfernt auf der tschechischen Seite der Eiserne Vorhang errichtet. Schüsse und nächtliche Sirenen gehören nun viele Jahre zu ihrem Alltag. Das Ende des Austausches mit der Nachbarschaft scheint für immer besiegelt zu sein. Zudem schüren die Ereignisse der Kriegsjahre große Ressentiments gegen „die da drüben", auf beiden Seiten der Grenze.

Nach der Schule bleibt Frau S. am elterlichen Hof und heiratet 1963 den Sohn eines ortsansässigen Bauern. Frau S. und ihr Mann leben von der Landwirtschaft. Als 1968 ihre zweite Tochter zur Welt kommt, demonstrieren in der tschechischen Hauptstadt StudentInnen und Intellektuelle – der Prager Frühling beginnt. Nikita Chruschtschow lässt sowjetische Panzer in Prag einmarschieren. In H. werden Anfang September Teile des Bundesheeres stationiert. Der Alarm dauert einige Wochen, danach ist der Spuk für Österreich vorbei, die CSSR ist mehr denn je an die Sowjetunion gefesselt.

In den nächsten Jahren bringt Frau S. zwei weitere Kinder zur Welt und führt gemeinsam mit ihrem Mann den Hof. Die Grenze zum Ostblock zeigt ihre

Wirkung: Aufgrund des unattraktiven Lebens- und Arbeitsraums geben viele ortsansässige Bauern nach und nach den Betrieb auf. Sie pendeln nach Wien oder ziehen ganz dorthin.

„Es hat Zeiten gegeben, da hab ich sehr resigniert", erzählt sie, „da wollt ich einfach auch aufhören mit der Landwirtschaft. Man kann sich ja nicht vorstellen, was wir schuften haben müssen, mein Mann und ich. Und wenn dann rund um einen alle wegziehen, den Hof aufgeben, da wird man schon sehr nachdenklich."

Während in der Sowjetunion Leonid Breschnew die Nachfolge von Chruschtschow antritt und der Kalte Krieg seinem letzten Höhepunkt entgegen geht, engagiert sich Frau S. in der Pfarre und hat große Freude am Treffen mit anderen Familien. Als 1989 die Umstürze im Ostblock passieren, Prag die Samtene Revolution erlebt, feiert Frau S. ihren 47ten Geburtstag. Der 26jährige Sohn arbeitet am Hof mit, um ihn später zu übernehmen. Die Begeisterung dies- und jenseits der tschechisch-österreichischen Grenze ist jedoch zurückhaltend. ÖsterreicherInnen entdecken nach und nach den billigen Einkauf in Tschechien. Tankstellen locken mit billigem Benzin. In H. nimmt der Verkehr enorm zu und die österreichischen Geschäfte erleben einen kurzzeitigen Aufschwung. In den ersten Jahren nach der Grenzöffnung kommen tschechische Familien und erstehen Elektrowaren.

Doch es dauert nicht lange, und die Region spürt die negativen Auswirkungen der Öffnung: 1997 vermeldet die Tiroler Tageszeitung: "Huber schließt Werk in H. 110 Mitarbeiter sind von diesem Einschnitt betroffen." (TT, 17.1.97). Die Schließung des Betriebes der Firma Huber-Tricot lässt über hundert arbeitslose Frauen zurück. Genauso ist es in Laa/Thaya, wo die Fabrik ihre Produktion schon ein Jahr zuvor beendet hat. Die Firma öffnet in Györ/Ungarn ein neues Werk.

Die Familie S. hat inzwischen ihre Landwirtschaft auf Weinbau umgestellt. Die Kinder sind erwachsen, eine Tochter lebt mit ihrer Familie in Retz, die andere ist nach Wien gezogen. Diese Generation von Frauen fehlt hier, meint Frau S. nachdenklich, Es gibt Kinder und Jugendliche, aber mit dem Eintritt in höhere Schulen, dem Beginn eines Studiums oder der Annahme einer Arbeit in Wien wandern viele Frauen ab. Den Betrieb hat das Ehepaar S. heute dem Sohn überschrieben. Sie und ihr Mann sind in Pension, aber „außer einem regelmäßigen Gehalt spüren wir nicht viel davon. Ich frage jeden Tag in der Frühe: ‚Was steht heute an?' Verantwortung haben wir halt nicht mehr. Aber ohne unsere Hilfe ginge das nicht für meinen Sohn." Ein neues Haus hat das Ehepaar unweit des Betriebes erstanden. Jung und Alt sollen nicht aufeinander kleben. Sie selber hat gelernt, sich immer wieder eine Auszeit zu nehmen, eine Pause von der Arbeit am Bauernhof, vom Schuften, wie sie meint. Langeweile, das kennt Frau S. nicht und Einsamkeit schon gar nicht, und auch, wenn sie schon des Öfteren dazu eingeladen wurde, aber zur Teilnahme an der dörflichen Seniorenrunde fühlt sie sich noch bei weitem viel zu jung.

2.2 Frau B., selbständig, 36 Jahre

Ein paar Frauen gibt es, die das Unternehmen Selbständigkeit wagen. So etwa Frau B., die eine Frühstückspension betreibt, mit ihrem Mann gemeinsam das Weingut leitet und den hauseigenen Wein international vertreibt. An die Grenze ziehen wollte sie „sicher nie! In meiner Kindheit war das eine Horrorvorstellung, in diesen Orten an der tschechischen Grenze zu leben, da wo dann die Welt aus ist."

1970 wird Frau B. in einer kleinen Stadt in Niederösterreich geboren. Zu dieser Zeit bildet Bruno Kreisky die SPÖ-Minderheitsregierung. Nach der Matura zieht sie, wie so viele ihrer Schulkolleginnen auch, nach Wien, wo sie in einer Bank Arbeit findet. Als sie sich in den Weinbauern B. verliebt, bleiben sie gemeinsam noch einige Zeit in Wien. Durch ihre gemeinsame Arbeit wird ihr Rotwein international bekannt. Sie absolviert auf dem zweiten Bildungsweg die Weinakademie. 1995, im Jahr des österreichischen EU-Beitritts, erwirbt das Ehepaar einen Baugrund in H., baut einen neuen Hof und legt einen Weinkeller an. Die Idee zur Zimmervermietung entsteht.

> „Was zu diesem Zeitpunkt völlig verrückt war", gibt sie zu bedenken „Wer wollte denn schon in einer solchen toten Gegend Urlaub machen? Damals gab es hier ja gar nichts. Die Grenze war erst ein paar Jahre offen, die einzigen Fremden, die hier vorbei gekommen sind, waren die, die in die Excalibur City gefahren sind."

Doch Frau B. hat Glück und den „richtigen Riecher". Brüssel unterstützt die Grenzregionen, Förderprogramme werden ins Leben gerufen. Der Niederösterreich-Tourismus baut den Fremdenverkehr im Weinviertel gezielt aus. Erholungsuchende aus Österreich und deutsche Gäste entdecken langsam das Weinviertel.

Heute könnte Frau B. viel mehr Zimmer vermieten. Gerne würde sie sich in der Gemeindepolitik engagieren, doch das ist wegen ihrer kleinen Kinder noch nicht möglich. Frau B. hat eine ortsansässige Mitarbeiterin, deren Kinder aus dem Haus sind und deren Mann jeden Tag zur Arbeit nach Wien fährt. Sie hilft beim Betten machen und beim Frühstück für die Gäste, auch Arbeiten am Computer erledigt sie. Solche Frauen gibt es viele hier, weiß Frau B. Sie hätten eine gute Ausbildung und müssten sich irgendwo ein paar Groschen dazu verdienen. Frau B. hat bereits überlegt, ob man nicht erheben sollte, welches berufliche Potenzial in den BewohnerInnen stecke, und einen Pool anlegen, in dem man gezielt nach Wissen und Können innerhalb der Ortschaft suchen kann.

Mit einem großen Vorrat an brachliegenden Kenntnissen und Fähigkeiten kann auch Frau U. aufwarten.

"In Punkto Arbeit werde ich schon manchmal sehr trübsinnig, das muss ich schon sagen, weil ich hab eigentlich in Wien einen sehr guten Job gehabt. Aber wegen der Kinder hab ich ihn aufgegeben."

Die Arbeitsstelle, die Frau U. wegen der Kinder aufgegeben hat, bestand in der Buchhaltungsabteilung einer Pensionsversicherungsanstalt. Nach dreizehn schönen Jahre in Wien kehrt sie bei der Geburt ihres zweiten Kindes in ihr Heimatdorf zurück. Hier erhofft sie sich, aus der Isolation in der Stadt herauszukommen, unter der sie seit der Geburt ihres ersten Sohnes leidet. Freundinnen sind in der Stadt mit Kindern schwer mit öffentlichen Verkehrsmitteln zu erreichen. Und tatsächlich, der Kontakt mit den einheimischen Frauen gelingt ihr sehr schnell. Aber, so fügt Frau U. hinzu, Sehnsucht nach der Stadt hat sie noch lange gehabt. Eigentlich geht es ihr bis heute so.

Das gilt besonders, wenn sie an ihre Arbeitstelle denkt, denn die Arbeitssituation in H. hat sie sich ein wenig anders vorgestellt. So erhoffte sie sich damals, dass ihre in H. lebende Mutter ihr helfen würde, auf die beiden Söhne aufzupassen. Aber es kommt anders: Die Mutter erkrankt schwer und muss von Frau U. gepflegt werden. Eine Arbeit in der Stadt rückt in unerreichbare Ferne.

Seit ein paar Jahren ist Frau U. nun in einem Blumengeschäft geringfügig beschäftigt, "wie das halt heraußen so ist". Am Anfang ist das für sie furchtbar gewesen. Nur für kurze Zeit wollte sie hier mitarbeiten, denn

"Wie ich das erste Mal hier war, habe ich mir gedacht, das schaffe ich nicht. Das ist überhaupt nichts für mich. Da werde ich verrückt. Nach der Arbeit in einem Büro so etwas: Ununterbrochen dreckig, ununterbrochen kalt, ununterbrochen irgendwas anderes."

Mittlerweile hat sie sich aber daran gewöhnt, die Arbeit macht ihr sogar fast schon Spaß. Frau U. hat viele Freundinnen und Bekannte im Ort, aber ein gesellschaftliches Leben mit ihnen gibt es nur im Winter. Viele der hier lebenden Frauen sind Bäuerinnen oder Weinbäuerinnen, und die sind im Frühling, Sommer und Herbst beinah rund um die Uhr beschäftigt. Andere Frauen, die nach Wien pendeln, sind abends bis über beide Ohren mit Kindern und Haushalt eingedeckt. Das war früher nicht so, da gab es Familienrunden im Pfarrhof, Frauenrunden, und Jung und Alt hatten deutlich mehr Kontakt zueinander gehabt.

Frau U. macht sich Sorgen um die Neuerungen auf beiden Seiten der Grenzen, die die EU-Erweiterung für ArbeiternehmerInnen bedeutet. Sie diagnostiziert eine starke "Ausnutzung der Arbeitskräfte", besonders in den östlichen Erweiterungsländern.

2.4 Ergebnisse der Erzählungen

Die Interviews, Befragungen und Besuche in H. förderten ein großes Inventar an Wissen, Know-how und Können bei den hier lebenden Frauen zutage. Dieses Reservoir liegt leider allzu oft mangels adäquater Arbeitsstellen brach oder kommt nur mehr spärlich zum Einsatz. Darüber hinaus haben die Bewohnerinnen den Studierenden erzählt, dass ihnen eine Generation von Frauen fehlt. Jene, die berufstätig sind und pendeln müssen, haben für die Bedürfnisse des Dorflebens keine Zeit und Energie mehr.

Auch über ihr Raumerleben haben die Frauen Auskunft gegeben. Etwa darüber, dass es Männer sind, die man im Wirtshaus sieht und nicht Frauen. Frauen treffen einander eher im privaten Rahmen, bei Besuchen der Nachbarin, Essenseinladungen oder Tupper-, Schmink- und Modepartys.

Aber die Einwohnerinnen gerieten auch ins Schwärmen über die Fülle des Raumes, der sich hier vor ihnen ausbreitet: Der Himmel, der zweifelsohne „breiter ist hier als anderswo"; die Weite des Landes; die Felder, die sich über Hügel erstrecken, so weit das Auge reicht und letztlich die Schönheit dieses Raumes, ihres Landes, die sich nicht jedem zu erkennen gibt sondern Schritt für Schritt erobert werden will.

3 Sozial – Raum – Leben

3.1 Macht, eingebettet im sozialen Raum

Was in den Interviews nicht besprochen wurde – weil es auch nicht das geeignete Instrumentarium ist – war die Frage nach dem Aufgehoben-Sein, dem Beheimatet-Sein im Dorf selber. Entsprechende Fragestellungen lauten: Welche Plätze gehören den Frauen im Ort? Gibt es Orte, die Angst machen? Welche Plätze, Straßen, Winkel, Felder, Kellergassen mögen sie, welche rufen Kindheitserinnerungen hervor? Welche Plätze sind für alle da? Wo werden Dorffeste gefeiert? Wer fühlt sich eigentlich zuhause im Gemeinderatsaal – die Frauen oder die Männer? Wer im Pfarrsaal? Wo wohnen eigentlich die Reichen, die Armen, die WienerInnen, die ArbeiterInnen, die Bauern – und wo gehört Frau da dazu? In welchem Teil des Friedhofes wird einmal ihr Grab zu finden sein?

Für diese Untersuchung ist ein anderes Instrumentarium besser geeignet als Interviews, nämlich die sozialräumliche Analyse. Sie kann beredtes Zeugnis darüber geben, wie Frauen am dörflichen Leben partizipieren können, welche Wege ihnen offen stehen (!), welche Möglichkeiten der Lebensgestaltung sie haben.

Denn:

> „Geschlechtsspezifische Codes sind in den Raum eingelassen, soziale Integration bzw. Ausschluss können in ihrer räumlichen Konsequenz abgebildet werden. Geschlecht als Ergebnis normalisierender Prozesse wird immer auch in und durch spezifische räumliche Gegebenheiten geformt."
> (Laurie et. al. 1999 zitiert nach Denk M, Schnepps A. Frauen.Zimmer).

Und:

> „Die Position eines Akteurs im Sozialraum spiegelt sich in dem von ihm eingenommenen Ort im physischen Raum wider (...), wie auch in der relativen Position, die er bei zeitlich begrenzten (z.B. Ehrenplätze, protokollarische Platzzuweisungen) und vor allem bei dauerhaften Platzierungen (Privat- und Geschäftsadresse) im Verhältnis zu den Lokalisierungen der anderen Akteure innehat." (Bourdieu 1993:160 – 161).

Die Arbeitsgemeinschaft „grips - gendersensible regionale impulse projekte strategien" definiert im Bericht „Frauenleben in Oberösterreich" die Anliegen für Frauen wie folgt:

> „Frauen soll einerseits der gleichberechtigte Aufenthalt in jeden öffentlichen Räumen ermöglicht werden, die derzeit von Männern dominiert werden, Frauen sollen andererseits aber auch das Recht haben, unter sich zu sein, sich in reinen Frauenrunden zu bewegen. Der Stützungs- und Unterstützungsaspekt der teilweise sehr traditionellen, teilweise aber auch sehr ʻautonomen' Frauenzusammenhänge ist für Frauen zur eigenen Lebensbewältigung bedeutsam. Die Unterstützung, die Frauen einander gewähren, ist häufig ein fixer Bestandteil im sozialen Leben einer Frau. Dies geschieht sowohl in organisierten Frauenzusammenhängen als auch bei völlig privaten informellen Treffen mit Freundinnen." (Frauenleben in Oberösterreich 2000 nach Denk M, Schnepps A.Frauen.Zimmer 2004: 4).

3.2 Methoden qualitativer Sozialraumanalysen

Die Methoden, die sozialräumliches Arbeiten zur Analyse der Machtverhältnisse zur Verfügung hat, haben sich zumeist aus der Arbeit mit Jugendlichen entwickelt. Einige von ihnen eignen sich besonders, die Machtstrukturen zwischen Männern und Frauen am Land und auch innerhalb der Geschlechter aufzuzeigen respektive zu thematisieren. Anhand der Dorfbegehung, der Nadelmethode und der Autofotografie können Angsträume, Erholungs-, Sozialräume und «weiße Flecken» in der Lebens- und Dorfwelt der Frauen sichtbar gemacht werden. Das Zeitbudget wiederum ergänzt diese räumliche um die zeitliche Dimension des Alltags von Frauen.

- Dorfbegehung
  vgl. Sozialraumanalyse im Triestingtal im vorliegenden Band

- Nadelmethode
  vgl. Sozialraumanalyse im Triestingtal im vorliegenden Band
- Autofotografie
  Das animative Verfahren der Autofotografie (vgl. von Spiegel 1997:191) schlägt vor, dass Frauen bestimmte Orte auswählen, diese fotografieren und die Abbildungen in weiterer Folge auch interpretieren. Durch die Auswahl der Plätze und Objekte, die Form der Abbildung entsteht eine Sammlung von Eindrücken, was Frauen in ihrem sozialräumlichen Bezug wichtig finden und wie sie bestimmte Orte und Räume bewerten (vgl. Deinet, Krisch, 2006: 158)
- Erfassung von Zeitbudgets von Frauen
  Frauen werden gebeten, ihren täglichen Zeitablauf mit Hilfe von Symbolen in einen Wochenplan einzutragen. Die Methode (von Spiegel 1997:193) gibt Aufschluss über die Aufteilung ihrer Tageszeit, und auch darüber, wo Frauen ihre Zeit verbringen. Schließlich liefern die Eintragung indirekt auf Informationen über ihre präferierten Freizeitorte und –aktivitäten (vgl. Deinet/Krisch, 2006: 159).

3.3 Strategien für sozialräumliches Arbeiten mit Frauen am Land

3.3.1 Achtsamkeit

Sozialräumliche AkteurInnen müssen viel Aufmerksamkeit darauf legen, die Bedürfnisse der Frauen am Land nicht zu übersehen. Wie bereits angeführt, werden Frauen und Mädchen hier in den seltensten Fällen klassisch auffällig: Wenige Mädchen sind bei Vandalismusaktionen beteiligt oder lungern an bestimmten Plätzen herum, wie manche ihrer männlichen Altersgenossen. Auch am öffentlich zur Schau gestellten Suchtmittelkonsum sind junge Frauen selten beteiligt. Bei erwachsenen Frauen kommt es kaum vor, dass sie durch übermäßigen Alkoholkonsum im öffentlichen Raum, in Wirtshäusern etwa oder bei Heurigen, Grund zur Besorgnis der Dorfbevölkerung liefern.

3.3.2 Nähe und Zugang zu den Frauen

Es kann durchaus herausfordernd sein, Zugang zu den Problemen, Ängsten und Schwierigkeiten von Dorfbewohnerinnen zu finden. Frauen, die hier leben, haben sich oftmals mit der Situation arrangiert, sich sogar meist bewusst dafür entschieden. Ein Versagen oder ein Nichtfunktionieren in diesem Umfeld wird als persönliches Unvermögen gewertet, und dementsprechend verborgen. Jene Frauen, die sich gegen die herrschenden Bedingungen gestellt haben und weggezogen sind, sind nicht mehr anwesend oder nur schwer greifbar. Auch darf der soziale Druck in Dörfern und Gemeinden auf Bewohnerinnen nicht unterschätzt werden. Eine Erklärung für das Verschweigen und Verbergen ist er allemal.

3.3.3 Unbezahlte Frauenarbeit

Eine mögliche Gefahr von sozialräumlichen Prozessen besteht darin, dass es einmal mehr Frauen sind, die für unbezahlte Arbeit zur Verfügung stehen. Das betrifft vor allem jene, die im Dorf verfügbar sind, weil sie keiner Vollerwerbstätigkeit nachkommen und nicht erst spätabends vom Pendeln nachhause zurückkehren. Diese Frauen müssen ihre Arbeitskraft ohnedies für viele Aktionen der Dorfgemeinschaft zur Verfügung stellen: für den Verschönerungsverein, das Pfarrcafé, die Seniorenrunden. Eine gute Aufgabenverteilung zwischen allen Beteiligten des Prozesses ist daher besonders angeraten. Das kann nur eine Arbeitsteilung sein, die auch der Verführung standhält, Aufgaben in „typisch männlich" und „klassisch weiblich" einzuteilen: Nicht nur Frauen sollten die Protokolle schreiben, und es sollten nicht nur Männer mit PolitikerInnen verhandeln.

4   Platz schaffen für die Themen der Frauen

Konzepte gegen die Landflucht der Bevölkerung müssen sich wesentlich intensiver als bisher um Bedürfnisse der Frauen kümmern. Zu nennen wären etwa: Bereitstellung von Kindergärten, Horten und attraktiven Arbeitsplätzen, Ausbau der öffentlichen Infrastruktur, Schaffung kreativer Lösungen für Verkehrsprobleme (Formen von Sammeltaxis) und Möglichkeiten zur Teilnahme an Aus- und Weiterbildungen. Aufgrund der nach wie vor herrschenden geschlechtsspezifischen Arbeitsteilung sind Frauen wesentlich von Raum und Zeit abhängig. Denn über Zeit zu verfügen und Raum überwinden zu können entscheidet über Teilnahme oder Ausschluss von Frauen an der heute herrschenden Lebensart, die von allen zusehends Flexibilität und Mobilität fordert. Dazu ist es notwendig, den Bedürfnissen der Frauen den Platz einzuräumen, den sie verdienen. Erreicht werden kann dies nicht zuletzt damit, dass Frauen in Räumlichkeiten heimisch werden, in denen Entscheidungen gefällt werden: in Amtsstuben, Gemeinderatssälen, Wirtshäusern, Pfarrsälen, Landtagen und im Parlament.

Aktivierende und Mitbestimmung integrierende Methoden, denen sozial-räumliches Arbeiten innewohnt, können auf dem Weg dorthin entscheidend unterstützen. Hierdurch können Frauen und Männer lernen, sich einzubringen, mitzureden, zu entscheiden, zu streiten, zu diskutieren, Kompromisse zu finden und sich Gehör zu verschaffen. Wenn das zudem in öffentlichen Räumen statt-findet, wie im Gemeinderatsaal oder im Wirtshaus, dann ist möglicherweise ein wichtiger Schritt getan, sich an Macht und ihre Räume zu gewöhnen.

Literatur

Arbeiterkammer NÖ (2005): Mein Bezirk Weinviertel, Wien.

Arbeitsgemeinschaft grips gendersensible regionale impulse projekte strategien(2000): Frauenleben in Oberösterreich 2000, Amt der OÖ. Landesregierung, Büro für Frau-enfragen, Linz

Aufhauser, E.; Hafner, S. (2003): Feminism and the new multiscaling in employment policy. In: GeoJournal Nr. 56, Jahrgang 2003, S 253-260.

Biffl, G.; Leonie, T. (2006): Handlungsoptionen für eine Erhöhung der Einkommensge-rechtigkeit und Chancengleichheit für Frauen in Oberösterreich. Studie des Österrei-chischen Instituts für Wirtschaftsforschung im Auftrag der Kammer für Arbeiter und Angestellte für Oberösterreich, Linz, S. 18.

Bourdieu, P. et al. (1993): Das Elend der Welt. Zeugnisse und Diagnosen alltäglichen Leidens an der Gesellschaft, Universitätsverlag Konstanz, Paris S. 160-161.

Coudenhofe-Calbergi, B.; Rathkolb, O. (2002.), Die Beneš-Dekrete, Czernin-Verlag, Wien: S 13-14.

Deinet, H.; Gilles, C.; Knopp, R. (2006): Neue Perspektiven in der Sozialraum-orientierung. Frank & Timme GmbH Verlag für wissenschaftliche Literatur, Berlin.

Denk, M.; Schnepps, A. et. al (Mai 2004): Frauen.Zimmer. Projektkonzept im Rahmen des Projektstudiums an der FH St. Pölten Diplomstudiengang Sozialarbeit.

Laurie Nina et al. (eds.) (1999): Geographies of New Femininities. New York.

Oedl-Wieser.: Lebenswelten von Frauen in ländlichen Regionen – zwischen Marginalisie-rung und lebbarer Vielfalt; In: Jahrbuch der Österreichischen Gesellschaft für Ag-rarökonomie, Band 12, S. 103-121.

Prenner, P.; Scheibelhofer, E.; Wieser, R.; Steiner, K. (2000): Qualifikation und Erwerbs-arbeit von Frauen von 1970 bis 2000 in Österreich. Studie im Auftrag der Kammer für Arbeiter und Angestellte für Wien/ Abteilung Bildungspolitik. Wien.

Von Spiegel H: Offene Arbeit mit Kindern – kein Kinderspiel, Erklärungswissen zum methodischen Arbeiten. Münster 1997

Statistik Austria: Ergebnisse der Volkszählung 2001 http://www.statistik.at/blickgem/ gemList.do? bdl=3.

Wiesinger, G.; Machold, I. (2001): Dörfliche Gemeinschaften und soziale Integration, Bundesanstalt für Bergbauernfragen, Wien.

Weitere Quellen

Diverse ExpertInneninterviews, geführt im Rahmen des Projekts „Frauenleben an der EU-Erweiterungsgrenze" der Fachhochschule Sozialarbeit, von 4. bis 8. Dezember 2003.

Sozialraumorientierte Katastrophenhilfe
Gemeinwesenprojekt Hochwasserhilfe „Werkstatt Eule"

Gertraud Pantucek

1 Ausgangslage

Die Hochwasserkatastrophe im August 2002 hat individuell (für einzelne Haushalte) und kollektiv (für Ortschaften und Teile von Gemeinden) großen Schaden angerichtet. Viele Menschen mussten hilflos zusehen, wie ihre Häuser, ihr Hab und Gut und ihre Felder überschwemmt wurden, manche mussten evakuiert und in Notunterkünften untergebracht werden. Mit finanzieller Unterstützung aus öffentlichen Mitteln, von Firmen und vielen privaten SpenderInnen und mit großem persönlichen Einsatz konnten die betroffenen Häuser und Wohnungen meist wieder rasch saniert und bewohnbar gemacht werden. Neben dem Bedarf nach individueller und materieller Hilfe stellte sich aber auch die Frage, wie ein Sozialraum durch das Geschehen beeinflusst und belastet wurde, z.B. also nach den Auswirkungen auf ein Dorfgeschehen, in den örtlichen Strukturen und zwischen besonders Betroffenen und wenig oder gar nicht Betroffenen. Dabei entstand die Idee, mit einer kurzfristigen Gemeinwesenarbeit Unterstützung anzubieten. Die sozialwissenschaftliche Projektleitung und -realisierung wurde von Gertraud Pantucek, Fachhochschule St. Pölten, Studiengang Sozialarbeit, durchgeführt. Die ORF-Hochwasserhilfe und die Diakonie Österreich – Bereich Katastrophenschutz – beauftragten und finanzierten das Projekt.

Ausgangshypothese: Das Ziel des Projekts lag darin zu erkunden, wie die Hochwasserereignisse und die darauf folgenden Hilfeleistungen das gesellschaftliche Leben und die Kommunikation in den betroffenen Gemeinden beeinflusst hatten und wie kollektive „Verletzungen" geheilt werden können. Die Ausgangsannahme war, dass ein so schwerwiegendes Ereignis nicht spurlos an den Strukturen kollektiven Bewusstseins und demokratischer Selbstverwaltung vorbeigeht. Was diese Spuren genau sind, musste sich im Arbeitsprozess selbst herausstellen. Rückblickend betrachtet kann die Ausgangslage kurz so skizziert werden: Die betroffenen Gemeinden und Orte haben ihren Ressourcen und der Stärke ihrer jeweiligen Strukturen entsprechend die Ereignisse sehr unterschiedlich bearbeitet bzw. bewältigt. In allen Gemeinden zeigte sich bereits im Vorfeld des Gemeinwesenprojekts ein noch beträchtlicher Bedarf an Kommunikation über die Erfahrungen. Diesbezügliche Angebote waren hoch willkommen. Zahlreiche BürgerInnen waren zwar nicht im engeren Sinne traumatisiert, fühlten sich aber durch das Krisenmanagement oder die Organisation der Hilfe benachteiligt oder verletzt und wünschten, ihre Sicht der Dinge darzulegen. Wie sich bald herausstellte, war eine spezifische Ortsgemeinschaft davon in besonderem Maße betroffen und hatte sich in eine schwierige Isolation begeben. In diesem Ort waren auch die Strukturen der Bürgerbeteiligung (v.a. die Freiwillige Feuerwehr) schwer in Mitleidenschaft gezogen.

2   Konzept

Das Gemeinwesenprojekt Hochwasserhilfe hatte die kollektive Aufarbeitung der Flutkatastrophe 2002 in drei benachbarten niederösterreichischen Gemeinden – Grafenwörth, Kirchberg und Königsbrunn – zum Ziel. Die drei Gemeinden liegen an der Einmündung des Kamp in die Donau und wurden vor allem von der zweiten Flutwelle überrascht und stark betroffen. Im Projekt wurde der Ablauf der Ereignisse recherchiert und Gemeinsamkeiten und Unterschiede der katastrophalen Auswirkungen in den jeweiligen Sozialräumen – im konkreten Fall waren dies die Ortschaften – beschrieben.

In die Gemeinwesenarbeit wurden als „lokale Fachbasis" Gemeindeverantwortliche, Helfende und BewohnerInnen einbezogen, was eine Zusammenschau und ein gleichzeitiges Erfassen von Daten, Fakten und subjektivem Erleben ermöglichte. Viele Gespräche und Interviews thematisierten das Hochwasser und erinnerten daran, wie es bewältigt werden konnte und welche individuellen und kollektiven Lehren aus den Ereignissen zu ziehen sind. Bei der in diesem Projekt verwendeten Perspektive der „Gemeinwesenarbeit" wurden klassische Methoden aus der Politik (Versammlungen), der Sozialarbeit (Einzelfallhilfe, Beratung, Krisenintervention und Mediation), der Öffentlichkeitsarbeit und Kommunikationswissenschaft (Einsatz von Medien), der Soziologie (Sozial- und Aktionsforschung) und der Psychologie (Beratung, Traumabewältigung) sowie des Projektmanagements kombiniert und einander ergänzend verwendet. Dies sollte es den Betroffenen ermöglichen, ihre schwierigen Erfahrungen bewusst zu bewältigen, und im besten Fall sollte das mehrdimensionale Verfahren Impulse und Anregungen zu einem erneut konstruktiven und aktiven Mitgestalten des eigenen Lebensraums geben.

Als vier Eckpunkte des Projekts können genannt werden:
1. Umfassende Aufarbeitung der Ereignisse, Darstellung in einer Dokumentation für die Nachwelt und Präsentation in einer Ausstellung;

2. Beratungen (Einzelberatungen, Gruppenarbeit, Vermittlung ergänzender Hilfen, Erfassung und Weiterleitung von Härtefällen);
3. Erfahrungsaustausch zum Thema Hochwasserhilfe;
4. Ideensammlung für ein umfassendes lokales Krisenmanagement.

Das Gemeinwesenprojekt war methodisch darauf ausgerichtet, den Sozialräumen und ihren BewohnerInnen behilflich zu sein ihre Hochwassererfahrung zu bewältigen und historisch zu verarbeiten, also „Geschichte und somit auch Zukunft zu konstruieren". Es ging davon aus, zahlreiche individuelle Erzählungen und Bilder zu einem facettenreichen, aber doch gemeinsamen Bild zusammenzufassen, das in drei Formen zugänglich sein sollte:

▪ einer mehrtägigen Ausstellung zum Jahrestag des Hochwassers als Ritual zur Historisierung;
▪ einer Bildchronik, also einem Buch über die Ereignisse, das in den Kommunen weit verbreitet wurde;
▪ einer Ideensammlung für lokales Krisenmanagement, mit dem zukünftig bestmögliche Vorsorge erreicht werden kann.

Das Team für die Arbeit vor Ort bestand aus fünf sozialwissenschaftlich ausgebildeten Personen (SozialarbeiterInnen, einem Soziologen und einer Psychologin). Um die beabsichtigte kollektive Verarbeitung zu erreichen, wurden folgende methodische Impulse gesetzt:

▪ Gemeindekonferenzen und Besprechungen in Gruppen,
▪ Sprechstunden, Besuche,
▪ Ortsbegehungen,
▪ Kontakte zu Organisationen,
▪ Teilnahme an örtlichen Aktivitäten, Veranstaltungen und Festen,
▪ Befragungen,
▪ Sammlung, Aufarbeitung und Veröffentlichung von individuell gestalteten Dokumentationen (Fotos, Diavorträge, Videofilme),
▪ Gestaltung eines Rituals, das den Übergang von der Phase der aktuellen Bearbeitung zur Phase, in der das Ereignis ein Historisches ist, markiert (Ausstellung, Reden zur Ausstellung),
▪ Erstellung einer Dokumentation des Ereignisses (Bildchronik in Buchform),
▪ Mediatives Vorgehen bei Konflikten, die durch das Hochwasser ausgelöst wurden,
▪ Gezielte Unterstützung von Einzelpersonen, die besonders benachteiligt wurden und/oder noch weiterer Hilfen bedurften,
▪ Kontakte zu lokalen Katastrophenschutzorganisationen, Behörden, Schulen und Vereinen – Einbezug in die Bildchronik,
▪ Projektkonzeption, -management – und Administration.

Besonders wichtig war es, Respekt und Interesse für alle Standpunkte zu zeigen und das Vertrauen aller KonfliktpartnerInnen zu gewinnen. Allen Seiten, vor allem den „Verletzten" und Benachteiligten, wurde Raum gegeben, ihre Lage ausführlich darzustellen (inklusive solcher wenig produktiven, aber subjektiv nützlichen Formen wie Selbstmitleid, Schuldzuweisungen etc.). Entscheidungen, die sich rückblickend als mangelhaft erwiesen oder denen Fehleinschätzungen zugrunde lagen, wurden ausführlich thematisiert. Angelehnt an die bekannte Aussage von Hannah Arendt: „Sagen was ist, verändert die Welt", lautete die Leitidee des Gemeinwesenteams: „Sagen was war und wie es erlebt wurde, trägt zur Bewältigung bei".

Dieses Konzept war in dreierlei Hinsicht innovativ: In Bezug zu den üblichen, erfolgreichen Formen der Katastrophenhilfe war es nicht auf Unterstützung bei der Beseitigung von Sachschäden und auch nicht auf individualisierende psychologische Hilfe ausgerichtet sondern zielte auf die Stärkung von lokalen Gemeinschaften. In Bezug auf die geläufigen Konzepte von Gemeinwesenarbeit sah es von vornherein eine relativ eng begrenzte Einsatzzeit vor und war thematisch eng fokussiert. In Bezug auf den theoretischen Ansatz wurde es als *„anlassbezogene Gemeinwesen-Kurzintervention"* aufgesetzt.

3   Projektablauf

In der drei Monate dauernden Aufbauphase des Projekts wurden Kontakte zu den Gemeinden hergestellt und eine Bedarfsanalyse durchgeführt. Der Wunsch nach dem Projekt wurde bei einer Gemeindekonferenz bestätigt und die Ausdehnung des Projekts auf drei Gemeinden festgelegt – ursprünglich war nur eine Gemeinde in Betracht gezogen worden.

Im ersten Monat der aktiven Projektzeit von insgesamt neun Monaten waren alle MitarbeiterInnen tätig – hier wurde das Team aufgebaut, das Konzept erarbeitet und verfeinert und ein Projektfolder erstellt.

In den folgenden acht Monaten setzte das Team sämtliche Teile des Konzepts um. Nach einer raschen Phase der Annäherung an die betroffenen Orte, vielen Gesprächen, der Durchführung einer Ausstellung (in 2 Gemeinden mit insgesamt 800 BesucherInnen) und der Erstellung und Präsentation einer Bildchronik (in der dritten Gemeinde mit nochmals ca. 350 TeilnehmerInnen) musste auch rasch wieder Abschied genommen werden. Dies war mit zwei Ausnahmen auch gut möglich: In einem Ort wurden einzelne Aktivitäten über zwei weitere Monate weitergeführt, und die Projektleiterin und einige MitarbeiterInnen, die den Projektaufbau und die Vorarbeiten betrieben hatten, führten mit den verantwortlichen Schlüsselpersonen anschließend auswertende Gespräche.

4 Ergebnisse und Erfahrungen

Welche sichtbaren Spuren die Katastrophe in den für das Projekt ausgewählten Sozialräumen während der Akutphase hinterlassen hat, war anhand der vielen Fotos und Filme anschaulich erkennbar. Zwar waren einige Monate danach die meisten Akutschäden beseitigt. Für die Betroffenen waren die Unterschiede zu vorher, also der Zeit vor dem Hochwasser, dennoch klar vorhanden und gab es ein großes Bedürfnis darüber zu berichten. Die sichtbaren und unsichtbaren Spuren der Katastrophe brachten einzelne Betroffene vehement zum Ausdruck und vertraten ihre Position teilweise besonders dominant. Die Auswirkungen auf Nachbarschaft, das Vertrauen und den Umgang mit Behörden, die Bereitschaft sich für die Gemeinde ehrenamtlich und in Vereinen zu engagieren und sich einbringen zu wollen, wurden einer besonderen Belastung und Prüfung ausgesetzt. Hier konnte mithilfe des Projekts vieles zum Ausdruck gebracht und damit verarbeitet werden. Die Betroffenen verglichen verschiedene Vorgangsweisen, analysierten bewährtes Vorgehen und waren zu Initiative und Engagement ermutigt.

Als sichtbare Ergebnisse des Projekts können genannt werden:

- Entwicklung, Präsentation und Verteilung einer Bildchronik,
- Entwicklung und Umsetzung zweier Ausstellungen,
- Unterstützung für Gruppen und „Härtefälle".

Als vermutete Ergebnisse des Projekts können genannt werden:

- Förderung von Dorfentwicklungen und Ideen für zukünftiges lokales Katastrophenmanagement,
- Empowerment von Betroffenen, lokalen Vereinen und Initiativen,
- Anregungen zur Kommunikation und Kooperation zwischen den drei Nachbargemeinden.

4.1 Erfahrungen bei der Unterstützung zur kollektiven Aufarbeitung eines Traumas

Die geplante Ausstellung sollte zum Bezugspunkt aller Aktivitäten werden. Die Konzentration auf die Ausstellung brachte methodisch eine Serie von Vorzügen: Die Betroffenen waren aufgerufen, für diese Ausstellung und die Bildchronik ihre Erzählungen, ihre Fotos und Dokumente zur Verfügung zu stellen. Dieser Bezugspunkt war nicht-pathologisierend und ermöglichte allen, ihre eigenen Geschichten (darunter viele Leidensgeschichten) einzubringen, ohne sich selbst als „hilfsbedürftig" oder „traumatisiert" darstellen zu müssen. Ausstellung und Bildchronik waren sowohl für die Aktiven als auch für die Zurückgezogenen ein attraktiver Rahmen, um ihre eigenen Geschichten und ihre Bilder einzubringen. Menschen wurden durch die Teilnahme an den Vorbereitungen nicht stigmatisiert.

Die intensive Teilnahme der Betroffenen an der Geschichten- und Bildersammlung bestätigte das Konzept. Tatsächlich gelang es, mit der Ausstellung und den dazugehörigen ortsbezogenen Texten die Erzählungen zusammenzuführen. Das rege Interesse der Betroffenen an der Ausstellung bestätigte den Erfolg dieses Prozesses. Es waren nicht nur die BesucherInnenzahlen, die dies anzeigten, sondern auch die Art und Weise, wie BesucherInnen die Ausstellung nutzten: Sie kamen in Gruppen, studierten die Tafeln genau und diskutierten sie.

Glanzstück der Arbeit des Gemeinwesenprojekts war der Umgang mit einem schwer betroffenen Ort. Dort konnte allmählich das Vertrauen der kollektiv verstörten Bevölkerung gewonnen werden, die sich gegen außen abgekapselt hatte. Die MitarbeiterInnen des Gemeinwesenprojekts bekamen umfangreiches Videomaterial zur Verfügung gestellt, das sorgsam zu einem eindrucksvollen Video geschnitten und bei der Ausstellung gezeigt wurde. Begleitet von zahlreichen Gesprächen mit VertreterInnen des Dorfes und den KonfliktgegnerInnen konnten Verhärtungen gelöst und die Voraussetzungen für eine Entspannung geschaffen werden. Der respektvolle Umgang mit den Betroffenen ermöglichte, sie wieder in die regionale Gemeinschaft hereinzuholen. Das Schicksal und die Sichtweise der Bevölkerung wurden in der Ausstellung und in der Bildchronik prominent präsentiert und machten bei den BesucherInnen auch einen nachhaltigen Eindruck. Offensichtlich wurde so ein wesentlicher Beitrag zur Wiederherstellung von „Ehre" und Verständnis geleistet – was von den DorfbewohnerInnen auch so gesehen wurde. Am Ende des Projekts waren einige Schlüsselpersonen des Dorfes bereit, sich nun auch Erholung zu gönnen und ein diesbezügliches Angebot der Diakonie anzunehmen. Dies kann nach der Angestrengtheit, mit der der Konflikt geführt worden war, als ein wesentlicher Schritt gesehen werden. Das begleitende Angebot von Einzelberatung während des Projektverlaufs war vor allem in diesem Ort wichtig. Wegen der nicht-pathologisierenden Ausrichtung des Gesamtprojekts konnte dies auch von den Betroffenen gut angenommen werden.

Die Orientierung auf Ausstellung und Bildchronik ermöglichte mediative Vorgangsweisen. Der Diskurs über die ortsbezogenen Begleittexte zu Ausstellung und Chronik wurde vielfach zu einem Verständigungsprozess über eine gemeinsame Sichtweise.

Die angestrebte Historisierung der Hochwasserereignisse kann als gelungen betrachtet werden. Wie aus zahlreichen Äußerungen hervorgeht, sahen BewohnerInnen die Ausstellung und die Publikation der Bildchronik als Schlusspunkt unter eine Phase an, in der das Gemeinwesen von der Katastrophe und ihren

Nachwirkungen dominiert war. Nun kann diese Erfahrung (in Form der Bild-chronik) „ins Buchregal gestellt" werden: Sie geht nicht verloren, aber sie ist auch nicht mehr der wichtigste Bezugspunkt des Gemeindelebens.

Als Ritual erfüllte die Eröffnung der Ausstellung in Kirchberg ihre ange-strebte Funktion. Die Eröffnung durch den Bürgermeister, die Reden der Projekt-leitung und -mitarbeiterInnen, der Bezirkshauptmann-Stellvertreterin und des Vertreters der Diakonie wurden vom Publikum mit Aufmerksamkeit verfolgt, die gesamte Veranstaltung war von einer gewissen Feierlichkeit getragen. In Gra-fenwörth gelang dies durch die Verbindung mit dem Ortsfest – hier konnte an starke lokale Ressourcen zur Krisenbewältigung angeknüpft werden.

4.2 Erfahrungen bei der Unterstützung zur individuellen Bearbeitung eines Traumas

Die Beiträge des Gemeinwesenprojekts zur individuellen Traumabewältigung können nur schwer beziffert werden, waren aber zweifelsohne in großem Aus-maß vorhanden. Zahlreiche Personen nutzten die Aussprachemöglichkeiten, um ihre Erzählungen in immer neuen Varianten vorzubringen. Sie genossen die respektvolle Aufmerksamkeit der MitarbeiterInnen. Besonders hervorzuheben ist die auf eine Ortschaft fokussierte Beratungsarbeit der Psychologin des Projekts. Auch für ihre Arbeit war die nicht-defizitorientierte und nicht-pathologisierende Ausrichtung des Projekts förderlich.

4.3 Aktivierung von Gemeinwesenressourcen

Das Projekt zielte darauf ab, vorhandene aber beschädigte Gemeinwesenstruktu-ren zu stärken und Selbstreorganisation zu fördern. Indem selbstständige Doku-mentationstätigkeiten von Organisationen (Feuerwehren, Gemeinden) und Ein-zelnen (DorfchronistInnen, FotografInnen, ErzählerInnen und FilmerInnen) ein-bezogen und diese Beiträge für die Ausstellung und Bildchronik zusammenge-führt wurden, konnte das Richtziel erreicht werden. Weiters konnten Konflikte und Kommunikationsblockaden zwischen den AkteurInnen im Gemeinwesen reduziert und die Bereitschaft, sich doch wieder einzubringen und zu engagieren, erhöht werden.

Die angestrebte und für Gemeinwesenarbeit typische Einbindung von Be-troffenen gelang in einem zufrieden stellenden Ausmaß. Obwohl die bereits vorhandenen lokalen sozialen Strukturen von sich aus bereits einiges leisten konnten und auch leisteten, wurden durch das Projekt weitere Personen eingebunden, die keine enge Verbindung zu den vorhandenen integrierenden Systemen haben. Hier half die Mehrdeutigkeit (Ambivalenz) des Projekts, das gleichermaßen als unterstützendes Sozialprojekt wie als soziokulturelles Projekt auftrat. Das Angebot, auch für jene zur Verfügung zu stehen, die sich von den normalen Unterstützungsstrukturen übervorteilt fühlten, wurde genützt und brachte Kontakte zu relativ isolierten Personen. Über die Ausrichtung an der Ausstellung und der Chronik wurden deren Erfahrungen wiederum in eine Gesamtaktivität des Gemeinwesens eingebunden. Damit leistete das Projekt mehr als rein individuelle Problembearbeitung hätte leisten können, deren unerwünschter Begleiteffekt immer wieder die Unterhöhlung lebensweltlicher Einbindungen ist.

Die oben beschriebene Ambivalenz in der Präsentation und der Tätigkeit des Projekts forderte von den MitarbeiterInnen die zwei zentrale Fähigkeiten: erstens, sich auf das Gemeinwesen einzulassen und gleichzeitig Distanz zu bewahren, zweitens, sich interessiert und respektvoll gegenüber den Strukturen wie gegenüber jenen Personen zu zeigen, die in diese örtlichen Strukturen nicht eingebunden sind oder ihnen sogar skeptisch bis ablehnend gegenüberstehen. Das eigentliche Projektthema war nicht das Hochwasser sondern das funktionierende Gemeinwesen.

Aufgrund der Realisierung des Projekts in einer ländlichen Sozialstruktur mussten nicht erst Identitätsstrukturen aufgebaut werden, wie sie aus der Gemeinwesenarbeit in Stadtteilen bekannt sind. Durch die Strukturen von Dörfern, Gemeinden und Vereinen waren diese überreich vorhanden, denn dort gibt es im Gegensatz zum Stadtteil ein dichtes Gefüge legitimer Führung aber auch der Partizipation. Sichtbar wurden jedoch Konflikte in und zwischen diesen verschiedenen Sozialstrukturen im ländlichen Raum. Deshalb wurde im vorliegenden Projekt sorgsam vermieden, die Gemeinwesenarbeit zu institutionalisieren; stattdessen war es zielführender, bestehende Sozialstrukturen wieder zusammenzuführen.

Zusammenfassend erwies sich die Ausrichtung auf Ausstellung und Bildchronik als absolut richtig, und die (ungewöhnlichen) Investitionen in Ausstellungsgestaltung und Buchproduktion lohnten sich. Dadurch wurde eine Form der Mediation möglich, die es auf einem alternativen Terrain ermöglichte, Konflikte symbolisch zu bearbeiten, was das mediative Vorgehen entschieden erleichterte. Die bereitgestellte „symbolische Arena", in der persönliche Betroffenheit und individuelle Sichtweisen des Geschehenen dargestellt werden konnten, erwies sich als sehr produktiv.

5 Zusammenfassung und Einsatz der Methodik

Nach den Erfahrungen bei diesem Projekt können für künftige Gemeinwesenprojekte, die der Unterstützung kollektiver Bewältigungsprozesse dienen, vier zentrale Schlussfolgerungen gezogen werden:

Im Vordergrund haben nicht individuelle Hilfen zu stehen, sondern die kollektive Bearbeitung des Traumas und die bisherigen Strukturen des Sozialraumes. Für diesen Fokus eignen sich die Organisation einer Ausstellung, die Herstellung einer Dokumentation oder Ähnliches besonders gut.

Die Gliederung des Projekts in drei Teile – Vorarbeit und Abklärung der Situation, Umsetzung der Angebote sowie Auswertung und Verabschiedung – hat sich sehr bewährt und kann daher empfohlen werden.

Eingesetzte Fachkräfte sollten gut geschulte und erfahrene „KommunikationsspezialistInnen" und mit Projektabwicklungen vertraut sein. Ihnen muss ausreichend Vorbereitungs- und Reflexionszeit für die Einschulung in die Methodik und die konkrete Projektadaption zur Verfügung stehen.

Ressourcen eines Sozialraumes gerade auch nach traumatisierenden Ereignissen gezielt zu aktivieren erweist sich als erfolgversprechend. Ein solches Vorgehen tritt der ohnehin im Übermaß vorhandenen Tendenz zur Atomisierung entgegen. Es verringert unerwünschte Nebenwirkungen des individualisierenden Einsatzes überregionaler Hilfsorganisationen, wie Gefühle von Neid und ungerechter Behandlung, oder löst sie sogar gänzlich auf. Im hier beschriebenen Praxistest erwies sich der Einsatz der *anlassbezogenen Gemeinwesen-Kurzintervention* nach einer stark beeinträchtigenden Katastrophe als sehr gelungen und gut durchführbar. Anlassbezogene Gemeinwesen-Kurzintervention zeigte sich insgesamt als sinnvolle Alternative und Ergänzung zu materieller und individuell ausgerichteter Unterstützung.

Publikationen zum Projekt:

Kluschatzka, Ralf Eric (2005): Figuration und Hochwasser: Untersuchung, ob eine Etablierten-Außenseiter-Figuration zwischen Grafenwörth und Winkl besteht. St. Pölten, FH-Studiengang Sozialarbeit, Diplomarbeit.

Pantucek, Gertraud; Pantucek, Peter (Hg.) (2003): Hochwasser 2002: Grafenwörth – Kirchberg – Königsbrunn. Eine Bildchronik. St. Pölten (Sozaktiv-Verlag).

Pantucek, Gertraud; Binder, Peter (2003): Information und Katastrophe: Hochwasser – was nun? In: Gesellschaft zur Durchführung von Fachhochschulstudiengängen St. Pölten (Hg.): Facts I. Die Informationsgesellschaft. Wien, Köln, Weimar (Böhlau-Verlag), S. 213-230.

Sozialraum oder Lebenswelt

Sozialraumorientierung am Beispiel der Hilfen zur Erziehung in Deutschland

Werner Freigang

Begriffe haben Konjunkturen und sie transportieren Bedeutungen. In diesem Beitrag wird auf drei Begriffe eingegangen, die in den letzten Jahrzehnten im Fachdiskurs der Sozialen Arbeit in Deutschland konjunkturelle Aufschwünge verzeichnen und Rezessionen hinnehmen mussten. Gemeinwesen- und Lebensweltorientierung stehen dabei für den Aufbruch neuer inhaltlicher Orientierungen, Sozialraumorientierung für das Ankommen neuer Paradigmen in institutioneller Wirklichkeit und administrativen Strukturen.

Mit Sozialraum assoziieren Nicht-SozialarbeiterInnen so etwas wie einen Pausenraum für Betriebsangehörige, der Begriff versprüht nicht gerade Charme. Der Begriff Sozialraumorientierung, um den es letztlich in diesem Band geht, hat sich möglicherweise durchgesetzt, weil er größere Allgemeinheit für sich beanspruchen kann als die Orientierung am Stadtteil, die insbesondere durch das Duisburg-Essener Institut (ISSAB) populär wurde. Sozialräume gibt es nicht nur in größeren Städten, sondern auch im ländlichen Bereich oder in Kleinstädten.

In diesem Beitrag soll es um die Umsetzung sozialraumorientierter Konzepte in Deutschland gehen. Seit mehr als 10 Jahren gehört es fast zum „guten Ton", in der Planung von Hilfsangeboten auf den Sozialraumbezug zu verweisen, in jüngerer Zeit vermehrt sich die Kritik, dass sich unter dem Deckmantel dieses Konzepts Einsparstrategien der öffentlichen Träger verbergen.

Meine Überlegungen sind anhand dreier Thesen gegliedert, die ich in jeweils einem Abschnitt erläutern werde, um dann zusammenfassend eine vorläufige Bewertung der Reichweite der Begriffe vorzunehmen.

1. Der Paradigmenwechsel von traditioneller Eingriffsorientierung zu lebens- und sozialraumorientierten Konzepten in der Erziehungshilfe verdankt seinen Erfolg vor allem den Mängeln und dem Misserfolg herkömmlicher Konzepte der Erziehungshilfe.
2. Sozialraumorientierung ist – auch – eine modifizierte Neuauflage traditioneller Gemeinwesenarbeit.

3. Sozialraumorientierung ist so etwas wie eine pragmatisch administrative Reduzierung von Lebensweltorientierung. Sozialraumbudgetierung u. ä. Steuerungsinstrumente stehen nur begrenzt im Interesse der AdressatInnen, sondern dienen anderen AkteurInnen des Feldes der Erziehungshilfe.

1 Lebensweltorientierung als Resultat der Kritik an Konzepten der Anstaltsorientierung und des fürsorglichen Eingreifens

Ende der 1970er Jahre wurde der Begriff der Alltagsorientierung in die deutsche Sozialpädagogik und Sozialarbeit eingeführt. Thiersch (1977) läutete mit dem Aufgreifen von Alltag als der zentralen Ebene des Verstehens von und des Umgangs mit AdressatInnen eine Abkehr von einer an Normalitätsvorstellungen orientierten Pädagogik und von therapeutischen Konzepten ein. Er knüpfte damit an Konzepte von Schütz (Schütz 1980; Schütz/Luckmann 1975) und Kosik (1976) an, wobei insbesondere Kosik „Alltag" in seiner Doppelbödigkeit von Enthüllung und Vernebelung gesellschaftlicher Wirklichkeit beschrieb. Die Weiterentwicklung des Konzeptes zur Lebensweltorientierung – die vor allem in der Jugendhilfe ausformuliert wurde - ist demgegenüber noch relativ neu. Erst seit dem 8. Jugendbericht 1990 ist der Begriff Lebensweltorientierung in aller Munde und Konzepte werden daran gemessen, ob sie lebensweltorientierte Ansätze enthalten oder anderen - möglicherweise altmodischeren - Paradigmen verpflichtet sind.

Alltags- und Lebensweltorientierung waren in ihrer Entstehung kritische Konzepte, in denen sich die Auseinandersetzung mit problematischen Grundannahmen herkömmlicher Praxis, mit Misserfolgen und deren Zuschreibungen, mit Missständen und repressiven und entmündigenden Anteilen der vorgefundenen Praxis der Jugendhilfe (allerdings nicht nur der Jugendhilfe) niederschlug.

Lebensweltorientierung – dies wird am Beitrag von Peter Pantucek in diesem Band deutlich – stellte (auch deshalb) kein geschlossenes Theoriemodell dar, sondern war tatsächlich zunächst Konzept, eine Orientierung, vielfältig offen und stets auf neue Konkretisierung angewiesen. Unverzichtbarer Bestandteil dieser Orientierung ist das Interesse für das Selbst- und Weltverständnis des Subjektes, für das Alltagswissen und den darin wohnenden Sinn. Lebenswelt wird dabei verstanden als der Ort, an dem der einzelne Mensch handelt: der Ort seiner alltäglichen Lebensgestaltung und seines Selbstverständnisses und damit der Schnittpunkt zwischen Individuum und Gesellschaft. Lebenswelt bedeutet zum einen die „Gesamtheit der unreflektierten Hintergrundüberzeugungen, die eine fraglos gegebene, sinnvoll geordnete und als normal empfundene Realität erzeugen, eben die ‚Welt', in der die Betreffenden leben." (Boettner 2007,

S.272). Zum zweiten bedeutet Lebenswelt „ konkrete Interaktionsmilieus, in denen das lebensweltliche Wissen entsteht, sich bewährt und tradiert wird." (ebenda). Lebensweltorientierte Soziale Arbeit setzt an der Rekonstruktion der Lebenswelt der AdressatInnen an und nimmt deren Eigensinn ernst. (vgl. Thiersch/Grunwald/Köngeter 2002, Grunwald/Thiersch 2004, Thiersch 1992).

In der konkreten Praxis hat sich allerdings nur wenig schlagartig verändert. Weder ist es so, dass alle Inhalte lebensweltorientierter Konzepte völlig neu sind, manches wurde zuvor einfach gemeinwesenorientiert genannt, noch hat sich die Praxis im Zuge des Jugendberichts völlig revolutioniert. Eher lässt sich für die Jugendhilfe ein langwieriger Wandlungsprozess beschreiben, der von alter Anstaltserziehung über die am Familienmodell orientierte Erziehung und die Arbeit in Jugendwohngruppen und Tagesgruppen bis zur mobilen Betreuung führte und stetiges Anwachsen der Bedeutung von Lebensweltorientierung mit sich brachte. Dieser Wandel geschah nicht unbedingt freiwillig, sondern wurde durch die erzwungene Reform der Heimerziehung beschleunigt.

Im Folgenden werde ich kurz auf die Durchsetzung dieser kritischen Sichtweise auf Soziale Arbeit eingehen, die Ursachen und Anlässe des Wandels etwas genauer betrachten und dann einige Konkretisierungen des Konzepts der Lebensweltorientierung vorstellen, um dann wieder allgemeiner auf Chancen und Gefahren lebensweltorientierter Hilfsangebote in der Jugendhilfe einzugehen.

Es gab auch schon vor 40 Jahren Leistungen der Jugendhilfe, wie Kindertagesstätten, in begrenztem Ausmaß auch offene Jugendarbeit und in einem ganz geringen Umfang Erziehungsberatungsstellen. Damals lagen also schon Angebote ohne Ausgrenzung der Betroffenen aus ihrem Lebensfeld und weitgehend ohne Eingriffs- und Strafcharakter vor. Gemeinwesenarbeit als Form emanzipatorischer Sozialarbeit erlebte im Zusammenhang der gesellschaftlichen Veränderungen nach der Studentenbewegung einen kurzen Boom, aber dieser blieb sehr eng regional begrenzt. Das eigentliche Kernstück der Jugendhilfe allerdings und das Arbeitsgebiet für die Fachkräfte war die Jugendfürsorge. Richtig ernst genommen wurde Jugendhilfe immer erst dann, wenn es um Kontrolle und Eingriffe mit bindenden rechtlichen Regelungen ging – also um Fragen der elterlichen Sorge und Vormundschaft, der Adoptionsvermittlung und der Einleitung familienersetzender Maßnahmen; das heißt, wenn es darum ging, Kinder und Jugendliche in Pflegefamilien und Heimen unterzubringen. Betroffen davon waren Kinder und Jugendliche, bei denen entweder die Erziehungsfähigkeit der Ursprungsfamilie in Frage oder in Abrede gestellt worden war, oder aber auffällige Heranwachsende, wie es im damaligen Sprachgebrauch hieß, zu „verwahrlosen" drohten. Der oben angedeutete Wandel in der Jugendhilfe von traditionellen Strukturen zu eher alltagsorientierten Konzepten, von Eingriffs- und Strafmaßnahmen zu begleitenden Hilfen, von der Bevorzugung familienersetzender zur Favorisierung ergänzender unterstützender Angebote, die übrigens in der alten Bundesrepublik weitaus fortgeschrittener sind als in den neuen Bundesländern, hatte eine Reihe von Ursachen, die für die Gestaltung der Konzeption der verschiedenen Hilfsangebote von Bedeutung sind. Auf diese werde ich deshalb etwas ausführlicher eingehen.

- Lang gepflegte Strategien der gesellschaftlichen Ausgrenzung und Bestrafung von auffälligen Kindern und Jugendlichen waren, im Verhältnis zu dem dafür erforderlichen Aufwand, wenig erfolgreich. Spätestens nach Eintritt der Volljährigkeit, oft schon nach Ende der Schulzeit, kehrten viele Heranwachsende in ihre alte Umgebung zurück und nahmen zu einem großen Teil ihr altes unerwünschtes Verhalten wieder auf, selbst wenn sie sich im Heim jahrelang gebessert gezeigt hatten. Viele Heranwachsende zeigten allerdings keine Besserung und wurden mehrfach von einer Einrichtung in eine andere abgeschoben. Manche kamen direkt aus der Heimerziehung in den Strafvollzug oder in die Kinder- und Jugendpsychiatrie und manche von ihnen pendelten mehrfach zwischen den Hilfe- und Kontrollsystemen (vgl. Werner 1979; Freigang 1986). Das heißt, ein Motiv für einen Paradigmenwechsel lag in der Erfolglosigkeit der bis dahin gängigen Strategien.

- Im Zuge der Skandalisierung der Heimerziehung war das öffentliche Ansehen von Fremdplatzierung schlechter geworden, insbesondere wegen der oft repressiven Strukturen. Heimerziehung konnte den Auftrag, Probleme aus dem öffentlichen Bewusstsein zu schaffen, nicht mehr erfüllen. Es kam zu Veröffentlichungen in Illustrierten und Büchern, die einen Wandel in der Jugendhilfe mitprovozierten. Es gab also ein Legitimationsproblem herkömmlicher Konzepte.

- Eine veränderte fachliche Diskussion über abweichendes Verhalten brachte neue Gesichtspunkte in das Bewusstsein der (Fach-)Öffentlichkeit: Man erkannte, dass abweichendes Verhalten – z.B. Ladendiebstahl – bei Kindern und Jugendlichen weitaus stärker und auch quer durch die Bevölkerungsschichten verbreitet ist als zuvor angenommen, dass also Normabweichung durchaus zu einer normalen jugendlichen Entwicklung gehört. Erst durch die unterschiedliche Reaktion der gesellschaftlichen Instanzen entscheidet sich, so der Labeling-Approach, ob sich unerwünschtes Verhalten verfestigt oder eine Episode in der Entwicklung bleibt. An der Härte der Reaktion wurde dabei eine Benachteiligung der unteren Bevölkerungsschichten festgestellt. An dieser Benachteiligung setzte unter anderem die Heimkampagne Ende der 1960er, Anfang der 1970er Jahre an.

Mit der Verbreitung von Kommunikationstheorie und systemischen Ansätzen, insbesondere im Zusammenhang mit der Familientherapie, wurde der einzelne auffällige Heranwachsende stärker als Symptomträger wahrgenommen und nicht mehr so sehr als Patient oder gar selbst und allein schuldig an seiner eigenen Misere. Patientin oder Adressatin wurde die Familie, gesucht wurde nunmehr nach der Funktion des Symptoms im familialen System. Die Umwälzungen in der italienischen Psychiatrie wurden in der Jugendhilfe mit großem Interesse wahrgenommen.

Im Zusammenhang mit interaktionistischen Ansätzen versuchte man abweichendes, originelles Verhalten als sinnhaftes, subjektiv Problem lösendes Verhalten zu verstehen. Bei einem solchen Verständnis geht es folglich weniger darum, durch Therapie den Einzelnen zu beeinflussen als durch Veränderung der Lebensbedingungen im konkreten Lebensfeld neues sinnvolles Verhalten und einen gelingenden Alltag zu ermöglichen.

Diese Ansätze hatten insgesamt ein gewandeltes Verständnis der Aufgabenstellung von Jugendhilfe und Sozialer Arbeit zur Folge. Anstatt einem isolierten Klienten zu helfen, muss sie nach Selbstheilungskräften im Lebensfeld suchen und diese fördern.

- Neben diesen Veränderungen im Verständnis von schwierigem oder originellem Verhalten führten auch allgemeine gesellschaftliche Veränderungen zur Umorientierung in der Jugendhilfe. Während bis vor kurzem davon ausgegangen wurde, dass für den allergrößten Teil der Kinder und Jugendlichen eine gelingende Sozialisation durch das Zusammenwirken von Familie, Schule und Nachbarschaft bzw. Gemeinwesen garantiert werden könne, wird angesichts steigender Mobilität, höherer Dauerarbeitslosigkeit, der Vermehrung von Ein-Eltern-, Stiefeltern- und Ein-Kind-Familien deutlich, dass eine immer größere Zahl von Familien ihre vorgesehene Funktion nicht mehr allein erfüllen kann. Die Inanspruchnahme von Hilfe wird immer mehr zum Normalfall.

- Die Eindeutigkeit dessen, was als normal gilt, und damit die Eindeutigkeit von Erziehungszielen und von gesellschaftlichem Auftrag, ist verloren gegangen. Der 8. Jugendbericht beschreibt dies als Pluralisierung von Lebensmustern, Individualisierung von Lebensführung sowie Entstrukturierung der Lebensläufe junger Menschen. Es ist also z.B. normal, Punker oder Popper zu werden, eine Familie zu gründen oder in einer Wohngemeinschaft zu leben, mehrere Berufsausbildungen abzubrechen. Die Jugendhilfe kann auf diese veränderten Bedingungen einer so genannten Risikogesellschaft nicht mit dem Festhalten an standardisierten Angeboten reagieren, sondern muss sich der gesellschaftlichen Entwicklung ihrerseits durch individualisierendes Eingehen auf die Lebenssituationen von Kindern und Jugendlichen und ihren Familien anpassen und flexiblere Problemlösungsmöglichkeiten anbieten. Repressive Strukturen wurden obsolet, weil ihnen die Legitimation fehlte, Anstalten erschienen aufgrund ihrer Struktur nicht geeignet, die Qualifikationen für Lebensbewältigung in der modernen indi-vidualisierten Gesellschaft zu vermitteln.

- Natürlich spielte bei der sich in diesem Zusammenhang so genannten Am-bulantisierung der Jugendhilfe auch die Kostenfrage eine Rolle. Familien unterstützende Hilfen, ambulante Maßnahmen und auch teilstationäre, am Herkunftsort angesiedelte Angebote sind billiger als Heimerziehung, die im Einzelfall mit 50.000 € pro Jahr zu Buche schlagen kann. So setzte z.b. Hartmut Schultz, der Jugendamtsleiter von Kassel, in den 80er Jahren die Ausweitung der Planstellen für FamilienhelferInnen unter anderem mit dem Argument durch, dass diese Stellen durch sinkende Zahlen bei der Heimun-terbringung finanziert und sogar darüber hinaus Geld eingespart werden könnte.

- Schließlich hat sich die rechtliche Situation verändert. Das neue Kinder- und Jugendhilfegesetz trägt den oben beschriebenen Entwicklungen Rech-nung und setzt Leistungen, die von breiteren Bevölkerungsschichten in An-spruch genommen werden können, an die Stelle von Eingriffen. Nur in Ausnahmefällen versteht sich das Gesetz noch als Kontroll- und Eingriffs-gesetz, insgesamt ist es als Leistungsrecht konzipiert, wobei die Erzie-hungsberechtigten anspruchsberechtigt sind. Dies kann dazu führen, dass die Problemdefinition der Anspruchsberechtigten stärkeres Gewicht be-kommt und dadurch die im alten Recht verankerte Fixierung auf Defizite weiter aufgebrochen wird.

Zusammenfassend lässt sich festhalten, dass Alltags- und Lebensweltorientie-rung das Resultat eines Entwicklungsprozesses sind, mit dem die sozialarbeiteri-sche Praxis der Veränderung der gesellschaftlichen Bedingungen, wie auch der Veränderung im Verstehen von Schwierigkeiten ihrer AdressatInnen Rechnung trägt. Lebensweltorientierung, so meine These, konnte sich als Konzept durch-setzen, weil herkömmliche, repressive und auf Eingriff orientierte Konzepte scheiterten und dies nicht mehr zu verdecken war. Dort, wo das Scheitern beson-ders offenkundig wurde, zum Beispiel bei repressiver Anstaltserziehung, wurden Reformen besonders weit vorangetrieben. Dort, wo das Scheitern durch die Ak-teurInnen nicht erlebt wurde, kommen Reformen und Veränderungen eher zöger-lich voran.

An diese geschichtlichen Aspekte anschließend, lassen sich die wesentli-chen Merkmale lebensweltorientierter Sozialer Arbeit in der Jugendhilfe folgen-dermaßen umreißen:

1. Probleme der AdressatInnen werden als Probleme der Lebensbewältigung und nicht als Krankheit oder Sozialisationsdefizit verstanden. Damit ver-bunden ist eine tendenziell stärkere Orientierung an der Problemdefinition

der AdressatInnen und weniger an Normalitätsvorstellungen der Gesellschaft.

2. Lebensweltorientierte Ansätze zeichnen sich aus durch die räumliche Nähe zum Entstehungsort der Probleme und durch gemeinsame Bezugspunkte von AdressatInnen und HelferInnen, wobei räumliche Nähe allein noch nicht Lebensweltorientierung bedeutet.

3. Lebensweltorientierte Konzepte setzen im Alltag an, bezogen auf die in der Person und in der Lebenswelt angelegten Möglichkeiten zur Problemlösung, und bieten so im Idealfall Hilfe zur Selbsthilfe. Sie unterscheiden sich darin von therapeutischen, ihre Klientel behandelnden, Ansätzen.

4. Charakteristisch für Lebensweltorientierung ist weiterhin die Vernetzung der Angebote als Alternative zur Spezialisierung von Angeboten und Schaffung von Zentraleinrichtungen. Ausgrenzungsprozesse in der Jugendhilfe sind traditionell verbunden mit der Existenz von differenzierten, in der Form einer Eskalationsleiter hierarchisierten, Angeboten, die von so genannten schwierigen Jugendlichen stufenweise durchlaufen werden. Lebensweltorientierte Konzepte dagegen versuchen das Angebot für den einzelnen Heranwachsenden bzw. seine Familie „maßzuschneidern", d.h. den jeweiligen Bedürfnissen anzupassen und die Ressourcen für den Einzelnen zur Verfügung zu stellen, ohne dass er sein Lebensfeld wechseln muss.

5. Lebensweltorientierte Konzepte zeichnen sich durch größere Fehlerfreundlichkeit aus. Da Wechsel des Lebensortes und harte Eingriffe tendenziell eher vermieden werden, bleiben zentrale Ressourcen für die AdressatInnen erhalten und der Schaden ist geringer als bei einem schärferen Eingriff, wenn sich die versuchte Hilfe als nicht geeignet oder fehlerhaft erweist. Durch Vermeidung von Exklusion erspart man sich mühsame Rückführungsprozesse.

1.1 Strukturmaximen lebensweltorientierter Jugendhilfe

Im achten Jugendbericht der Bundesregierung (BMJFFG 1990) fand das Konzept Lebensweltorientierung seinen offiziellen Niederschlag für die Sozialpolitik und wurde als „Strukturmaximen lebensweltorientierter Arbeit" (ebenda S. 85–93) für die institutionelle Gestaltung von Jugendhilfe konkretisiert. Diese Strukturmaximen tauchten seither in zahlreichen regionalen Umbauprozessen der Jugendhilfe auf, wurden in Modellprojekten (z.B. Peters/ Koch 2004) zitiert und stellen so etwas wie eine Messlatte für moderne Konzepte der Jugendhilfe dar.

- Prävention/Verbesserung der Lebensbedingungen
Soziale Arbeit zielt darauf ab, individuelle Notlagen und Schwierigkeiten zu verhindern, damit Fälle nicht entstehen bzw. nicht in einer Brisanz entstehen, die Eingriffe nach sich ziehen würde. Lebensweltorientierung beinhaltet Einmischung in Sozialpolitik engagiert sich gegen ungerechte Verhältnisse vor Ort und versucht Bedingungen in der Lebenswelt zu verbessern.
- Regionalisierung/Dezentralisierung
Angebote lebensweltorientierter Sozialer Arbeit werden nicht von großen zentralen Einrichtungen erbracht sondern möglichst regional in überschaubaren Einheiten. Kinder sollen nicht fernab ihres Herkunftsortes in einem großen Heim leben, sondern in erreichbarer Nähe zu ihrem bisherigen Umfeld oder direkt in ihm in einer Wohngruppe. Dies erleichtert es, Kontakt zu Eltern zu halten und andere wichtige Beziehungen und institutionelle Anbindungen zu pflegen (Schule, Vereine u. ä.).
- Alltagsorientierung
Hilfen orientieren sich an den Schwierigkeiten der AdressatInnen in der Bewältigung des Alltags und entlasten daher von Stigmatisierungs- und Zuschreibungsprozessen. Sie versuchen einen besser gelingenden Alltag zu schaffen, der auch Modell für die Lebensbewältigung ohne Hilfe darstellt. Hilfe soll in der Lebenswelt zugänglich sein sowie situationsbezogen und ganzheitlich gestaltet werden.
- Normalisierung/Integration
Lebensweltorientierte Arbeit zielt auf Normalisierung und Integration der AdressatInnen. Normalisierung bedeutet aber nicht „Anpassung an gesellschaftliche Normalität oder Normen", sondern Ausgrenzung und Ausschluss, Stigmatisierung und schwer revidierbaren Sonderstatus zu vermeiden.
- Partizipation
Partizipation meint die zentrale Bedeutung der Betroffenen sowohl für das Verstehen-Können ihrer Schwierigkeiten wie auch für die Gestaltung der Hilfe. In den Erziehungshilfen ist sie im Hilfeplanverfahren formal vorgeschrieben – auch bei Kindeswohlgefährdung gilt es, nicht die AdressatInnen zu entmündigen.

1.2   Grenzen lebensweltorientierter Erziehungshilfen

Oben wurde bereits erwähnt, dass sich erzieherische Hilfen nicht durchgängig radikal wandelten, sondern dass es in der Entwicklung immer wieder Brüche und

Rückschläge zu beobachten gibt, die an einem durchgängigen Paradigmenwechsel zweifeln lassen. Ein Beispiel dafür ist die Re-Etablierung geschlossener Heimerziehung, die aktuell in der gesamten Bundesrepublik versucht wird und teilweise gelingt. Das Feld ist also zumindest durch Ambivalenzen gekennzeichnet.

Erziehungshilfen unterliegen nach wie vor Aufträgen von Befriedung, Disziplinierung und Normalitätsherstellung, die von mächtigen Institutionen wie Schule, Justiz oder Medien mehr oder weniger offen an sie herangetragen werden. Der dadurch ausgelöste Legitimationszwang kann gegen riskante lebensweltorientierte Praxis sprechen. Symptome werden eher nicht sofort beseitigt, Störenfriede verbleiben im Gemeinwesen, Erfolge sind zunächst kaum sichtbar.

Lebensweltorientierte Ansätze erscheinen dann legitimer, wenn Menschen scheinbar unverschuldet in Notlagen geraten, wenn sie die Entstehung ihrer Hilfsbedürftigkeit nicht selbst zu vertreten haben, sondern als Opfer unglücklicher Verhältnisse wahrgenommen werden. Werden AdressatInnen als – bösartige – Verursacher ihrer eigenen Probleme oder gar der Probleme ihrer Kinder wahrgenommen, stellt sich nach wie vor – weniger im Hilfesystem als darüber hinaus, aber manchmal eben auch da – die Frage, ob sie unterstützende Hilfen überhaupt verdienen.

Ausgrenzende Hilfen bringen nach wie vor Vorteile für die AkteurInnen des Hilfesystems. Es ist entlastend, Kinder und Jugendliche und gegebenenfalls auch Eltern zu pathologisieren und zu psychiatrisieren. Eine Diagnose kann die eigene Hilflosigkeit scheinbar objektivieren wie nach außen legitimieren. Betrachte ich andere als krank, ihr Verhalten als sinnlos, bin ich selbst von Verantwortung entlastet für die Aufrechterhaltung oder Entstehung von Symptomen. Es erleichtert MitarbeiterInnen und auch Kinder und Jugendliche, schwierige – das heißt als schwierig geltende und Schwierigkeiten machende – Kinder und Jugendliche aus ihrem Lebensfeld in isolierte ferne Institutionen abzuschieben. Es beruhigt die Arbeit in einer Gruppe, es beruhigt die Situation mit Polizei, Schule und anderen, wenn man eine Lösung sucht, in der der Adressat als Problemverursacher isoliert wird.

Es gibt jedoch auch Indikationen gegen lebensfeldunterstützende Maßnahmen, in denen etwa familienergänzende und -unterstützende Hilfen gegen die Interessen der Kinder verstoßen. Etwa wenn fortgesetzte Misshandlungen physischer oder psychischer Art für einen Heranwachsenden zu erwarten sind, sexueller Missbrauch offenkundig und nicht einfach zu beenden ist, wenn Eltern aufgrund ihrer Alkohol- oder Drogenproblematik nicht in der Lage sind, ihre Kinder angemessen zu versorgen und ihr Wohl auch mit Unterstützung nicht sichern können.

Die Trennlinien sind dabei nicht scharf und so bergen lebensweltorientierte Ansätze mehrere Gefahren in sich: Probleme können zu Lasten der Betroffenen verschleppt und dadurch manifestiert werden. Für Kinder und auch möglicherweise für Erwachsene unzumutbare Belastungen können länger als notwendig aufrechterhalten bleiben. Anstatt von Beginn an nach der geeigneten Maßnahme zu suchen, kann erst die gesamte Palette ambulanter Hilfeformen durchprobiert werden.

Eine weitere Gefahr wird bisweilen auch von AdressatInnen formuliert, dass nämlich über lebensweltorientierte Konzepte eine subtile Form sozialer Kontrolle ausgeübt wird und soziale Nischen pädagogisch durchstrukturiert und vereinnahmt werden. Hilfen finden oft im unmittelbaren sozialen Umfeld statt und werden dokumentiert und auch ich stelle mir manchmal die Frage, was wohl herauskäme, wenn eine Sozialarbeiterin mit fachlich wachem Bewusstsein und gezücktem Notizblock bei mir am Mittagstisch säße.

2 Sozialraumorientierung als modifizierte Neuauflage traditioneller Gemeinwesenarbeit

VertreterInnen der Gemeinwesenarbeit (z.B. Lüttringhaus 2004, S. 16) beklagen zu Recht, dass von Thiersch und den Vertretern des lebensweltorientierten Ansatzes Gemeinwesenarbeit als Vorläufer des Konzeptes nicht erwähnt wird. Konzepte der Gemeinwesenarbeit, und nicht nur lebensweltorientierte Konzepte, waren konstituierend für die Entwicklung der Sozialraumorientierung, wenn auch in der Fachöffentlichkeit meist von Gemeinwesenarbeit nicht die Rede war (vgl. dazu auch den Beitrag von Hinte in diesem Band). Hinte skizziert in diesem Zusammenhang allerdings auch die Chance, die für Gemeinwesenarbeit in dem Boom der Lebensweltorientierung liegt. Durch Verknüpfung mit dem Konzept der Lebensweltorientierung könnte Gemeinwesenarbeit den ideologischen Ballast loswerden und „eine inhaltliche Füllung des Arbeitsprinzips GWA" gelingen (Hinte 2001, S. 42).

Ich werde im Folgenden sehr kurz einige Elemente skizzieren, die von der Gemeinwesenarbeit – als eigenständiger Beitrag, Ergänzung oder Spezifizierung des Konzeptes Lebensweltorientierung – in die Entwicklung sozialraumorientierter Konzepte eingeflossen sind.

Gemeinwesenarbeit gilt neben Einzelfallhilfe und Gruppenarbeit als dritte Methode Sozialer Arbeit. Der Bürger wird dabei nicht vordergründig als Träger individueller Probleme, sondern in seine Netzwerke eingebettet, zunächst als Mitglied eines (benachteiligten) Gemeinwesens wahrgenommen, das über mehr oder weniger Ressourcen verfügt und sich darin und in seinen Strukturen von anderen (insbesondere reicheren) Gemeinwesen unterscheidet. Soziale Probleme im Gemeinwesen – z.B. nächtliche Ruhestörung durch randalierende Jugendliche – müssen mit und durch das Gemeinwesen unter Einbeziehung aller Interessengruppen gelöst werden. Dabei gilt es, Ressourcen im Gemeinwesen aufzuspüren und die Bedürfnisse aller Beteiligten zu berücksichtigen.

Gemeinwesenarbeit versucht AkteurInnen des Gemeinwesens zu aktivieren, Multiplikatoren zu gewinnen und damit die Ressourcen des Gemeinwesens zu stärken. Die Ziele und die Methoden sind nicht primär pädagogisch, indem sie ein Gefälle zwischen Helfern und Hilfsbedürftigen implizieren, sondern lassen sich mit Herriger (2002) eher als Empowerment beschreiben. Hinte benennt den Ansatz als non-direktive Pädagogik (Hinte 2001, S. 45).

Gemeinwesenarbeit ergreift von ihrem Selbstverständnis immer auch politisch Partei, sie versteht soziale Probleme auch als Ausdruck ungerechter gesellschaftlicher Verhältnisse, als Folge des Klassengegensatzes und daraus resultierender Machtverhältnisse. Gemeinwesenarbeit steht damit in einem permanenten Spannungsverhältnis zu öffentlichen Geldgebern.

3 Sozialraumorientierung als – auch – pragmatisch administrative Variante von Lebensweltorientierung und Gemeinwesenarbeit

Es lässt sich spitz formulieren, Lebensweltorientierung sei heute das Konzept moderner Theoretiker aus Sozialer Arbeit und Erziehungshilfe, Sozialraumorientierung dagegen das Konzept der institutionellen VertreterInnen, der Administration und der RealistInnen. Der Siegeszug des Konzeptes Sozialraumorientierung ist zu einem Großteil mit dessen Attraktivität für öffentliche Verwaltungen, aber auch für freie Träger zu erklären. Denn für sie wie auch für die AdressatInnen muss es darum gehen, dass lebensweltorientierte Angebote geplant und gezielt bereitgestellt werden können. Das Konzept Lebensweltorientierung aber ist für Verwaltungen von Organisationen schwer fassbar, denn der Anspruch, Lebenswelten erst durch ihre Rekonstruktion verstehen zu können, d. h. von individuellen subjektiven Kategorien auszugehen, erlaubt keine Steuerung von Ressourcen.

Sozialraumorientierung dagegen verspricht eine Chance, öffentliche Ressourcen weitgehend bedarfsgerecht und transparent zu verteilen. Es geht darum, Aktivitäten in einem klar umrissenen Raum zu planen und AkteurInnen zu koordinieren, und dadurch Angebote und Hilfen dort zu konzentrieren, wo der Bedarf am höchsten ist. Sozialräume sind zwar keine Lebenswelten, nähern sich aber pragmatisch an diese an. Sie sind der Ort, an dem der große Teil der BewohnerInnen ihren Alltag verbringen. Solche Sozialräume können in ihren Problemlagen analysiert und mit anderen verglichen werden, Ressourcen können so gezielt dort eingesetzt werden und an den Stellen konzentriert werden, an denen soziale Probleme – gemessen durch Indikatoren wie Arbeitslosigkeit, Armut, Verschuldung u. ä. – am stärksten verbreitet sind.

Gleichzeitig verspricht das Konzept, Systemfehler der Finanzierung von Leistungen der Jugendhilfe zu beheben oder einzugrenzen.

Denn bei der klassischen Einzelfallfinanzierung werden Träger belohnt, wenn sie einen Fall möglichst lange als Fall erhalten. Klassisch ist der Vorwurf an die Heimerziehung, AdressatInnen immer noch zu binden, nachdem das eigentliche Problem behoben wurde und weitere Bedürftigkeit zu konstruieren, um sich weitere Zuständigkeit und damit fortlaufende Einnahmen zu erhalten. Denn wenn eine Hilfe beendet wird, dann gehen dem Träger Einnahmen verloren. Pädagogisch/sozialarbeiterisch sinnvolles Agieren würde demnach den Träger destabilisieren und wäre kontraproduktiv und deshalb eher unwahrscheinlich. Folglich würden Hilfen künstlich verlängert, so der Verdacht der öffentlichen Träger. Sozialraumorientierung macht nun das Feld und nicht den Einzelnen zum Adressaten, konzentriert sich auf die Probleme des sozialen Feldes und macht diese zum Gegenstand der Hilfe oder Intervention. Es gehört in diesem Ansatz nicht nur dazu, das „soziale Umfeld" eines Falles einzubeziehen, sondern mit dem Feld zu agieren, ohne einen Fall zu isolieren. Das Feld wird in diesem Kontext nicht als Umfeld, also Nebenadresse, verstanden, sondern als eigentliche Adresse der Unterstützung. Unter dem Schlagwort „vom Fall zum Feld" wurde dies zum Programm der Sozialraumorientierung (z.B. im Titel von Hinte/Litges/ Springer 1999).

Ein entscheidendes Mittel dieser Umsteuerung vom Fall zum Feld ist das Sozialraumbudget, d.h. die Zuweisung eines Kontingents materieller Ressourcen zugunsten eines spezifischen Sozialraums. Das Sozialraumbudget macht die zur Verfügung stehenden Mittel nicht mehr abhängig von den in Einzelfällen zur Verfügung gestellten Hilfen, sondern stellt Mittel unabhängig von den deklarierten Bedarfsfällen dem (den) zuständigen Träger(n) für das Feld zur Verfügung. So kann mit einer Gruppe Jugendlicher gearbeitet werden, unabhängig davon, ob einer dieser Jugendlichen über den Antrag der Sorgeberechtigten und die Gewährung einer Hilfe durch die zuständige ASD-Mitarbeiterin zum Problemfall erklärt wurde.

Diese Umsteuerung hat eine Reihe von Nebenwirkungen, die bei der Implementierung des Konzeptes in verschiedenen Modellregionen zu zum Teil grundsätzlichen Kontroversen geführt haben.

- Mit der Durchführung feldbezogener Hilfe wird ein Träger oder wenigstens eine überschaubare Anzahl von Trägern beauftragt, die über Kenntnisse, über Netzwerke und Bezüge im Sozialraum verfügen und pauschal finanziert werden. Dies bedeutet, dass BürgerInnen nicht mehr zwischen mehreren, fachlich oder weltanschaulich unterschiedlich ausgerichteten, Trägern wählen können.

- Das Sozialraumbudget darf – so die gängige Rechtsauffassung – nicht den individuellen Rechtsanspruch einschränken. Dies bedeutet in der Konsequenz, dass ein Budget letztlich nicht nach oben begrenzt sein darf, also nicht dazu dienen darf, einen Rechtsanspruch abzulehnen.

3.1 Kritik an Konzepten der Sozialraumorientierung

Neben den oben genannten Einwänden des Verlustes des individuellen Rechtsanspruches oder des Wunsch- und Wahlrechts gab es weitere Kritik an der Praxis der Sozialraumorientierung, die ich hier zusammengefasst weitgehend in Anlehnung an Ulrike Urban (2007) darstelle:

Die Perspektive der AdressatInnen unterscheidet sich oft oder sogar regelmäßig von der Perspektive sozialraumorientierter HelferInnen(systeme). AdressatInnen haben aktuelle Probleme und Konflikte, für die sie Unterstützung suchen, die ihnen aufgrund ihrer biographischen Erfahrung erfolgversprechend erscheint. Sie orientieren sich dabei weniger an sozialräumlichen Kategorien, sondern an ihrem in Alltag und ihrem biographisch erworbenen Erfahrungswissen (vgl. Bitzan u.a. 2006 o.P.). Eine starre sozialräumliche Zuordnung der Angebote kann der jeweiligen Orientierung der AdressatInnen zumindest nicht in allen Fällen gerecht werden.

Sozialraumorientierung deckt sich nicht mit der Lebensrealität vieler Kinder und Jugendlicher und z. T. auch nicht mit der ihrer Eltern. Für viele spielt sich nicht der gesamte Alltag in ihrem ursprünglichen Sozialraum ab; sie bewegen sich zwischen verschiedenen Sozialräumen, wohnen z.B. in einem anderen als sie arbeiten oder zur Schule gehen, kaufen in einem Dritten ein und nehmen in einem weiteren kulturelle Angebote wahr. Sozialraumorientierung spiegelt somit nicht den tatsächlichen Aktionsradius und damit ein wesentliches Element der Lebenswelt dieser Menschen wider. Dasselbe gilt für die zunehmende Anzahl von Menschen, die zwischen verschiedenen Sozialräumen umziehen. Erzieherische Hilfen finden demnach oft an Orten statt, an denen die Bevölkerung nur in geringem Maße sesshaft ist. Eine weitere Kritik richtet sich gegen die Gefahr der Sozialraumorientierung, zu einem Instrument sozialer Kontrolle zu werden. Kolonialisierung von Lebenswelten könnte auch hinter der Erwartung stehen, AdressatInnen müssten sich zunächst in ihrem Nahraum beraten lassen, bevor sie weitergehende Hilfen in Anspruch nehmen.

Soziaraumbudgetierung verspricht auf der einen Seite, Ressourcen effizienter zu nutzen, da der Ansatz „vom Fall zum Feld" das Klammern an Fällen und die Klientifizierung von BewohnerInnen einschränkt. Gleichzeitig wird beobachtet, dass der von öffentlichen Trägern mit diesem Konzept verbundene Wunsch nach Einsparung von Haushaltsmitteln kaum eingelöst werden kann. Denn zunehmend mehr Menschen nehmen die Angebote wahr, und Strukturen (insbesondere Öffnungszeiten) müssen unabhängig von aktueller Nutzung zur Verfügung gestellt werden, um den Anspruch niedrigschwelligen Zugangs einzulösen.

3.2 Perspektiven

Sozialraumorientierung hat sich heute als Orientierung „vom Fall zum Feld" nicht nur in großen Städten sondern auch in ländlichen Bereichen als ein wichtiges Prinzip für die Planung und Gestaltung von Erziehungshilfen durchgesetzt. Die ursprünglich damit verbundenen Hoffnungen auf eine grundlegende Veränderung der Hilfelandschaft zu mehr präventiven, gemeinwesenorientierten Angeboten und weniger Interventionen im Einzelfall mussten ebenso reduziert werden wie die Aussicht, mit diesem Konzept öffentliche Haushalte zu entlasten und, parallel dazu, Lebenslagen von AdressatInnen zu verbessern. Sozialraumorientierung stellt bis heute keinen allgemeinen Standard Sozialer Arbeit dar, wohl aber ein Kriterium, an dem neue Projekte sich zumindest abarbeiten müssen.

Literatur

Bitzan, M. u. a. (2006): Die Stimme der Adressaten. Empirische Forschung über Erfahrungen von Mädchen und Jungen mit der Jugendhilfe. Weinheim und München.

Böhnisch, L., Münchmeier, R. (1993): Pädagogik des Jugendraums. Weinheim und München.

Boettner, J.: Sozialraumanalyse – soziale Räume vermessen, erkunden, verstehen. In: Michel-Schwartze, B. (Hg): Methodenbuch Soziale Arbeit. Wiesbaden, 2007.

Bundesminister für Jugend, Familie, Frauen und Gesundheit (BMJFFG) (1990): Achter Jugendbericht –Bericht über Bestrebungen und Leistungen der Jugendhilfe. Bonn.

Deinet, U.: Der sozialräumliche Blick der Jugendarbeit – ein Beitrag zur Sozialraumdebatte. In: Neue Praxis 3/2002 S,. 285-296.

Freigang, W. (1986): Verlegen und Abschieben. Weinheim und München.

Gillich, S. (Hg) (2004): Gemeinwesenarbeit – die Saat geht auf. Gelnhausen.

Grunwald, K., Thiersch, H. (2004): Praxis Lebensweltorientierter Sozialer Arbeit. Weinheim und München.

GrunwaldD, K.; Thiersch, H.: Das Konzept Lebensweltorientierte Soziale Arbeit – einleitende Bemerkungen. In: Grunwald, Klaus; Thiersch, Hans (2004) S. 13-39.

Herringer, N. (2002): Empowerment in der Sozialen Arbeit. Stuttgart.

Hinte, W. u. a. (1999): Soziale Dienste: vom Fall zum Feld. Soziale Räume statt Verwaltungsbezirke. Berlin.

Hinte, W. u. a. (2001): Grundlagen und Standards der Gemeinwesenarbeit. Münster.

Hinte, W.; Litges, G.; Springer, W. (1999): Soziale Dienste: Vom Fall zum Feld. Soziale Räume statt Verwaltungsbezirke. Berlin.

Josupeit-Teschke, A.: Sozialraumorientierung = Gemeinwesenarbeit? – Ein Konzept für alle(s) in der Jugendhilfe? In: Gillich 2004 S. 27-40.

Kessl, F. u. a. (Hg) (2005): Handbuch Sozialraum. Wiesbaden.

Kessl, F.; Reutlinger, Ch. (2007): Sozialraum – eine Einführung. Wiesbaden.

Kosik, K. (1976): Dialektik des Konkreten. Frankfurt/M..

Pantucek, P. (1998): Lebensweltorientierte Individualhilfe. Freiburg.

Peters, F.; Koch, J. (2004): Integrierte erzieherische Hilfen. Flexibilität, Integration und Sozialraumbezug in der Jugendhilfe. Weinheim und München.

Schütz, A. (1960): Der sinnhafte Aufbau der sozialen Welt. Wien.

Schütz, A. (1975); Luckmann, T.: Strukturen der Lebenswelt. Neuwied.

Thiersch, H. (1986): Die Erfahrung der Wirklichkeit – Perspektiven einer alltagsorientierten Sozialpädagogik. Weinheim und München.

Urban, U.: Sozialraumorientierung in Berlin. In: Forum Erziehungshilfen1/2007. S. 44-49.

Werner, W. (1979): Vom Waisenhaus ins Zuchthaus. Bielefeld[2].

Das Gegenteil der Vielfalt ist die Einfalt

Sozialraumorientierte Handlungsansätze im österreichischen
Bundesland Vorarlberg

Martin Geser und Peter Hämmerle

1 Einleitung

Im September 1974 wurden im Altenhilfeprogramm des österreichischen Bundeslandes Vorarlberg zwei sozialraumorientierte Konzeptionen definiert: Sozialzentren und Sozialsprengel. Einige der gesellschaftlichen Entwicklungen, auf die
mit diesen Konzeptionen reagiert wurde, resultieren aus dem allgemeinen Aufbruch in den späten 60er Jahren. Die öffentliche Hand übernahm den Großteil
sozialer Aufgaben der Kirche. Sozialzentren und Sozialsprengel waren wesentlicher Inhalt eines organisatorischen Reformprozesses des Sozialsystems. Mit der
Novellierung des Sozialhilfegesetzes 1972 ging ein legistischer Neubeginn voran. Ausgehend von den damaligen Gründungsüberlegungen stellen Kapitel 2 und
3 den Ist-Stand der Sozialzentren und Sozialsprengel im Bundesland Vorarlberg
dar. [1] Kapitel 4 beschreibt aktuelle sozialraumorientierte Entwicklungen.

2 Sozialzentren

Das Jahr 1972 markiert in Vorarlberg eine grundlegende Wende in der Sozialpolitik: von der Fürsorge zur Sozialarbeit. Im Laufe der folgenden Jahrzehnte war
dieser Wandel verbunden mit der Umgestaltung und dem Ausbau der sozialen
Landschaft. Zwischen den Parteien bestand Einigkeit, dass Reformen notwendig
waren, weil die Anforderungen an das Sozialsystem in den Jahren zuvor stark
angestiegen waren. Die Verwaltung sollte möglichst bürgernah sein und ehren-
amtliche Mitarbeit integrieren. Für dieses neue Modell wurden die Begriffe Sozialzentrum und Sozialsprengel kreiert. Die sozialpolitischen Grundsätze, auf

---

[1] Auf die 2006 von Allgäuer-Hackl u.a. veröffentlichte Publikation „Sozialpolitik und Sozialarbeit in Vorarlberg 1970 – 2010", herausgegeben vom Institut für sozialwissenschaftliche Regi-
onalforschung, wird an dieser Stelle gesondert verwiesen, da sie einen wertvollen Beitrag zur
regionalen Sozialgeschichte leistet.

denen diese Überlegungen aufbauten, orientierten sich am Gestaltungselement Sozialraum:

- Förderung kleinräumiger Sozialstrukturen und eines dezentralen Dienstleistungsangebotes im Nahraum (Gemeinde, Stadtteil);
- Basisversorgung im sozialen und pflegerischen Bereich in überschaubaren Einheiten im Nahraum der sozialen Lebensbeziehungen der Menschen;
- Ordnungsfunktion bei den Kommunen und dem Land, Durchführungsfunktion mit privatwirtschaftlichen Strukturen unter Einbindung freier Wohlfahrtsträger und BürgerInnenbeteiligung;
- Förderung der Angebotsvernetzung und der lokalen bzw. regionalen Zusammenarbeit.

Die soziodemografisch bedingten Herausforderungen in der Altenhilfe – dem zentralen sozialpolitischen Leistungsbereich der Bundesländer – prägten die Entwicklung der Sozialzentren. Im Kernbereich eines Sozialzentrums steht heute der Pflegeheimbetrieb, ausgerichtet auf menschenwürdiges Wohnen und Leben mit qualifizierter, angemessener Pflege. Die innere Gliederung gestaltet sich in überschaubare Pflegewohngruppen. Unterstützungen der häuslichen, familiären Pflege durch Angebote wie Kurzzeitpflege (Übergangspflege, Urlaubsbetten) und teilstationäre Dienste (Tages-, Nachtbetreuung) runden das Angebot ab. Bereits die ursprüngliche Konzeption zielte darauf ab, andere soziale Dienstleistungen räumlich bzw. auch organisatorisch zu integrieren wie z.B. Angebote für Kinder oder Jugendliche. Sozialzentren sollten offene Begegnungsstätten der Generationen werden. Aktuell finden sich in Vorarlberg 51 Pflegeheime mit einer Kapazität von knapp über 2.000 Plätzen für – primär ältere – pflegebedürftige Menschen. Der Sozialzentrumsgedanke ist in über 20 Einrichtungen in unterschiedlichem Maß umgesetzt. Als Schwerpunkte dominieren:

- Stützpunkt für ambulante Pflege- und Betreuungsdienste: z.B. Hauskrankenpflege, Mobile Hilfsdienste, Pflegebad als Unterstützungsangebot für die ambulanten Pflege, Essensdienste, offener Mittagstisch,
- Verortung öffentlicher Einrichtungen und sozialer Dienstleistungen: z.B. Sozialsprengel, Elternberatung, Kinderspielgruppen, Kindergartengruppen, Schulklasse, öffentliches Café, Ernährungsberatung,
- Raum für öffentliche Veranstaltungen: z.B. Aktivitäten für Senioren, Ausstellungen, Feiern, Förderung der Gemeinschaft und Generationensolidarität.

3   Sozialsprengel

Die Sozialsprengel sollen im überschaubaren sozialen Raum, der bei einer Größenordnung von 7.000 bis 10.000 EinwohnerInnen als optimal gesehen wird, fachlich qualifizierte Dienste anbieten und koordinieren. Um ein Gebiet sozial zu versorgen, ist es notwendig, kleine Gemeinschaften wie Familie, Nachbarschaft, Vereine, Wohnsiedlungen etc. zu fördern und zu unterstützen – organisatorische Maßnahmen und Angebote erfordern aber eine gewisse Größenordnung des Bedarfes. Diesem Spannungsfeld will der Sozialsprengel begegnen. Sozialsprengel als „organisatorischer Zusammenschluss" dienen dazu, überschaubare Gemeinschaften in einer Größe zu schaffen, die soziale Dienste organisatorisch und finanziell tragen können. Für kleinere Kommunen heißt das, soziale Dienstleistungen im Verbund zu organisieren; für größere Kommunen heißt das, stadt- und ortsteilbezogen zu planen. Für die Koordination des bestehenden Angebotes, für Gemeinwesen- und Sozialarbeit unter möglichst breiter Bürgerbeteiligung, bietet sich der organisatorische Rahmen eines Sozialsprengels an, denn einerseits sichert er die Überschaubarkeit des sozialen Raumes und andererseits ermöglicht er betriebswirtschaftlich machbare Größenordnungen.

Allgäuer-Hackl u.a. (2006, Seite 39 ff) zitieren mehrfach offizielle Mitteilungen der Landespolitik und Interviews („oral history") mit Personen, die den damaligen Reformprozess mitgestaltet haben: „Überörtliche Kooperation, also Zusammenarbeit aller öffentlichen und privaten Einrichtungen und Institutionen im sozialen Bereich soll die Vorarlberger Sozialsprengel auszeichnen. In den einzelnen Bereichen wie Altenhilfe, Familienhilfe, Krankenpflege usw. sollen sowohl hauptamtlich, praxisnah geschulte HelferInnen, als auch im Rahmen einer organisierten Nachbarschaftshilfe viele freiwillige HelferInnen eingesetzt werden. Ziel der Sozialsprengel ist es, den Hilfebedürftigen alle erforderlichen sozialen Dienste und Leistungen – in den Ballungsräumen als auch in ländlichen Gebieten – anzubieten und zusätzlich die Nachbarschaftshilfe als Ausdruck einer neuen Sozialgesinnung zu realisieren. Die verschiedenen Zweige der Sozialarbeit, die Altenhilfe und die Jugendhilfe sollten im Sozialsprengel miteinander kooperieren. Auf dieser Ebene muss auch die Zusammenarbeit der qualifizierten sozialen Dienste mit den Nachbarschaften gefunden werden. Es wäre falsch, die Bildung von Sozialsprengeln von oben anzuordnen. Gemeinde, soziale Einrichtungen, Fachkräfte des sozialen und medizinischen Bereiches und sozial engagierte Mitbürger, die sich für Nachbarschaftshilfe zur Verfügung stellen, sollen diese Einrichtung überlegen und aus sich heraus ins Leben rufen. Nur so ist der Erfolg gesichert."

Sozialsprengel werden als Koordinations- und Kooperationsmodell im Nahraum unter Erhaltung der Vielfalt von Institutionen und AnbieterInnen betrachtet. Die formelle Organisation und die Strukturen sind dabei nur Hilfsmittel zur Zielerreichung und nicht das Ziel selbst. Das „Label" Sozialsprengel ist demnach keine exklusive Marke, sondern „Vehikel" zur Umsetzung sozialpolitischer Zielsetzungen. Im Sozialbericht 2006, „Hinschauen und Helfen", verdeutlicht der aktuelle Entwicklungsstand, dass die ursprüngliche konzeptionelle Breite nur an wenigen Orten umgesetzt wurde.

3.1 Sozialsprengel Hard[2]

Der Verein Sozialsprengel Hard wurde 1982 gegründet. Basis der Arbeit sind Menschen, die bereit sind, sich für die Gemeinschaft einzusetzen. Ziel des Vereines ist es, sich den Veränderungen in der Gesellschaft zu stellen, diese mit zu gestalten und mit zu tragen. Somit können sich die Arbeitsbereiche im Laufe der Jahre verändern und anpassen, immer gerichtet auf die Wünsche des einzelnen Bürgers oder einer Gruppe von EinwohnerInnen. Finanziert wird der Verein aus Beiträgen der KlientInnen, durch Zuschüsse der Marktgemeinde Hard, des Landes Vorarlberg, Mitgliedsbeiträgen und Spenden. Die meisten Angebote sind für die Kunden kostenlos bzw. kostengünstig. Das Dienstleistungsangebot umfasst u.a. qualifizierte Sozialberatung, Seniorenarbeit (u.a. Betreuungsdienst), Kinderbetreuung, Jugendarbeit (Jugendtreffs), Ernährungsberatung und Selbsthilfegruppen (Infrastruktur und organisatorische Hilfen). Einzugsgebiet ist die Marktgemeinde Hard mit rund 11.500 EinwohnerInnen (Volkszählung 2001).

3.2 Sozialsprengel Leiblachtal[3]

Der Sozialsprengel Leiblachtal ist eine gemeindeorientierte, überparteiliche Non-Profit-Organisation mit einer zentralen Koordinationsstelle (Geschäftsstelle) für gesundheits- und sozialbezogene Themen. Er ist Anlaufstelle für alle BürgerInnen, soziale Organisationen und Gemeinden im Leiblachtal. Der Verein erbringt offene und ambulante Leistungen im gesamten Sprengelgebiet, das sind fünf Gemeinden einer Talschaft mit insgesamt rund 12.300 EinwohnerInnen (Volkszählung 2001). Das Dienstleistungsangebot umfasst u.a. Jugendarbeit (Jugendtreffs), Arbeit mit jungen Familien und Frauen (Kinderbetreuung, Familienhilfe), Altenarbeit (Betreuungsdienst) sowie sonstige Dienstleistungen und Projekte.

---

[2] www.sprengel.at
[3] www.sozialsprengel.org

3.3 Sozialsprengel Vorderwald

Der Sozialsprengel Vorderwald wurde vor mehr als 25 Jahren als Verein gegründet, der sich um die Bewältigung von sozialen Aufgaben und bedarfsgerechte Weiterentwicklung des unterstützenden Angebotes, vor allem für ältere Menschen, pflegende Angehörige und Familien kümmert. In ihm sind die acht Gemeinden (gesamt rund 9.100 EinwohnerInnen bei der Volkszählung 2001) und die Krankenpflegevereine des Vorderwaldes Mitglied. Die Koordinationsstelle steht älteren Menschen, pflegenden Angehörigen und Familien offen. Sie berät, gibt Informationen und vermittelt die jeweils beste Hilfestellung. Sie ist die zentrale Auskunfts- und Vernetzungsstelle für alle sozialen Belange im Vorderwald und steht der Bevölkerung mit Rat und Tat zur Verfügung. Ein Betreuungsdienst und der ambulante Fachdienst Familienhilfe werden angeboten.

3.4 Sozialsprengel Mittelwald

Der Sozialsprengel Mittelwald (Einzugsgebiet drei Gemeinden mit 7.300 EinwohnerInnen bei der Volkszählung 2001) führt eine Koordinationsstelle, deren Aufgaben die Koordination der ambulanten Dienste und die Unterstützung und Hilfestellung bei Anträgen, Zuschüssen, Pflegegeld und Vermittlung von Dienstleistungen (Familienhilfe) sind. Somit fungiert dieser Sprengel als Informations- und Anlaufstelle bei allen sozialen Anliegen.

3.5 Lebensraum Bregenz[4]

Einzugsgebiet des 1995 gegründeten Vereines ist die Landeshauptstadt Bregenz mit rund 26.700 EinwohnerInnen (Volkszählung 2001). Er verfolgt vielseitige soziale Ziele: die Erhaltung und Verbesserung der Lebensqualität der BewohnerInnen, die Vernetzung der sozialen und gesundheitlichen Dienste, Information und Öffentlichkeitsarbeit über das soziale und gesundheitliche Netz, Information über das Leistungsangebot der einzelnen Anbieter im Sozial- und Gesundheitsbereich, Vermittlung von anfragenden Personen an die jeweils zuständigen Leistungsanbieter, Aufzeigen von neu entstehenden Problemsituationen und die Unterstützung von Selbsthilfegruppen und Initiativen, die dem Gemeinwohl zugutekommen. Siedlungs- und stadtteilbezogene Gemeinwesenarbeit sowie aufsuchende Beratung von pflegenden Angehörigen ergänzen die Angebotspalette.

---

[4]   www.lebensraum-bregenz.at

3.6 Lebensraum Vorderland[5]

1975 wurde der Sozialsprengel „Vorderland" als erster Sozialsprengel des Landes gegründet. Die Errichtung eines gemeinsamen Pflegeheimes durch die acht Gemeinden mit rund 13.500 EinwohnerInnen (Volkszählung 2001) war von Beginn an erklärtes Ziel und wurde 1984 Realität. Seit der Gründung der Sozialzentrum-Lebensraum Vorderland gemeinnützige GmbH im Jahre 2002 und der Erweiterung der Dienstleistungen steht der Lebensraum nun allen Generationen – vom Kind bis zum alten Menschen – zur Verfügung. Der Lebensraum ist Träger des Pflegeheims und des betreuten Wohnens und bietet durch Tagesbetreuung, Essenszustellung und Kurzzeitpflege Entlastung für pflegende Angehörige. Er definiert sich als Anlaufstelle und Drehscheibe in der Betreuung pflegebedürftiger Menschen und ist Dienstleister in der Kinderbetreuung sowie der Jugendarbeit und des Frauennetzwerkes der Region.

3.7 Mitanand Rankweil[6]

Die wechselhafte Geschichte der Sozialraumorientierung in der Marktgemeinde Rankweil (rund 11.200 EinwohnerInnen bei der Volkszählung 2001) ist eng mit dem Namen „Mitanand" verbunden. Ursprünglich als Verein gegründet, wurde die Initiative mit ihren Aktivitäten auf Grund zermürbender Konflikte mit Kommunalpolitik und -verwaltung eingestellt. Die Marktgemeinde schuf gemeinsam mit dem Institut für Sozialdienste (IfS) – einem großen freien Wohlfahrtsträger Vorarlbergs mit vielfältigem Leistungsangebot, der als (Anstellungs-)Träger fungiert – eine Nachfolgeorganisation. Mit speziellen Initiativen für Familien, Kinder, Jugendliche, Erwachsene, Senioren, Menschen mit Handicaps, zugewanderte Familien u.a. ergänzt die Service- und Koordinationsstelle die Angebote der sozialen Einrichtungen und Vereine in Rankweil. Zu den Dienstleistungen zählen u.a. die Börsendienste (Vermittlung von Haus- und Gartenhilfe, Fahrdienste, Babysitter), Sprach- und Integrationskurse für Erwachsene, Bewegungsangebote für Senioren sowie Sprachförderung und Lernbegleitung für Kinder. Im Rahmen der "Arbeitsgemeinschaft Mobile Dienste" vermittelt die Stelle professionelle und direkte Hilfe für Pflegebedürftige, pflegende Angehörige oder Menschen in schwierigen Lebenssituationen. Bedarfserhebung und Projektkonzeption gehören ebenso zum Aufgabengebiet wie die Umsetzung konkreter Sozialprojekte in den Ortsteilen oder Angebote zur interkulturellen Verständigung und Integration.

---

[5] www.lebensraum-vorderland.at
[6] www.rankweil.at

4 Aktuelle Entwicklungen mit sozialräumlicher Relevanz in Vorarlberg

Als Fachterminus nimmt der Begriff der Sozialraumorientierung im aktuellen sozialen Diskurs in Vorarlberg keine vorrangige Stellung ein. Beispiele einer konsequenten Umsetzung von Sozialraumorientierung in Österreich (Graz) und dem benachbarten Ausland (Zürich, St. Gallen, München) hatten bislang wenig initialisierende Wirkung. In der Umsetzung einzelner Aspekte der Sozialraumorientierung kann Vorarlberg allerdings auf eine Vielzahl erfolgreicher Handlungsansätze und bewährter Kooperationen verweisen. Gute Chancen auf Verwirklichung sozialräumlicher Strategien ergeben sich insbesondere

- bei der Einrichtung von Sozialsprengeln (siehe Kapitel 3),
- bei kommunalen und überkommunalen Leitbildprozessen,
- durch Kooperationen zwischen Kommunen und Beratungsorganisationen und
- durch die trägerübergreifende Zusammenarbeit von ExpertInnen.

Für die Zukunft könnte auch das Interesse und die Beteiligung privater Wirtschaftsträger an Prozessen bürgerschaftlicher Selbstorganisation ein großes Potential darstellen. Diesbezüglich ermutigende Ansätze finden sich insbesondere im Bereich von Wohnbauträgern und regionalen Wirtschaftsstandortgesellschaften. Zwei Leitgedanken finden sich in allen dargestellten Handlungsansätzen, nämlich zivilgesellschaftliche Ressourcen zu nutzen (Stichwort: Sozialkapital) sowie Vernetzung und Autonomie bzw. Selbständigkeit und Kooperation auszubalancieren. Was kommunale und regionale Leitbildprozesse anlangt, so liegt der Ausgangspunkt für derartige Projekte eher darin, Synergien im verwaltungstechnischen Bereich bzw. in der Gestaltung wirtschaftlicher und raumplanerischer Rahmenbedingungen zu nutzen. Derartige Zusammenschlüsse, wie z.B. Regionalplanungs- oder Projektgemeinschaften, stellen jedoch häufig eine günstige Basis für die Einbeziehung sozialräumlicher Aspekte in regionale Entwicklungsprozesse dar. Als aktuelles Beispiel wird weiter unten das Projekt „Vision Rheintal" skizziert (vgl. Kapitel 4.1).

Auf dem Feld der Kooperation von Gemeinden bzw. Regionen mit Anbietern einschlägiger Beratung haben sich in der Praxis unterschiedliche Modelle bewährt. So wurde von der Stadt Feldkirch in Zusammenarbeit mit dem Institut für Sozialdienste über 25 Jahre die „Gemeinwesenstelle Feldkirch" betrieben. Diese wurde im Jahr 2006 organisatorisch umstrukturiert, die Kooperation der genannten Partner besteht jedoch weiter. Ein vergleichbares Kooperationsmodell zwischen Marktgemeinde Rankweil und IfS besteht beim „Mitanand Rankweil" (vgl. Kapitel 3).

Im Jahr 1992 richtete das IfS eine Abteilung für Gemeinwesenarbeit und Nahraum mit der Bezeichnung „PRO-Team" ein. PRO-Team bietet Beratung und Begleitung bei der praktischen Umsetzung von Leitbildern auf Gemeindeebene, bei der Unterstützung von Initiativ- bzw. Selbsthilfegruppen sowie bei der Umsetzung landesweiter Kampagnen (z. B. „Familiengerechte Gemeinde").

Einen weiteren Partner für die Entwicklung und Begleitung von Projekten mit interessierten Gemeinden/Regionen stellt das „Büro für Zukunftsfragen" (ZUB) im Amt der Vorarlberger Landesregierung dar. Aufgabe ist es „ ... den Boden aufzubereiten für innovative Ansätze und zukunftsfähige Entwicklungen."[7] Dabei engagiert sich das ZUB sowohl in der Konzeption als auch in der Umsetzung von Projekten. Eine aktuelle Projektpartnerschaft zwischen dem ZUB und der Gemeinde Götzis wird in Kapitel 5 anhand des Projektes „Z´sämma leaba z´Götzis (Zusammen leben in Götzis)" beschrieben.

Dem Ziel, aktuelle Projekt- und Forschungsergebnisse möglichst unmittelbar für die Praxis zu erschließen, hat sich die seit mehr als zwei Jahren bestehende Arbeitsgemeinschaft Gemeinwesenarbeit (ARGE GWA) in Vorarlberg verschrieben.

4.1 Vision Rheintal [8]

Als sehr bedeutender raumbezogener Planungsprozess der jüngeren Vergangenheit in Vorarlberg ist das Projekt „Vision Rheintal" zu bezeichnen. Ausgangspunkt für die Initialisierung war in erster Linie „die in den 1990er Jahren in einigen Gemeinden des Rheintales gereifte Erkenntnis, dass die bisherige, hauptsächlich auf örtliche Selbstorganisation ausgerichtete, Praxis der Entwicklungsplanung nicht mehr ausreicht"[9]. Diese Erkenntnis betrifft nicht nur das Vorarlberger Rheintal, sondern auch die (EU-) grenzüberschreitende Entwicklungszusammenarbeit mit dem Schweizer Rheintal.

---

[7] Präsentation von Mag. Doris Fink anlässlich des GWA-Frühstücks am 12. Jan. 2007.

[8] www.vision-rheintal.at

[9] Vision Rheintal Dokumentation 2006. Räumliche Entwicklung und regionale Kooperation im Vorarlberger Rheintal – Ergebnisse des Leitbildprozesses. S. 14, Erschienen im Eigenverlag der Raumplanungsabteilung beim Amt der Vorarlberger Landesregierung.

Abb. 1: Steckbrief „Vorarlberger Rheintal"

Steckbrief „Vorarlberger Rheintal"

29 Gemeinden zwischen Bregenz/Lochau und Feldkirch
240.000 EinwohnerInnen
12.000 Unternehmen, 110.000 Beschäftigte
Entwicklung seit 1960: Bevölkerung mal 1,55 |
Haushalte x 2,25 | Wohnungen x 2,55 |
Wohnfläche pro EinwohnerIn x 2 | Pkws x 13 |
Bau-/Infrastrukturflächen x 8
Prognose bis 2030: Bevölkerung + 13%, alte Menschen x 2

Nach umfangreichen Vorarbeiten wurde das Projekt im Mai 2004 gestartet. Die Funktion des offiziellen Projektbetreibers und Auftraggebers wurde von Anfang an von der Abteilung Raumplanung im Amt der Vorarlberger Landesregierung ausgeübt. Zielvorgabe war es, innerhalb von zwei Jahren in einem offenen Beteiligungsprozess ein Leitbild zur räumlichen Entwicklung und regionalen Kooperation für die 29 Gemeinden des Vorarlberger Rheintales zu erstellen. Sechs Fachteams ExpertInnen von Landesdienststellen, Gemeinden, Institutionen, privaten Büros und besonderen RegionskennerInnen nahmen Ende September 2004 die Arbeiten zur Bestandesanalyse auf. Die fachliche Bearbeitung wurde durch einen Beteiligungsprozess unterstützt, in welchen sich insgesamt über 800 Personen durch Mitarbeit bei Veranstaltungen oder durch schriftliche Beiträge einbrachten.

Die wichtigsten Elemente in diesem Beteiligungsprozess waren:

- laufende Aktivitäten des Büros der Projektleitung: Vorträge, Diskussionen, „offenes Ohr" für regionale Anliegen, Corporate Design und Ausstellungen;
- Rheintalforen zu Schwerpunktthemen und für verschiedene Ziel- und Interessensgruppen, als Informationsveranstaltungen und Planungswerkstätten gestaltet;
- Think-Tank-Treffen mit Personen, die bekannt sind für unkonventionelle Ideen und Mut zur Vision und/oder sehr gute RegionskennerInnen, z. B. Think-Tank Jugend;
- Medienberichte, literarische und andere künstlerische Reflexionen;
- die Projekthomepage www.vision-rheintal.at.

Wird die Initialisierung des Prozesses betrachtet, so ist diese klar als Top-down zu bezeichnen. Zwar erhielten die Projektziele eine breite Zustimmung durch alle betroffenen Kommunen, jedoch wäre eine Beauftragung durch die Gesamtheit der 29 Rheintalgemeinden selbst weder vorstellbar noch aufgrund der starken Interessen der Landespolitik an einer besseren gemeindeübergreifenden Zusammenarbeit angemessen gewesen. Auch wenn der Beteiligungsprozess breit angelegt und umsichtig durchgeführt wurde, beschränkte er sich im Wesentlichen auf eine interessierte und bereits aktivierte Fachöffentlichkeit. Von Bürgerbeteiligung im Sinne eines Bottom-up-Prozesses kann derzeit (noch) nicht gesprochen werden.

Der Prozess der Leitbilderstellung, zwischenzeitlich als „Projektphase 1" bezeichnet, wurde plangemäß in Form einer Präsentationsveranstaltung mit der offiziellen Übergabe der Projektdokumentation (siehe Fußnote 8) beendet. Mit September 2006 startete die „Projektphase 2". Hier wird es um „die Organisationsentwicklung für die regionale Zusammenarbeit zwischen den Gemeinden sowie zwischen Land und Gemeinden gehen."[10] Neben der politischen Umsetzung wird auch die Entwicklung und Verwirklichung konkreter Projektideen im Vordergrund stehen. In welchem Maße im Prozess „Vision Rheintal" Partizipation als Bürgerbeteiligung umgesetzt wird, zeigt sich erst im Laufe der Verwirklichung verschiedener Projektideen.

Ein Ideenkatalog von rund 50 Umsetzungsprojekten liegt vor. Einzelne Projekte befinden sich bereits in Realisierung, so etwa die Aufstellung der „Television-Panorahmen" an 34 Standpunkten in den 29 Rheintalgemeinden.[11] Einige Projekte sind in der Planung fortgeschritten, beispielsweise Quartiersplanungen oder die Stärkung von Ortskernen. Andere Vorschläge sind noch weiter auszuarbeiten, etwa die Vorbereitung eines Landesraumplans für Betriebsgebiete oder Ideen wie z. B. eine Festwiese für das Rheintal.

In seiner Dimension stellt der Entwicklungsprozess „Vision Rheintal" aus sozialräumlicher Sicht jedenfalls für Vorarlberg Neuland dar.[12] Dies bezieht sich sowohl auf die geografische Ausdehnung des betroffenen Gebietes als auch auf die Anzahl beteiligter Kommunen.

---

[10] www.vision-rheintal.at (Zugriff vom 06.01.2007)
[11] Dazu siehe: Vorum – Zeitschrift für Raumplanung und Regionalentwicklung in Vorarlberg, S. 5, Nr. 3/2006, Hrsg.: Amt der Vorarlberger Landesregierung.
[12] Dazu siehe: Vorum – Zeitschrift für Raumplanung und Regionalentwicklung in Vorarlberg, S. 4 f., Nr. 3/2006, Hrsg.: Amt der Vorarlberger Landesregierung.

4.2 „Zämma leaba z'Götzis" - ein Gemeinschaftsprojekt der Gemeinde Götzis und des Büros für Zukunftsfragen

Im Sommer 2006 wurde im Auftrag der Gemeinde Götzis die erste kommunale Sozialkapitalstudie Vorarlbergs durchgeführt. Anlass dafür waren Kontakte zwischen den Proponenten der bereits bestehenden Initiative „Z'sämma leaba z'Götzis" und dem Büro für Zukunftsfragen, welches sich seit geraumer Zeit intensiv mit dem Thema Sozialkapital in Vorarlberg beschäftigt. Das ZUB fungiert einerseits als Vermittler für die Durchführung der Studie und engagiert sich für den Zeitraum von einem Jahr in der Prozessgestaltung (strategische Besprechungen mit der Gemeindeführung sowie Moderation der Kernteamsitzungen).

Abb. 2: Steckbrief Götzis

Steckbrief Götzis
Lage: Im mittleren Rheintal, südlich
vom Kummenberg begrenzt
Einwohner: 10.822
Fläche: 14,64 km^2
Haushalte: 4.497
Betriebe: rd. 450
Beschäftigte: 3.400
Gemeindehaushalt 2007: rd. 27 Mio.
EUR

Die Voraussetzungen für das Zustandekommen eines Prozesses mit starker Orientierung am Sozialraum waren in Götzis aus mehreren Gründen besonders günstig:

- Die Initiative „Z'sämma leaba z'Götzis" entstand bereits annähernd ein Jahr bevor die Kontakte zum ZUB aufgenommen wurden, in deren Folge das Projekt deutlich inhaltlich und finanziell aufgewertet wurde.
- „Z'sämma leaba z'Götzis" kommt in seinen Entstehungskriterien einem Bottom-up-Prozess relativ nahe. Seit Gründung der Initiative waren wesentliche Proponenten BewohnerInnen von Götzis, die weder in die Gemeindestrukturen eingebunden noch „politisch punziert" waren.
- Die Themen der Projektentwürfe zeigten von Beginn an deutlich zielgruppenübergreifende Aspekte und betreffen zahlreiche Lebensbereiche – eine Grundvoraussetzung für sozialraumorientiertes Handeln.

Die Sozialkapitalstudie Götzis wurde als Vollerhebung durchgeführt.[13] Es bekamen alle EinwohnerInnen von Götzis im Alter von über 15 Jahren die Gelegenheit einen Fragebogen auszufüllen, welcher auch in den Sprachen Türkisch und Serbokroatisch verfügbar war. Die Rücklaufquote betrug ca. 19%. Neben vielen überaus positiven Ergebnissen zeigte die Studie aber auch einen beträchtlichen Anteil sozial belasteter Menschen in Götzis. Dies drückt sich v. a. in einem Bedürfnis nach mehr mitmenschlichen Kontakten aus. Davon betroffen sind unterschiedliche Bildungsschichten und Berufsgruppen, am deutlichsten jedoch Frauen im Altersbereich zwischen 36 und 60 Jahren.

Die Arbeit von „Z´sämma leaba z´Götzis" und das Spektrum an möglichen Projekten wurden durch die Ergebnisse der Sozialkapitalstudie deutlich verbreitert. Insgesamt entstanden über 50 verfolgenswerte Ideen, wovon etwa 20 näher ausgearbeitet wurden. Deren stufenweise Umsetzung ist derzeit Hauptgegenstand der Arbeit des Kernteams, welche bis zum Sommer 2007 von Experten des ZUB begleitet wurde. Innerhalb dieser Zeitspanne entstanden Rahmenbedingungen für den Fortbestand von „Z´sämma leaba z´Götzis". Als Voraussetzung dazu richtete die Initiative ein Projektbüro für die großteils ehrenamtlich Tätigen ein.
Themen von derzeit in Planung bzw. Umsetzung befindlichen Projekten sind:
- Vernetzung im Bereich Kinderbetreuung,
- Verständnis der Generationen füreinander,
- Erhebung und Koordination von Angebot an und Nachfrage nach ehrenamtlichen Diensten,
- Integration neu zugezogener Gemeindebürger,
- Integration ausländischer Mitbürger,
- Natur intensiv erfahren.
Die Arbeit der Initiative „Z´sämma leaba z´Götzis" wird organisatorisch und finanziell durch die Gemeinde Götzis abgesichert.

4.3 Arbeitsgemeinschaft Gemeinwesenarbeit (ARGE GWA) in Vorarlberg

Vor mittlerweile über drei Jahren formierte sich eine Plattform von interessierten PraktikerInnen der Gemeinwesenarbeit. Ausgangspunkt für die Gründung waren die Vorbereitungsarbeiten zum bundesweiten GWA-Vernetzungstreffen an der Fachhochschule Vorarlberg im Frühling 2005. Seither treffen sich ca. 15, vorwiegend in der sozialarbeiterischen Praxis und teilweise im Hochschulbereich tätige Experten zu vier bis fünf jährlichen Arbeitstreffen. Diese zielen auf den internen fachlichen Austausch ab und die aktive Beteiligung am Dialog über

---

[13] www.vorarlberg.at/vorarlberg/Umwelt_Zukunft/Zukunft/buerofuerzukunftsfragen/weitere
informationen/zaemmaleabaz_goetzis/sozialkapitalgoetzis2006.htm

Gemeinwesenarbeit innerhalb Österreichs und darüber hinaus. Die Mitglieder der ARGE GWA sind bei verschiedenen Organisationen tätig und machen es sich zur Aufgabe, die innerhalb der Gruppe diskutierten Standards in der Praxis umzusetzen. Ein augenblicklicher Arbeitsschwerpunkt besteht darin, ein Positionspapier zur Gemeinwesenarbeit in Vorarlberg zu erstellen, in welchem grundlegende Begriffe und Methoden definiert sowie Bedingungen und Potenziale sozialräumlichen Handelns aufgezeigt werden.

Abschließend sei angemerkt, dass die beschriebenen Initiativen exemplarisch für eine durchaus vielfältige Palette an aktuellen Projekten mit sozialraumrelevanten Ansätzen in Vorarlberg stehen.

Literatur:

Allgäuer-Hackl, Heinz; Denz, Hermann; Greussing, Kurt; Matt, Hubert: Sozialpolitik und Sozialarbeit in Vorarlberg 1970-2010, Roderer Verlag, Regensburg, 2006
Barbisch, Johannes: Sozialbericht 2006. Hinschauen und Helfen, Amt der Vorarlberger Landesregierung, Bregenz, 2006 (www.vorarlberg.at/pdf/sozialbericht2006.pdf)
Statistik Austria: Volkszählung Hauptergebnisse I – Vorarlberg, 2002

Weitere Quellen:

(Zugriff auf die angeführten web-pages am 10.12.2007)
www.feldkirch.at/rathaus/netzwerk/gemeinwesenarbeit
www.graz.at/cms/beitrag/10041562/374927/
www.proteam.at
www.stadt-
zuerich.ch/internet/sd/sub_navi_sd/info_departement/strategie/Modell_Zuerich.html
www.vorarlberg.at/vorarlberg/frauen_familie/familie/kinderindiemitte/kinderindiemitte.ht
m
www.vorarlberg.at/vorarlberg/frauen_familie/familie/familie/weitereinformationen/famili
engerechtegemeinde/familiengerechtegemeinde1.htm
www.vorarlberg.at/vorarlberg/umwelt_zukunft/zukunft/buerofuerzukunftsfragen/start.htm
www.vorarlberg.at/vorarlberg/umwelt_zukunft/zukunft/buerofuerzukunftsfragen/weiterei
nformationen/zaemmaleabaz_goetzis/uebersichtzaemma.htm
www.vision-rheintal.at

Sozialraumanalyse im Triestingtal

Sabine Wolf

1 Einleitung

Die Begriffe Sozialraum, Sozialraumorientierung und Sozialraumanalyse sind in der Jugendarbeit sehr präsent und werden im deutschsprachigen Raum durchaus kontrovers und facettenreich diskutiert. Kritische Stimmen bringen sie mit der Ökonomisierung der Sozialen Arbeit, der Konsolidierung der kommunalen Haushalte und mit einem Rückgang des Staates zu Lasten der KlientInnen in Verbindung (vgl. Dahme/Wohlfahrt 2005:263-279). Gleichzeitig versprechen sie aber auch Modernität, Professionalität, Sicherheit bei knapper werdenden Ressourcen und werden daher als mögliche Qualifizierung der Sozialen Arbeit angesehen (vgl. Gilles 2006:166).

Um Sozialraumorientierung verstehen zu können, ist es notwendig ihre Wurzeln einzubeziehen, die in der Gemeinwesenarbeit und stadtteilorientierten Arbeit zu finden sind. Eine Sozialraumorientierung, die nicht Menschen, sondern Lebensbedingungen gestalten möchte, setzt sich nach Wolfgang Hinte (2001; 2003; 2006; 2007) aus den fünf Prinzipien Orientierung an Interessen und Willen der Menschen, Unterstützung der Eigeninitiative und Selbsthilfe, Konzentration auf die Ressourcen, zielgruppen- und bereichsübergreifende Sichtweise sowie Koordination und Kooperation zusammen. Sie bietet damit mehr als die vieldiskutierten Sozialraumbudgets und mehr als die geforderte BürgerInnenbeteiligung, die ein aktivierender Sozialstaat für die Bereitstellung von Hilfeleistungen voraussetzt. Sozialraumorientierung *„birgt die Chance selbstqualifizierender Entwicklungsimpulse und öffentlichen Prestigezuwachses"* (Dithmar 2006:187).

Sozialraumanalysen setzen an der Zielfindung eines Sozialraums an und ermöglichen Zielbeschreibungen, die dem aktuellen Bedarf der Bevölkerung und den lokalen Rahmenbedingungen entsprechen. Organisationen eines Sozialraums können nun durch Sozialraumanalysen „maßgeschneiderte" Angebote vor Ort entwickeln, die den Interessen und Bedürfnissen der Bevölkerung tatsächlich entsprechen. Derartige Analysen erleichtern es den Organisationen, eigene Ziele zu formulieren, Konzepte zu entwickeln, konkrete Handlungsschritte einzuleiten und hierfür passende Methoden auszuwählen. Auf diese Weise tragen Sozialraumanalysen auch dazu bei, soziale Einrichtungen zu entwickeln und zu verändern.

2   Durchführung einer Sozialraumanalyse

Sozialraumanalysen sind nichts Neues, aber genießen seit einigen Jahren auch in der Jugendarbeit zunehmende Bedeutung. Ihre historischen Wurzeln gehen bereits auf die „Chicago-School" in den 1920er Jahren zurück, die das Ziel verfolgte Erkenntnisse über die Zusammenhänge von Stadtentwicklung und Lebensbedingungen von Menschen zu gewinnen. Im deutschsprachigen Raum wurde die Sozialraumanalyse insbesondere durch Gemeindestudien der 1950er Jahre und Gemeinwesenarbeit der 1960er und 1970er Jahre verbreitet. Letztgenannte war meist als Aktionsforschung konzipiert, um Wohn- und Lebensverhältnisse der Bevölkerung bewusster zu machen und diese gleichsam zu aktivieren für eine Verbesserung ihrer Lebenslage einzutreten (vgl. Riege/Schubert 2005:11ff).

Martha Muchow (1935) und der Sozialisationsforscher Urie Brofenbrenner (1976) prägten die auf Kinder und Jugendliche bezogene Raumforschung. Sie gingen davon aus, dass Räume auch Lernorte darstellen und sich die lokale Umwelt mit ihren Erfahrungs- und Handlungswelten unmittelbar auf die Sozialisation auswirkt (vgl. Riege/Schubert 2005:28). Sozialisationstheoretiker sprechen von einer gelungenen Sozialisation,

> „wenn Jugendliche sich selbst ins Verhältnis zu ihrer Umwelt setzen können, daraus personale und Ortidentität ableiten und unter den komplexen Bedingungen ihres Sozialraums ihre Angelegenheiten in den einzelnen Situationen kompetent klären können und zwar mit den sprachlichen und nicht sprachlichen Mitteln, die ihnen zur Verfügung stehen." (Trees 2007:148).

Im Bereich der Kinder- und Jugendarbeit wurde die Sozialraumanalyse in den 90er Jahren durch Deinet und Krisch weiterentwickelt. Die Autoren bauten auf der Aneignungstheorie von Leontjew und Holzkampf auf und wandten qualitative und praxisbezogene Methoden der Sozial- und Feldforschung an, ohne jedoch einen wissenschaftlichen Anspruch zu erheben.

Das Aneignungskonzept geht davon aus, dass die aktive Auseinandersetzung mit der Umwelt, die Gestaltung und Veränderung von Räumen sich auf die Entwicklung von Jugendlichen erheblich auswirkt (vgl. Deinet/Reutlinger 2004:7). Zusätzlich zum Aneignungskonzept wurde für die Sozialraumanalyse auch das Lebenswelt-Konzept von Husserl und Schütz, Habermas oder auch Thiersch bedeutsam. Demnach sind Lebenswelten subjektorientiert; sie beinhalten subjektive Einschätzungen, Haltungen, Bewältigungsstrategien und räumliche wie soziale Bezüge, in denen sich Menschen bewegen und soziale Beziehungen pflegen (vgl. Deinet 2002:32). Lebenswelten werden somit individuell konstruiert; sie entstehen dort, wo Menschen handeln und bewegen sich so fast immer über Verwaltungsgrenzen hinweg. Wenngleich besonders im ländlichen Bereich der Aktionsradius regional geprägt ist, gestalten sich durch die Verbreitung der EDV-Technik zunehmend auch virtuelle Lebenswelten (vgl. Kolhoff/Wendt/Bothe 2006). Sozialraumanalyse, etwa wie sie für die Entwicklung von qualitativen Konzepten im Bereich der Jugendarbeit eingesetzt wird, berücksichtigt nicht nur die quantitativen Daten eines Sozialraums sondern auch (reale wie virtuelle) Netzwerke und Beziehungen der darin lebenden Jugendlichen.

> „Damit die Fachkräfte in einer Region sozialraumorientiert handeln können, bedarf es einer intensiven Sozialraumanalyse, um die sozialen Lebensbedingungen zu erfassen und zu beeinflussen sowie die im Sozialraum enthaltenen Ressourcen und Hilfepotenziale für den Einzelfall einsetzen zu können. Dabei geht es gleichermaßen um die Analyse beider Dimensionen von Sozialraum: Sozialraum als bebauter, bewohnter und administrativ strukturierter Raum und Sozialraum als von unterschiedlichen Bewohnern erlebter Raum." (Merchel 2001:377)

3   Sozialraumanalyse im Triestingtal

3.1 Das Triestingtal

Das Triestingtal liegt 45 km südlich von Wien und bildet die Südgrenze des Wienerwaldes. Die stark bewaldete Region erstreckt sich auf einer Länge von rund 30 Kilometern und setzt sich aus den 10 Gemeinden Kaumberg, Altenmarkt, Furth, Weissenbach, Pottenstein, Berndorf, Hernstein, Hirtenberg, Enzesfeld-Lindabrunn und Leobersdorf zusammen. Die Region wird von rund 34.000 Menschen bewohnt; 4288 EinwohnerInnen sind zwischen 10 und 20 Jahren alt.

Die Gemeinden werden bis auf die Ausnahmen Furth und Hernstein durch die Hainfelder Straße 18 und den Fluss Triesting verbunden, der dem Tal auch seinen Namen gab und bereits im Jahr 1002 das erste Mal urkundlich erwähnt ist (vgl. Handel/Handel 2001:9). Die geographischen Vorteile des Triestingtals, wie die Nähe zur Bundeshauptstadt Wien, die Triesting oder auch der Holzreichtum, boten in der Vergangenheit gute Voraussetzungen für seine Industrialisierung.

Das Triestingtal ist mit den Namen Alexander Schoeller und Arthur Krupp in Berndorf, Starlinger in Weissenbach und Graf Wimpffen in Neuhaus genauso verbunden, wie mit Anton Keller, der die Patronenfabrik Kromag in Hirtenberg gründete. In Enzesfeld wurde ebenfalls bereits 1905 die heutige Metallwarenfabrik Enz-Caro aufgebaut. Aus den ehemaligen Bauerndörfern wuchsen rasch Industriegemeinden heran. Insbesondere Berndorf, das im ersten Drittel des 19. Jahrhunderts nur 180 EinwohnerInnen zählte, konnte durch die Industrialisierung bis zum Jahr 1880 seine EinwohnerInnenanzahl verzehnfachen (vgl. Handel/

Handel 2003:89). Im Zeitraum der Weltwirtschaftskrise in den 1930er Jahren sank die Beschäftigungsanzahl der Fabrik Enz-Caro von 8.000 ArbeiterInnen auf 1.000. Tausende waren arbeitslos, 600 Menschen fehlte jegliche Einnahmequelle (vgl. Lautschman 2005:391). Heute ist die Berndorfer AG und die Schaeffler Gruppe mit ihrer Marke FAG in St. Veit wieder ein gewinnbringendes Unternehmen und wichtiger Arbeitsplatz für viele Menschen aus dem Triestingtal.

Im Gegensatz zu den Gemeinden Pottenstein bis Leobersdorf behielt das obere Triestingtal bis heute seine überwiegend bäuerlichen Strukturen und weist nur eine leicht abnehmende Anzahl an bäuerlichen Betrieben auf (vgl. Handel/Handel 2003:121).

Alle Gemeinden des Triestingtals wurden bis Ende 2004 durch eine Bahnlinie verbunden. Seit dem 12. Dezember 2004 stellt bereits Weissenbach den Endpunkt der Linie dar, die aber noch nicht das Ende des Tals markiert. Zwar wird darüber hinaus ein Schienenersatzverkehr eingesetzt, der jedoch die Mobilität im Tal, insbesondere die der jüngeren Bevölkerung, beschränkt.

3.2 Ausgangssituationen und Zielsetzung

„Arthur Krupp: Für die Jugend ist das Beste gerade gut genug!"
(Lautschman 2005:267)

In Berndorf befindet sich der Sitz des Vereins Jugendinitiative Triestingtal. Er wurde im Jahr 2000 gegründet und betreibt die Jugendfreizeit- und Beratungsstelle E.L.E.M.E.N.T.S., die seit dem Jahr 2003 mit nichthoheitlichen Aufgaben der NÖ Jugendwohlfahrt betraut ist. Ende 2005 wurde die Jugendinitiative von der ARGE Kleinregion Triestingtal – einem Zusammenschluss aller Gemeinden – mit dem Konzept für eine nachhaltige regionale Jugendarbeit im Triestingtal beauftragt. Der Auftrag beruht auf einer längeren Diskussion über die Lebenssituation der Jugendlichen im Triestingtal, die sich durchaus differenziert darstellt. Im Unteren Triestingtal, mit Schwerpunkt auf die Stadtgemeinde Berndorf, sind insbesondere urbane Thematiken aktuell.

Jugendliche, die bereits im Rahmen einer aktivierenden Befragung der Jugendberatungsstelle E.L.E.M.E.N.T.S. im Jahr 2003 ihre Meinung äußerten, kritisierten mehrere negative soziale Umstände: Als besonders negativ erlebten sie mangelnde Freizeitmöglichkeiten, Konflikte auf ihren informellen Treffpunkten mit Erwachsenen und der Polizei sowie das Gefühl von diesen Plätzen vertrieben zu werden und keinen eigenen Platz zu finden. Ebenfalls monierten sie Cliquenkonflikte, Aggression und Gewalttätigkeiten und die gesunkenen Hemmschwellen jüngerer Jugendlicher. Fehlende Arbeitsplätze und Lehrstellen für

Jugendliche in der Region waren jugendliche Kritikpunkte an der strukturellen Umwelt, und letztlich thematisierten sie eine Sucht- und Drogenproblematik, die vor allem im Jahr 2005 durch aktuelle Vorfälle in den Bezirkszeitungen medial stark präsent war.

Insbesondere im Unteren Triestingtal wurde bereits vor der Erhebung in Gesprächen mit Jugendlichen deutlich, dass sie zunehmend unzufrieden mit der eigenen Gemeinde waren, was die Identifikation und das Wohlfühlen in der Heimatgemeinde erschwert. Einige junge Menschen können sich ihre Zukunft nicht im Triestingtal vorstellen.

Probleme und ihre Auswirkungen lokalisieren sich vermehrt in der Stadtgemeinde Berndorf als größte Gemeinde und Zentrum des Triestingtals, die auch Einzugsgebiet von Jugendlichen anderer Gemeinden ist. Der Stadtgemeinde war es somit ein vordergründiges Anliegen, diesen Sachverhalt in der Region bewusst zu machen und eine regionale Kooperation und Koordination von Jugendangeboten zu fördern.

Im Oberen Triestingtal, das wie bereits erwähnt noch stärker durch ländliche Strukturen und dörfliche Lebensweise geprägt ist, sind Jugendliche verstärkt in die Jugendarbeit der Vereine, Verbände sowie in den bäuerlichen Alltag eingebunden. Es gibt jedoch keine offenen, selbstverwalteten Treffpunkte außerhalb der Landjugendverbände. Des Weiteren sind kaum jugendkulturelle Orte wie zum Beispiel ein Skaterplatz vorhanden.

Durch Medien und den sozialen und ökonomischen Wandel verringern sich die Unterschiede in Lebenseinstellungen und Werthaltungen zwischen Jugendlichen im städtischen und ländlichen Raum (vgl. Lange 1997:18). Das betrifft auch die Jugendlichen des Triestingtals; sie wachsen sowohl in ländlichen Strukturen als auch in jugendkulturellen, urbanen Lebenswelten auf, die sie vor allem im Unteren Triestingtal vorfinden. So kommt es durchaus vor, dass ein Mädchen an einem Tag in der Volkstanzgruppe tanzt und dann am nächsten Tag in einer anderen Gemeinde Freundinnen zum Hip Hop-Tanzen trifft (vgl. Böhnisch 1991:12). Jugendliche können diese beiden Welten für sich selbst auch meist vereinbaren. Schwierig wird es nur dann, wenn es kaum Strukturen für jugendkulturelle Interessen in der eigenen Gemeinde gibt und andere Gemeinden aufgrund mangelnder Mobilität nur schwer erreichbar sind. Diese Problematik betrifft insbesondere Jugendliche aus Familien von ZuzüglerInnen sowie Jugendliche, die mit der dörflichen Tradition und den Vereinen in der Gemeinde nichts mehr anzufangen wissen.

Aufgrund der beobachtbaren Jugendphänomene wollte das Obere Triestingtal vor allem die Notwendigkeit von Jugendangeboten außerhalb der Vereinsstruktur ermitteln. Die Projekt-MitarbeiterInnen beschlossen, ein Konzept auf Basis einer qualitativen Sozialraumanalyse in den zehn Gemeinden zu erstellen.

Hierfür standen für einen Zeitraum von zehn Monaten 480 Personalstunden im Zweier-Team und rund 24.000 Euro zur Verfügung. *„Im Kontext der Konzepterstellung ist die Sozialraumanalyse der erste der notwendigen Prozessschritte, die in der Zielfindung und Zielbeschreibung ihren konzeptionellen Kern haben."* (Gilles 2006:166).

Durch die Kooperation mit dem Regionalmanagement im Triestingtal – dem Auftraggeber der Analyse – war es möglich Fördermittel aus dem Kleinregionen-Fonds der Abteilung „RU2-Raumordnung, Regionalmanagement Niederösterreich" zu akquirieren, die 50% der Projektkosten übernahm. Ein weiterer Kooperationspartner war der regionale Entwicklungsverband Industrieviertel, der als Partner der ARGE Triestingtal die Einreichungsmodalitäten mit dem Regionalmanagement und dem Verein Jugendinitiative Triestingtal abklärte.

Die Zuordnung zur Raumordnung war durchaus stimmig, da Jugendliche in ländlichen Regionen eine wichtige Ressource zur Weiterentwicklung des Lebensraums leisten können (vgl. Busch 2006:54-61) und die ländliche Situation sich wiederum auf das gelingende Aufwachsen Jugendlicher auswirkt. Sich in der Gemeinde wohlzufühlen entscheidet über die Identifikation Jugendlicher mit ihrem Heimatort. Es entscheidet darüber, ob Jugendlichen dort verbleiben oder abwandern und auch darüber, ob sie als Erwachsene das Gemeinwesen aktiv mitgestalten. Claudia Busch (2006:56) stellt sich in diesem Zusammenhang die Frage: *„Wie sollen Jugendliche, denen von der Gesellschaft latent reflektiert wird, nicht gebraucht zu werden, zu selbstbewussten und engagierten Erwachsenen werden?"* Jugendliche sind somit als wichtiges Humankapital in der regionalen Entwicklung wahrzunehmen und entsprechend zu fördern.

Aus der Auftragslage ergaben sich fünf Zielsetzungen für die Sozialraumanalyse:
1. In der Region situierte Problemlagen und Potenziale bezogen auf die Lebenswelt der Jugendlichen kennen zu lernen;
2. konkrete Bedürfnisse und Interessen der Jugendlichen in das fachliche Konzept einzubeziehen;
3. das Konzept Mobile Jugendarbeit auf seine Passungsfähigkeit für die Region und die einzelnen Gemeinden zu überprüfen;
4. ein Konzept für eine regionale, nachhaltige Jugendarbeit zu erstellen, das vorhandene Strukturen berücksichtigt und
5. eine Basis zu schaffen für die praktische Umsetzung des Konzepts in der Region und den einzelnen Gemeinden.

3.3 Nötige Vorbereitung einer Sozialraumanalyse

Im Mittelpunkt der Sozialraumanalyse steht meistens das Ziel soziale Lebenslagen in einem bestimmten Gebiet abzubilden, Problemlagen sichtbarer, vorhandene Ressourcen und funktionierende Netzwerke ausfindig zu machen und daraus Schlussfolgerungen für soziale Dienste zu ziehen. Mangels einer allgemein gültigen Definition gibt es für die Durchführung von Sozialraumanalysen keine einheitliche Vorgehensweise und keine festgesetzten Methoden, die angewendet werden müssen. Grundsätzlich basiert die Sozialraumanalyse auf Methoden der empirischen Sozialforschung, die in der Praxis sehr heterogen verwendet werden (vgl. Riege/Schubert 2005). Welches Methodenrepertoire zum Einsatz kommt, hängt nun von den Gegebenheiten des Sozialraums und vor allem der oder den Forschungsfrage/n ab. Die mit der Durchführung beauftragten Personen und der Anspruch auf Wissenschaftlichkeit beeinflussen ebenfalls die Umsetzung einer Sozialraumanalyse.

Im Triestingtal machten die verschiedenen Problemlagen und Erwartungen der zehn Gemeinden sowie die doch kurz bemessene Zeit die Sozialraumanalyse zu einem äußerst komplexen und vielschichtigen Unterfangen, insbesondere weil eine ganzheitliche Sichtweise über Ressourcen, Potenziale und Probleme, sowie über individuelle Nutzungen, räumliche Bezüge und Wahrnehmungen der Jugendlichen angestrebt wurde. Zusätzlich war den MitarbeiterInnen bewusst, dass die Lebenswelten der Jugendlichen nicht auf eine Gemeinde beschränkt sind, sondern sich in anderen Gemeinden in der Region bzw. über die Region hinaus situieren. Um die Erhebung dennoch einzuschränken, fokussierte das Forschungsteam insbesondere die regional vernetzten Lebenswelten in der Region Triestingtal.

Ein wichtiger Schritt war es, vor der Analyse die verschiedenen Ziele und Schwerpunkte der GemeindevertreterInnen zu erheben und sie von Beginn an als wichtige Ressource in die Umsetzung einzubeziehen. Dadurch wurde die Identifikation mit der Erhebung gestärkt, was sich in der Aussage des Regionssprechers der ARGE Kleinregion Triestingtal Bgm. Franz Seewald widerspiegelt:

> „Wir wollen durch das Projekt Jugendliche direkt an der Mitgestaltung ihrer Lebenswelt teilhaben lassen und ihnen Gehör für ihre Anliegen und Probleme verschaffen." (ARGE Triestingtal, Pressetext März 2006).

Den Gemeinden war es vor allem wichtig, das Fundament für eine dauerhafte, regionale Jugendarbeit zu schaffen, bestehende Angebote zu überprüfen, Wünsche, Interessen und Probleme von Jugendlichen kennen zu lernen sowie eine Basis für eine verbesserte Zusammenarbeit bestehender Einrichtungen aufzubauen. Die vorhandenen Jugendeinrichtungen in den Gemeinden des Unteren Triestingtals bildeten ein breit gefächertes Handlungsfeld, das es bereits vor

Projektbeginn in die Diskussion zu involvieren galt. Denn einerseits stellten ihre Erfahrungswerte wichtige Informationen für die Durchführung der Erhebung bereit. Andererseits sollte vermieden werden, dass anstatt Kooperationsbeziehungen Konkurrenzsituationen entstehen, die der Aufbau einer neuen regionalen Jugendarbeit durchaus suggerieren könnte. Weitere Stakeholder – wie soziale Einrichtungen oder die im ländlichen Bereich unerlässlichen Vereine und Verbände – sollten zu einem späteren Zeitpunkt berücksichtigt werden.

Ein weiterer Punkt, der bereits vor der Auswahl der Methoden beachtet werden musste, ist die Tatsache, dass es insbesondere im ländlicheren Oberen Triestingtal schwierig ist Jugendliche im öffentlichen Raum anzutreffen. Dieser Sachverhalt schränkte die sinnvolle Durchführung einer zum Beispiel teilnehmenden Beobachtung der Jugendlichen ein und wurde witterungsbedingt in den Wintermonaten noch zusätzlich erschwert. Somit ist es auch wichtig, die Methoden zeitlich exakt zu planen, um den Projektablauf nicht zu behindern.

Der Auftrag der ARGE Triestingtal an die Projektdurchführenden beinhaltete es, auch finanzielle Ressourcen über das Projektende hinaus zu akquirieren. Diese Aufgabenstellung erschwerte die Erhebung zusätzlich. Grundsätzlich ist von dieser Vorgehensweise auch abzuraten. Denn eine Fokussierung auf Defizite der Region, die oft notwendig ist, um Finanzierungsvorhaben zu rechtfertigen, hat zur Folge, dass Ressourcen dementsprechend vernachlässigt werden.

„Doch wie soll eine Fachkraft auch Ressourcen von Menschen nutzen, wenn sie zuvor seitenlang Defizite beschreiben muss, um diese Menschen so zu präsentieren, dass ihr Anliegen finanzierbar ist?" (Hinte 2003:19).

Bei der Darstellung von Problemen und Defiziten im Sozialraum werden außerdem hohe Erwartungen geweckt, die sich auf die Beseitigung der Missstände beziehen. Probleme, die sich lokal oder regional verorten, können jedoch nicht immer mit Ressourcen der vorhandenen Sozialräume gelöst werden. So werden Folgeprobleme der Arbeitslosigkeit zwar lokal sichtbar, können jedoch nicht über Jugendsozialarbeit beseitigt werden (vgl. Wolff 2002: 1079). Es ist darum bereits am Beginn einer Sozialraumanalyse angebracht, nach außen transparent aufzutreten und derartige Sachverhalte zu verdeutlichen.

Potenziale einzubeziehen und darzustellen ist jedoch sehr wichtig, um bestimmte Ortsteilen der Gemeinde nicht abzuwerten oder zu stigmatisieren. Indem bestehende Ressourcen und Institutionen kennengelernt werden, entsteht außerdem eine Basis für spätere Kooperationen und Netzwerke, die in weiterer Folge ein schnelleres und unbürokratisches Handeln im Sozialraum ermöglichen.

Ein weiterer Gesichtspunkt, der vor der Analyse bereits berücksichtigt werden muss, ist die selektive Weitergabe von Informationen. Sozialraumanalyse darf kein Wissen, das gegen Jugendliche verwendet werden könnte, zur Verfügung stellen, sowie keine Grundlage für die Kontrolle Jugendlicher im öffentlichen Raum oder repressives Vorgehen bieten. In diesem Bezug ist es angebracht, bereits vor Beginn der Erhebung darauf zu achten, welche Wissensbestände über Jugendliche, über ihre Plätze und Orte wirklich öffentlich präsentiert werden können (vgl. Krisch 2002:90). Diese Grenze ist auch der Politik zu kommunizieren und muss von dieser entsprechend akzeptiert werden.

Im Rahmen der Jugendarbeit machen MitarbeiterInnen immer wieder die Erfahrung, dass es für Jugendliche eine wertvolles Erlebnis ist gehört und nach ihren Interessen, Bedürfnissen und Sichtweisen gefragt zu werden. Dies birgt jedoch auch die Gefahr in sich Erwartungen bei den Jugendlichen zu wecken, die so nicht erfüllt werden können. Auch dieser Sachverhalt ist bereits in die Vorbereitung der Methodenauswahl einzubeziehen.

Um die Ergebnisse der Analyse auch auswerten und somit gewinnbringend für ein Konzept verwerten zu können, ist es notwendig am Beginn einer Sozialraumanalyse einige präzise Fragestellungen zu entwickeln, auf die die Erhebung Antworten finden soll (vgl. Deinet 2005:159). Dies setzt bereits eine gewisse Auseinandersetzung mit der Region und mit den aktuellen Lebenslagen Jugendlicher voraus.

Eine gewisse Flexibilität im Forschungsplan ermöglicht es jedoch, neue Fragen einzubauen, die sich während der Erhebung ergeben oder Hypothesen zu verändern bzw. gänzlich zu verwerfen (vgl. Dithmar 2006:197). Eine gewisse Offenheit und eine prozesshafte Erstellung von Hypothesen bieten die Chance offener auf die Lebenswelt der Jugendlichen zuzugehen, ohne vorgefertigtem Wissen und vorschnellen Meinungen aufzusitzen (vgl. Girtler 2001:51). So weist auch Deinet (2005) darauf hin, dass gewonnene Erkenntnisse nicht sofort auf die eigene oder die geplante Einrichtung bezogen werden sollten.

Am Beginn der Forschung ist es notwendig die Protokollierung der Ergebnisse und Erkenntnisse festzulegen. Es empfiehlt sich hier zusätzlich ein Forschungstagebuch zu führen, in dem alle wichtigen Ereignisse, Gefühle und Stimmungen der durchführenden Personen festgehalten werden (vgl. Girtler 2002:133). Zusätzliche hilfreiche Materialien sind ein Diktiergerät zur Aufzeichnung von Gesprächen oder Gedanken der Forschenden und eine Digitalkamera, um Plätze und Orte zu fotografieren, die im Anschluss durch die visuelle Hilfe besser ausgewertet werden können.

Die Entwicklung einer Forschungsfrage, die Verwendung von empirischen Methoden der Sozialforschung und auch die Auswertung der Ergebnisse, setzt von den Durchführenden gewisse Erfahrungen mit wissenschaftlichem Arbeiten voraus. SozialarbeiterInnen beschäftigen sich oft jedoch nur marginal mit der Thematik, und der Lehrplan der vormaligen Sozialakademien sah das Erlernen von Forschungsmethoden wenn überhaupt, dann nur in Auszügen vor. Eine längere Einarbeitung in die Methodik bzw. die Zusammenarbeit mit ExpertInnen der Sozialforschung wirkt sich aber durchaus gewinnbringend auf die Qualität der Ergebnisse aus. In der Praxis werden jedoch finanzielle und personelle Ressourcen nur in den seltensten Fällen vorhanden sein, um Erhebungen und Forschungen auf hohem wissenschaftlichem Niveau durchzuführen.

Im Rahmen der Triestingtal Erhebung stand somit insbesondere das „Verstehen" der Lebenssituation der Jugendlichen im Mittelpunkt.

3.4 Forschungsfragen

Die Formulierungen der Forschungsfragen leiteten sich grundsätzlich vom konkreten Verwertungsinteresse ab. Ziel der Untersuchung im Triestingtal war es, nicht nur die Lebenssituation Jugendlicher im Triestingtal zu erkennen und zu beschreiben, sondern auch konkrete Maßnahmen für die Lösung der Probleme zu erarbeiten. Am Beginn der Erhebung wurden mehrere Forschungsfragen formuliert, deren Beantwortung einen ganzheitlichen Überblick über die Lebenssituation der Jugendlichen und die Erreichung des Metaziels der Sozialraumanalyse – die Entwicklung eines bedarfsbezogenen Konzepts für eine regionale Jugendarbeit – gewährleisten sollte. Folgende Forschungsfragen wurden eingangs gestellt:

a. Wie erleben Jugendliche ihre Gemeinde und die Region Triestingtal?
Welche Qualitäten bietet die Gemeinde / das Triestingtal für Jugendliche?
Welche Angebote, Möglichkeiten und Ressourcen gibt es und wie werden diese von den Jugendlichen genutzt und bewertet?
Welche Qualitäten haben Räume und Treffpunkte? Warum halten sich Jugendliche dort auf? Was machen sie dort?
Was gefällt Jugendlichen weniger gut in ihrer Gemeinde / im Triestingtal?
Welche Probleme und Gefahren werden von Jugendlichen in ihren Lebenswelten wahrgenommen?
Welche Probleme und Konflikte ergeben sich an welchen Plätzen und warum?

b. Welche Stärken, Interessen, Probleme haben Jugendliche?
Welche unterschiedlichen Interessen, Bedürfnisse werden von Jugendlichen geäußert? Haben diese Jugendlichen genügend Möglichkeiten um ihre Interessen, Fähigkeiten auszuleben und weiterzuentwickeln?
Welche konkreten Probleme benennen Jugendliche? Gibt es für diese entsprechende Unterstützungsangebote?

c. Wie beurteilen ExpertInnen die Lebenssituation von Jugendlichen im Triestingtal?
Welche Qualitäten und welche Probleme werden bezogen auf Jugendliche im Triestingtal von ExpertInnen wahrgenommen?
Welche Angebotsstruktur und inhaltliche Konzepte werden von ExpertInnen für das Triestingtal gefordert?

d. Welche konkreten Vorschläge für Jugendangebote und „Räume" äußern Jugendliche im Triestingtal?

e. Welche Handlungskonzepte und Angebote ergeben sich aus den Punkten A bis G und der ExpertInnenmeinung für die regionale Jugendarbeit im Triestingtal?

3.5 Methodische Vorgehensweise

Nachdem das Erkenntnisinteresse festgelegt wurde, galt es den Fokus auf die Methoden und den Ablauf der Analyse zu lenken.

Um geeignete Methoden für die Erfassung des Sozialraums auszuwählen, muss die Wechselseitigkeit von sozialen und räumlichen Aspekten entsprechend beachtet werden. Einerseits prägt der Raum durch die Infrastruktur, den Verkehrsraum, den Einzugsbereich von Vereinen etc. die Lebensbedingungen. Auf der anderen Seite prägen auch soziale Merkmale wie Einkommensverhältnisse, Bildungsgrad, Arbeitslosigkeit etc. die Lebensqualitäten in einem Ort (vgl. Schrapper 2006:43). Der Sozialraum kann sich somit förderlich aber auch hinderlich auf das Aufwachsen junger Menschen auswirken.

Zusätzlich zum Sozialraum spielen die individuell konstruierten Lebenswelten der Jugendlichen eine wichtige Rolle, die jedoch nicht immer direkt wahrnehmbar sind. Die Lebenswelten beinhalten die subjektiven Einschätzungen, Sichtweisen und individuellen Bewältigungsstrategien (vgl. Schmidt-Hood 2004:64). Sie werden von unterschiedlichen Dimensionen wie Geschlecht, Zugehörigkeit zu einer Etnie, familiärer Situation etc. beeinflusst (vgl. Deinet 1999:66ff). Trotz ihrer Komplexität zeigen Lebenswelten auf, wie Jugendliche

„in einem engen Bezug zu ihrem konkreten Stadtteil, zu ihren Treffpunkten, Orten und Institutionen stehen und welche Sinnzusammenhänge, Freiräume oder auch Barrieren Jugendliche in ihren Gesellungsräumen erkennen." (Krisch 1999:87).

Lebenswelten stellen somit weitere wichtige Informationen über Bedürfnisse und nötige Angebote für Jugendliche bereit.

Um qualitative Ergebnisse zu erhalten, sollten mehrere Methoden kombiniert und mehrere Ebenen genauer betrachtet werden. Im vorliegenden Projekt wurden sowohl qualitative Erhebungsmethoden, wie Interviews oder Beobachtungen, als auch quantitative Methoden angewendet, wie Fragebogenerhebungen und beschreibende Darstellung von Statistikdaten (Bevölkerungsanzahl, Arbeitslosenstatistik etc.). Grundsätzlich bezog die Sozialraumanalyse im Triestingtal die im Qualitätshandbuch „Qualitätssicherung Mobile Jugendarbeit/Streetwork in Niederösterreich" beschriebenen Schwerpunkte der Explorationsarbeit in ihre Untersuchung mit ein, der Ablauf wurde jedoch leicht verändert bzw. durch weitere Methoden ergänzt. (vgl. Fellöcker 2003:10-11):

1. Überblick über sozialtopographische und sozialstatistische Daten u.a. Bevölkerungsstruktur, Religionsverteilung, Beschäftigungsstand, Infrastruktur, vorhandene Vereine etc. sowie grundlegende Informationen zur Geschichte und Entwicklung der Region;

2. Interviews mit GemeindevertreterInnen mittels Interviewleitfaden, um vorhandene Ressourcen für Jugendliche zu erheben, sich ein grundlegendes Basiswissen über die Situation in den 10 Gemeinden anzueignen, vorhandene Studien in den Gemeinden mit einzubeziehen, Veränderungen zu erkennen und die Feldanalyse besser auf bestimmte Ortsteile und Plätze fokussieren zu können;

3. Feldanalyse durch Beobachtung, um Zielgruppen und Aufenthaltsorte zu identifizieren sowie im Rahmen der teilnehmenden Beobachtung Qualitäten und Barrieren der Plätze zu erheben. Erste Hypothesenbildung zum Sozialraum;

4. Kontaktaufnahme und Befragung der Jugendlichen mittels Fragebogen und Interviews. Ergänzung, Erweiterung, Verwerfung der Hypothesen;

5. Leitfadeninterviews mit ExpertInnen aus dem Sozialraum. Ergänzung der Hypothesen;

6. Gruppendiskussion mit ExpertInnen, Jugendeinrichtungen und Jugendverbänden, um Erkenntnisse der Leitfadeninterviews zu vertiefen, Doppelstrukturen zu vermeiden, Kooperationsmöglichkeiten und Herausforderungen für eine regionale Jugendarbeit zu diskutieren;

7. Gruppendiskussionen mit Jugendlichen in allen Gemeinden, um gewonnene Eindrücke zu überprüfen und zu erweitern;

8. Interviews mit AnrainerInnen, um ergänzende Einstellungen und Sichtweisen der erwachsenen Bevölkerung zu erheben;

9. Zusätzliche Fragebogenerhebung in ausgewählten Schulen und Gemeinden, um Jugendliche im nicht öffentlichen Raum zu erreichen;

10. Überprüfung der Hypothesen und Entwurf konzeptioneller Rückschlüsse und Prioritäten.

Im Rahmen der Explorationsarbeit mit den Jugendlichen wurden auch qualitative Methoden der von Mag. Richard Krisch in den letzten Jahren ausführlich beschriebenen Lebensweltanalyse angewandt. Diese helfen den Forschenden insbesondere dabei, die individuellen Bezüge, Qualitäten und Behinderungen der Räume für Jugendliche zu erkennen und Rückschlüsse auf die Chancen und Möglichkeiten einer Raumaneignung zu ziehen (vgl. Krisch 2002:87ff). Krisch weist bei der Erklärung der Methoden sozialräumlicher Lebensweltanalyse darauf hin, dass es sich dabei um keine wissenschaftliche Feldforschung handelt. Vielmehr soll dadurch eine gewisse Vertrautheit mit den Lebenswirklichkeiten der Jugendlichen erreicht werden (vgl. Krisch 2002:87). Auch im Rahmen der Triestingtal-Erhebung war es in Anbetracht der vorgegebenen Projektlaufzeit leider nicht möglich, ausführliche Interviews und Gespräche mit Jugendlichen in Reinschrift zu transkribieren und methodologisch genaue Inhaltsanalysen durchzuführen.

3.6 Beschreibung ausgewählter Methoden

a. Teilnehmende Beobachtung und Interviews
Die teilnehmende Beobachtung kann als ein Prozess bezeichnet werden, in dem der/die Forschende kontinuierlichen Zugang zum Feld und zu Personen findet. Im Rahmen dieses Prozesses unterscheidet Spradley (1980:34) verschiedene Phasen, die sich durch eine zunehmend fokussierte Beobachtung auszeichnen. Bei einer solchen Beobachtung wird die Perspektive immer mehr auf die für die Fragestellung relevanten Probleme gelenkt.
Im Triestingtal war es notwendig die vorher definierten Gemeindeorte mehrmals aufzusuchen, um sich eine erste Orientierung über den großen Bereich zu verschaffen. Nach der ersten Übersicht über das Forschungsfeld und informellen Jugendtreffpunkten, der Fotografie von markanten Merkmalen und der Notierung eigener Eindrücken ohne spezifischen Leitfaden wurden die Plätze beim wiederholten Aufsuchen genauer analysiert. Die exaktere Analyse bezog Gegebenheiten der Plätze wie auch der Jugendlichen ein: ihr Alter, ihr Geschlecht, ihre Nationalität, die Gruppenzusammensetzung sowie ihre aktiven und passiven Handlungen und ihre Gespräche auf den Plätzen.
Für die fortschreitende teilnehmende Beobachtung kann ein Beobachtungsleitfaden die selektive Wahrnehmung und die Dokumentation erleichtern. Für die Beobachtungsphase empfiehlt es sich, auch durchaus das Forschungsfeld alleine aufzusuchen, um später die gewonnenen, individuellen Eindrücke im Team zu vergleichen und zu reflektieren. Im Rahmen der

Triestingtal Erhebung war es wichtig, so bald als möglich direkten Kontakt zu Jugendlichen aufzunehmen, um die knappe warme Jahreszeit im Erhebungszeitraum für Interviews mit Jugendlichen nutzen zu können. Gespräche mit Jugendlichen fanden vor allem anhand eines Fragebogens und anschließender qualitativer Interviews auf den Plätzen der Jugendlichen statt. Der Fragebogen half insbesondere dabei Erstkontakt aufzunehmen; er unterstützte die Jugendlichen auch dabei, Zugang zur Thematik zu finden. Die Interviews bezogen nicht nur den Platz, seine Qualitäten oder Defizite mit ein, sondern auch die erlebten Lebensqualitäten und Probleme der Jugendlichen in ihrer Gemeinde und im Triestingtal. Ein besonderes Augenmerk wurde auf die regionale Orientierung der Jugendlichen gelenkt, da bereits im Vorfeld die Hypothese aufgestellt wurde, dass Jugendliche durch Freundeskreise ihre Aktivitäten nicht auf ihre Heimatgemeinde beschränken.

In Gemeinden ohne spezifische Jugendtreffpunkte und bekannte Schlüsselpersonen, war es – wie bereits erwähnt – schwierig Jugendliche im öffentlichen Raum anzutreffen und somit Zugang zu ihnen zu finden. Um diese dennoch in die Erhebung einbeziehen zu können, wurden Jugendliche in den betroffenen Gemeinden gezielt, durch Versendung einer Einladung an alle Haushalte, zu einem Diskussionstreffpunkt eingeladen. Dieser hochschwelligere Zugang ermöglichte es uns, Jugendliche zu kontaktieren, die anderweitig nicht angesprochen worden wären.

Die Gespräche mit den Jugendlichen erbrachten weitere Erkenntnisse und machten zum Teil einen Rückschritt auf Beobachtungsphasen notwendig. Im Triestingtal stellten sich insbesondere der Zug und die Bahnhöfe als wichtige weitere Treffpunkte heraus, was sowohl positiv, als auch negativ von Jugendlichen und AnrainerInnen bewertet wurde. Im Rahmen der Erhebung war es auch wichtig unterschiedliche Fortbewegungsmittel zu benutzen, um sich in die Lebenswelten der Jugendlichen besser einfühlen zu können, um regionale Bezüge herzustellen und auch, um Einschränkungen der Mobilität persönlich nachfühlen zu können. Auf diese Weise wurden bestimmte Strecken nicht nur mit Auto, sondern u.a. auch mit dem Moped, zu Fuß oder mit dem Zug zurückgelegt.

b. Stadtteil-Gemeindebegehung mit Jugendlichen
    Diese Methode, die bereits 1996 von Ortmann beschrieben wurde, hat das Ziel, einen Ortsteil mit den Augen der Jugendlichen zu erleben. Mit einer kleinen Gruppe Jugendlicher wird eine vorher festgelegte Route begangen. Indem Jugendliche unterschiedlichen Alters, Geschlechts- und Cliquenzugehörigkeit einbezogen werden, entsteht ein möglichst genauer Einblick in die Lebenswelten der Gemeinde und Region. Diese Methode war jedoch im

Rahmen der Triestingtal-Erhebung aufgrund der Anzahl der Gemeinden und der größeren Entfernung der Plätze nur vereinzelt einsetzbar. Die Ortsteilbegehung wurde zusätzlich dadurch unterstützt, indem die betreffenden Jugendlichen ihre bedeutsamen Plätze selbst mit einer Digitalkamera fotografierten. Vielfach wurde diese Methode durch eine genauere Diskussion der Nadelmethode ersetzt, die eine erste Auseinandersetzung mit Plätzen und Orten der Jugendlichen ermöglichte, ohne diese direkt aufsuchen zu müssen.

c. Nadelmethode

Die Nadelmethode (Ortmann 1996) liefert einen raschen Überblick über verschiedene Plätze in der Gemeinde. Benötigte Grundausstattung sind ein Gemeindeplan und farbige Klebepunkte bzw. Stecknadeln. Durch die farbige Markierung von Plätzen können Lieblingsorte, angstbesetzte Plätze und gemiedene Treffpunkte verhältnismäßig schnell visualisiert werden. Die bunten Farben repräsentieren im Vorfeld festgelegte Kriterien oder Fragestellungen. Zum Beispiel kann die Farbe rot für angstbesetzte Plätze verwendet werden.

Anschließende Gespräche und Diskussionen präzisieren die Qualitäten und Defizite der Orte. Auch für Gespräche über Cliquen, ihre Verhaltensweise und ihre Handlungen auf den Plätzen dient die Nadelmethode als Basis. Ausgehend von dieser Methode wurden im vorliegenden Projekt die informellen Orte und Lieblingsplätze direkt aufgesucht und zusätzlich beobachtet.

d. Gruppendiskussion

Am Ende der Beobachtungsphase fanden zehn moderierte Gemeindediskussionen mit Jugendlichen in ihrer Gemeinde statt. Zielgruppe waren insbesondere Jugendliche, die sich im Rahmen der Interviews bereits für eine intensivere Auseinandersetzung mit der eigenen Region interessiert zeigten. Die Gruppendiskussionen waren je nach Gegebenheit und Jugendlichen in Workshopform aufgebaut und vertieften folgende Fragestellungen: Was verbinden Jugendliche mit ihrer Gemeinde und der Region Triestingtal? Was gefällt Jugendlichen in ihrer Gemeinde gut, was weniger? Welche Treffpunkte und Angebote nehmen sie war? Welche anderen Jugendgruppen gibt es? Welche Probleme sehen sie in der Gemeinde und in der Region? Ziel der Gruppendiskussionen war es vor allem, das Bild der Beobachtungen und der bereits geführten Gespräche und Interviews zu vertiefen und zu ergänzen sowie mit den Jugendlichen gemeinsam Ideen und Vorschläge für die Lösung der aufgezeigten Problemfelder zu entwickeln. In den Workshops wurden u.a. auch die Nadelmethode, Kleingruppenarbeiten und Fotos aus der Region einbezogen.

e. Fragebogenerhebung
Diese quantitative Erhebungsform sollte die Ergebnisse der anderen Methoden ergänzen und insbesondere Jugendliche einbeziehen, die im öffentlichen Raum unerreichbar waren. Diese „unsichtbaren" Jugendlichen verdeutlichen eine weitere Ebene des Sozialraums, der ohne sie verborgen bleiben würde. Die Befragung erstreckte sich auf unterschiedliche Schulen und Gemeinden im Oberen Triestingtal; rund 500 Fragebögen konnten in die Auswertung einbezogen werden.

f. Qualitative Tiefeninterviews und Vernetzung mit ExpertInnen
Die qualitativen Interviews ermittelten die ExpertInnenmeinung zur Lebenssituation der Jugendlichen im Triestingtal. ExpertInnen beantworteten die Frage, welche Funktion eine regionale, mobile Jugendarbeit im Triestingtal erfüllen soll. Ein regionales Vernetzungstreffen ergab erste Antworten darauf. Befragt wurden u.a. die Jugendabteilung der Bezirkshauptmannschaft Baden, die Schulen der Region, der Verein Neustart, die Regionalstelle des AMS Berndorf, Bildungsberatung- und Beschäftigungsprojekte der Region, VertreterInnen der Polizei und der Apotheke. Außerdem wurden Suchtberatungsstellen im Bezirk Baden einbezogen.

g. Zusätzliche Maßnahmen
Zusätzlich zu den Erhebungsmethoden wurden drei Gemeindearbeitskreise in Kooperation mit der ARGE Triestingtal und ExpertInnen der Mobilen Jugendarbeit organisiert, um erste Zwischenergebnisse und Eindrücke zu diskutieren. Ein wichtiger Schritt war es auch, PolitikerInnen aus anderen Gemeinden einzuladen, die bereits Erfahrungen mit mobiler und/oder regionaler Jugendarbeit mitbrachten, um die Effektivität der mobilen Jugendarbeit aus der Sichtweise der Kommunen zu besprechen.
Nach der Sozialraumanalyse und ihrer Auswertung wurde schließlich der wichtigste Schritt umgesetzt: Die Erkenntnisse führten zu konkreten Zielen und Maßnahmen für die regionale Jugendsozialarbeit.

4 Die Sozialraumanalyse als Grundlage für Zielfindung und Konzeptentwicklung in der Jugendsozialarbeit

"Wir lernen die Menschen nicht kennen, wenn sie zu uns kommen, wir müssen zu ihnen gehen, um zu erfahren, wie es mit ihnen steht."
Johann Wolfgang von Goethe
und Leitsatz der Mobilen Jugendarbeit im Bezirk Wr. Neudorf

Sozialraumanalysen bieten die Möglichkeit, sich über die Lebenswelten Jugendlicher, ihre Probleme aber auch Ressourcen und funktionierende Netzwerke kundig zu machen. Erkenntnisse von Sozialraumanalysen bilden die Grundlage, um konkrete Ziele zu entwickeln, die den örtlichen Gegebenheiten angepasst sind und den Lebenswelten der Jugendlichen entsprechen. Diese Ziele bilden ihrerseits die Basis für fundierte, konzeptionelle Schlussfolgerungen, die Auswahl der Zielgruppen, praxisbezogene Handlungsschritte und Methoden der Implementierung.

Eine Sozialraumanalyse gewährleistet auf diese Weise nicht nur, Angebote zu verbessern und Zielgruppen eher zu erreichen, sondern sie unterstützt MitarbeiterInnen sozialer Organisationen dabei, sich umfassendes Wissen über den untersuchten Sozialraum anzueignen und einen gefragten ExpertInnenstatus einzunehmen. Kenntnisse über Potentiale und vorhandene Ressourcen kommen aber nicht nur der Konzeptentwicklung zu Gute. Sie setzen auch den Grundstein für schnelles, unbürokratisches und kooperatives Handeln in der aktuellen täglichen Arbeit zwischen den lokalen Organisationen. Ressourcen können somit besser gebündelt und Jugendlichen zugänglich gemacht werden.

Indem sie den Bedarf und die sich daraus ergebenden Zielsetzungen klar darlegen, tragen Sozialraumanalysen auch zu einer verbesserten Außendarstellung und Vermarktung der eigenen Leistung bei (vgl. Dithmar 2006:187). Zusätzlich ermöglichen es die Erkenntnisse über den Sozialraum und die Lebenswelt der Jugendlichen, deren Interessen optimiert in der Öffentlichkeit zu vertreten. Die geforderte Sprachrohrfunktion und Lobbyarbeit kann besser wahrgenommen werden.

Sozialraumanalysen stellen immer einen momentanen Ist-Zustand des untersuchten Gebietes dar. Sozialräumliche und lebensweltliche Gegebenheiten und Bedarfe ändern sich jedoch im Laufe der Zeit. Eine gelebte Sozialraumorientierung, die über die Sozialraumanalyse hinausgeht, benötigt aus diesem Grund wandelbare Organisationsformen, die auf veränderte Lebenswelten und zukünftige Herausforderungen entsprechend reagieren können. Die Einrichtungen sind somit gefragt, *„Maßanzüge vor Ort,...“* zu entwickeln, die *„...elastisch genug sind sich veränderten Lebensbedingungen der Betroffenen anzupassen.“* (Budde/Früchtel 2006:37). Einrichtungen müssen sich als lernende Organisation be-

189

greifen, die die eigene Arbeit überprüfen, reflektieren und Änderungen der Angebote vornehmen, wenn diese nicht mehr zu den Lebenswelten und Rahmenbedingungen passen. Sozialraumanalysen können somit nicht nur zur Erstellung eines Konzeptes verwendet werden sondern auch dafür, Konzepte im Rahmen eines Qualitätsentwicklungsprozesses zu prüfen und zu optimieren.

Solange in Sozialraumanalysen nicht nur die Möglichkeit gesehen wird, Einsparungsmaßnahmen in Zeiten leerer öffentlicher Kassen ausfindig zu machen oder sogar repressives Vorgehen gegenüber Jugendlichen zu rechtfertigen, können diese eine wertvolle Grundlage für effektiveres und effizienteres Handeln bieten. Durch die Konzentration auf aktuelle Bedarfslagen sind sie selbst eine wichtige Ressource, um Jugendliche durch stimmige Angebote bei ihrer Lebensbewältigung zu begleiten.

Literatur

Böhnisch, L. (Hrsg.) (1991): Ländliche Lebenswelten. Fallstudie zur Landjugend. Juventa-Verlag, Weinheim.

Brofenbrenner, U. (1976): Ökologische Sozialisationsforschung. Stuttgart.

Busch, C. (2006): Jugendliche als unverzichtbare Ressource für die ländliche Entwicklung. In: Faulde, J./Hoyer, B./ Schäfer, E. (Hrsg.) (2006): Jugendarbeit in ländlichen Regionen. Entwicklungen, Konzepte und Perspektiven, Weinheim und München.

Budde, W./Früchtel, F. (2006): Die Felder der Sozialraumorientierung – ein Überblick. In: Budde, W./Früchtel, F. (2006) (Hrsg.): Sozialraumorientierung. Wege zu einer veränderten Praxis, Wiesbaden, 27-51.

Dahme, H.J./Wohlfahrt, N. (2005): Recht und Finanzierung. In: Kessel, F./Reutlinger, C./Maurer, S./Frey, O. (Hrsg.): Handbuch Sozialraum. Wiesbaden, 263-279.

Dithmar, U. (2006): Sozialräumliche Konzeptentwicklung in der Jugendarbeit. Erfahrungen aus der Praxis. In: Deinet, U./Gilles, C./Knopp, R. (Hrsg.): Neue Perspektiven in der Sozialraumorientierung. Dimensionen-Planung-Gestaltung, Leipzig, 186-215.

Deinet, U. (1999): Sozialräumliche Jugendarbeit. Eine praxisbezogene Anleitung zur Konzeptentwicklung in der Offenen Kinder- und Jugendarbeit, Opladen.

Deinet, U. (2000): Sozialräumliche Jugendarbeit in der Region. In: Deinet, U./Sturzenhecker, B. (Hrsg.): Jugendarbeit auf dem Land. Ideen, Bausteine und Reflexion für eine Konzeptentwicklung, Opladen.

Deinet, U./Krisch, R. (2002): Der sozialräumliche Blick der Jugendarbeit. Methoden und Bausteine zur Konzeptentwicklung und Qualifizierung, Opladen.

Deinet, U./Reutlinger, C. (2004) Einführung. In: Ulrich Deinet/Christian Reutlinger (Hrsg.): „Aneignung" als Bildungskonzept der Sozialpädagogik. Wiesbaden.

Deinet, U./Krisch, R. (2006): Der „sozialräumliche Blick der Jugendarbeit". In: Deinet U./Gilles C./Knopp R. (Hrsg.): Neue Perspektiven in der Sozialraumorientierung. Dimensionen-Planung-Gestaltung, Leipzig, 148-166.

Fellöcker, K. (Hrsg.) (2003): Handbuch Qualitätssicherung in der Mobilen Jugendarbeit/Streetwork. Fachstelle für Suchtvorbeugung, St. Pölten.

Gilles, C. (2006): Qualität durch Konzeptentwicklung. Die Sozialraumanalyse als Basis innovativer Zielfindung. In: Deinet U./Gilles C./ Knopp R. (Hrsg.): Neue Perspektiven in der Sozialraumorientierung. Dimensionen-Planung-Gestaltung. Leipzig, 166-186.

Girtler, R. (2001): Methoden der Feldforschung. Wien. Köln und Weimar.

Handel, G./Handel, C. (2001): Unser Triestingtal. Band 1, Budapest.

Handel, G./Handel, C. (2003): Unser Triestingtal. Band 2, Budapest.

Hinte, W./Lüttringhaus, M./Oelschlägel, D. (2001): Grundlagen und Standards der Gemeinwesenarbeit. Ein Reader für Studium, Lehre und Praxis, Münster.

Hinte,W/Litges G./Groppe J.(2003): Sozialräumliche Finanzierungsmodelle. Qualifiziere Jugendhilfe auch in Zeiten knapper Kassen, Modernisierung des öffentlichen Sektors, Band 20, Berlin.

Hinte, W. (2006): Sozialraumorientierung. Stand und Perspektiven, In: Kalter, B./ Schrapper, C. (Hrsg.): Was leistet Sozialraumorientierung. Konzepte und Effekte wirksamer Kinder- und Jugendhilfe, Weinheim und München, 21-41.

Hinte, H. (2007): Das Fachkonzept Sozialraumorientierung. In: Hinte, W./Trees, H. (2007): Sozialraumorientierung in der Jugendhilfe. Theoretische Grundlagen, Handlungsprinzipien und Praxisbeispiele einer kooperativ-integrativen Pädagogik, Weinheim und München, 15-120.

Krafeld, F.J. (2004): Grundalgen und Methoden aufsuchender Jugendarbeit. Eine Einführung, Wiesbaden.

Krisch R. (2002): Methoden einer sozialräumlichen Lebensweltanalyse. In: Deinet U./Krisch R. (Hrsg.): Der sozialräumliche Blick der Jugendarbeit. Methoden und Bausteine zur Konzeptentwicklung und Qualifizierung, Opladen. 87- 164.

Kolhoff, L./Wendt, P.-U/Bothe, I. (Hrsg.) (2006): Regionale Jugendarbeit. Wege in die Zukunft, Wiesbaden.

Lange, J. (1997): Ländliche Lebenswelten im Umbruch. Problemlagen, Identitätskrisen und Schwierigkeiten der Lebensbewältigung. In: Lange, J./Fellöcker, K. (Hrsg.): Sozialarbeit im ländlichen Raum. St. Pölten, 11-31.

Lautschman, D. (2005): Arthur. Der österreichische Krupp, Arthur Krupp (1856-1938), Ein Großindustrieller dynastischer Prägung, Einer der letzten Feudalherrn des Privatkapitals. Ein genialer Märzen, Der Schöpfer der Arbeiterstadt Berndorf.

Merchel, J. (2001): Beratung im „Sozialraum". Eine neue Akzentsetzung für die Verortung von Beratungsstellen in der Erziehungshilfe? In: Neue Praxis, 31. Jg., H. 4, 369-387.

Muchow, M. (1935): Der Lebensraum der Großstadtkinder. Bensheim.

Ortmann, N. (1996) Methoden zur Erkundung von Lebenswelten. In: Deinet, U./Sturzenhecker B. (Hrsg.): Konzepte entwickeln. Anregungen und Arbeitshilfen zur Klärung und Legitimation, Praxishilfen für die Jugendarbeit, Weinheim und München, 26-35.

Riege M./Schubert (2005): Zur Analyse sozialer Räume. Ein interdisziplinärer Integrationsversuch. In: Riege, M./Schubert H. (Hrsg.) (2005): Sozialraumanalyse. Grundlage-Methoden-Praxis, Wiesbaden, 7-71.

Schmidt-Hood, G. (2004): Beratung 2. Lebenswelt erkunden. In: Morgenstern, I./Mannheim-Runkel M./Michelfeit, C./Schmidt-Hood, G. (Hrsg.): Konzepte und Qualität in der Offenen Kinder- und Jugendarbeit. Ein Modellprojekt aus Thüringen 2004, Norderstedt.

Spradley, J.P. (1980): Participant observation. New York.

Schrapper, C (2006): Grenzen und Perspektiven einer sozialraumorientierten Gestaltung der Jugend- und Erziehungshilfen. In Kalter B./Schrapper, C. (Hrsg.): Was leistet Sozialraumorientierung. Konzepte und Effekte wirksamer Kinder- und Jugendhilfe, Weinheim und München, 41-55.

Trees, H. (2007): Kooperationen mit Heranwachsenden im sozialräumlichen Kontext. In: Hinte, W./Trees, H. (2007): Sozialraumorientierung in der Jugendhilfe. Theoretische Grundlagen, Handlungsprinzipien und Praxisbeispiele einer kooperativ integrativen Pädagogik, Weinheim und München.

Wolff Mechthild (2002): Lebenswelt, Sozialraum und Region. In: Schröer, W./Struck, N./Wolff, M. (Hrsg.) Ein Handbuch der Kinder- und Jugendhilfe. Weinheim und München, 1071-1085.

Weitere Quellen

Pressetext Arge Triestingtal März 2006

„Die Kirche im Dorf lassen"

Sozialraumorientierte Kurzintervention als Angebot für Gemeinden und SozialarbeiterInnen.

Ursula Stattler

1 Einleitung

Der Titel dieses Textes fordert dazu auf, den Blick bei der Betrachtung von sozialen Brennpunkten auf den Raum, das Umfeld und gleichzeitig auch auf die Beziehungen der darin agierenden Menschen zu richten. Nach Lösungen wird dann dort gesucht, wo Schwierigkeiten auftauchen – im Dorf, in der Kleinstadt, in der Gemeinde. Dem Appell liegt die Annahme zugrunde, dass letztlich auch die Ressourcen und Potentiale vor Ort, im sozialen Nahraum zu finden sind. Die Gemeinde als kleinste Verwaltungseinheit des Raumes stellt den Ausgangspunkt der Ausführungen dar. Zu erproben ist, wo im sozialen Raum Sozialarbeit als Profession, die unmittelbar an sozialen Notlagen tätig ist, ihre Fachkompetenz äußern und einbringen kann. „Die Kirche im Dorf lassen" bezieht sich auch auf den Umstand, dass es sich bei den folgenden Thesen und Ausführungen um Ergebnisse aus der Arbeit in und mit Gemeinden des ländlichen Raumes handelt.

Der vorliegende Erfahrungsbericht stammt aus zwei Jahren Projekttätigkeit zum Thema „Sozialräumliches Arbeiten".[1] Die Autorin war darin als wissenschaftliche Projektmitarbeiterin tätig. Zu Beginn werden der Ablauf dieser zwei Jahre sowie die Hauptinhalte umrissen. Das zentrale Ziel bestand darin, kommunale AkteurInnen (GemeinderätInnen, BürgermeisterInnen), SozialarbeiterInnen in unterschiedlichen Einrichtungen sowie zivilgesellschaftliche AkteurInnen und Gremien im Gemeinwesen vor Ort zu beraten.

Die praktische Tätigkeit lässt sich folgendermaßen schildern: Recherchetätigkeit und Kompetenzaufbau nahmen in der Anfangsphase einen großen Part in

---

[1] Das Modul (so die korrekte Bezeichnung) „Sozialräumliches Arbeiten" war Teil der EQUAL EntwicklungspartnerInnenschaft Donau – Quality in Inclusion. Das übergeordnete Gesamtziel bestand in der Entwicklung von Qualitätsstandards für den Bereich Sozialarbeit zur Erstellung von Grundlagen für Ausschreibungen nach dem BestbieterInnenprinzip. Start des Projekts war Juli 2005, das Ende dementsprechend im Juni 2007. Insgesamt waren vier Personen in unterschiedlichen Stundenausmaßen darin beschäftigt: Leitung, wissenschaftlicher Begleitung, Administration und wissenschaftliche Projektmitarbeit.

Anspruch. Darunter fiel eine Recherche des „State-of-the-Art" der Sozialraumorientierung in Literatur und Modellen bezogen auf den ländlichen Raum. Außerdem wurden im Verlauf dieser ersten Annäherung insgesamt vierzig ExpertInneninterviews mit VertreterInnen von Gemeinden in Niederösterreich (BürgermeisterInnen und GemeinderätInnen), MitarbeiterInnen großer sozialer Einrichtungen sowie ExpertInnen der Sozialraumorientierung geführt.

Parallel dazu fand eine Fachtagung statt, auf der einige in den Interviews häufig angesprochene Aspekte aus der Perspektive einer sozialraumorientierten Arbeitsweise thematisiert und diskutiert wurden. Die Partizipation von Zugezogenen und Zweitwohnsitzgemeldeten, die Organisation von Tauschkreisen als Beispiel für lokale Ökonomie und das Älterwerden in der Gemeinde waren unter anderem Thema diverser Workshops. Im Anschluss startete das konkrete Beratungsangebot für SozialarbeiterInnen, GemeindevertreterInnen und zivilgesellschaftliche AkteurInnen. Insgesamt wurden siebenunddreißig Beratungen mit Personen und VertreterInnen von Gemeinden in unterschiedlicher Zusammensetzung (Gruppen, Einzelpersonen, Betriebe) durchgeführt, wobei der geographische Schwerpunkt auf Niederösterreich lag. Die aktive Tätigkeit endete mit einer weiteren Fachtagung für bestehende KooperationspartnerInnen und Neuinteressierte.

Bevor zentrale Thesen aus den Interviewauswertungen und den Beratungsinhalten näher ausgeführt werden, wird eine terminologische Abgrenzung vorgenommen. Es wird im vorliegenden Bericht vor allem von zwei Spezifizierungen des Begriffes die Rede sein: zum einen wurde die Beratung als sozialraumorientierte Kurzintervention oder Kurzberatung durchgeführt. Der Zugang und was darunter zu verstehen ist, wird im Folgenden noch ausführlich erläutert werden. Zum zweiten wird dem/der LeserIn immer wieder das Schlagwort „Fachkonzept Sozialraumorientierung"[2] ins Auge fallen. Diese Bezeichnung betont, dass es sich bei Sozialraumorientierung um einen Ansatz handelt, der zielgruppenunspezifisch oder – wenn man so will – zielgruppenübergreifend anwendbar ist und damit ein mögliches Arbeitsprinzip Sozialer Arbeit darstellt.

2   Sozialraumorientierte Kurzberatung

Wie in der Einleitung angedeutet, war die „sozialraumorientierte Kurzberatung" der methodische Hintergrund in der Tätigkeit. Darunter ist eine nahraumbezogene und impulsgebende Beratung von Gemeinden und/oder sozialen Einrichtungen zu verstehen. Diese verfolgt das Ziel, die Beratenen mit dem nötigen Wissen

---

[2]   Es wird damit ein Begriff benutzt, den Wolfgang Hinte während eines Gesprächs im Herbst 2005 verwendet hat.

und essentiellen Skills auszustatten, um sie im Anschluss an die Beratung zu befähigen, selbsttätig Initiativen und Projekte unter Berücksichtigung sozialraumorientierter Grundprinzipien zu gestalten. In diesem Sinne war ein wichtiger Inhalt der Beratungstätigkeit die Informationsweitergabe in Form von Präsentationen und Recherchen zu verschiedenen Themen (z.B. Jugendliche, Vandalismus, Bedarfsformulierung etc.).

Im Anschluss wird drei Fragestellungen anhand von Beispielen und theoretischen Überlegungen nachgegangen. Die beiden ersten betreffen Inhalte und erste Ergebnisse aus der Zusammenarbeit mit den zwei Zielgruppen der Beratung:

- Wie kann eine Gemeinde durch das „Fachkonzept Sozialraumorientierung" unterstützt werden?
  Im ersten Unterkapitel wird vor allem der Bereich der Beratung von Gemeinden und damit auch die spezielle Rolle oder – wenn man so will – das Fachverständnis Sozialer Arbeit vor dem Hintergrund eines solchen Beratungsauftrages näher beleuchtet. Die Beschreibung bezieht sich vor allem auf die Kurzintervention als Beratungszugang mit dem Ziel, die Sozialraumorientierung für beratene Gemeinden anwendbar zu machen.

- Wie kann Sozialraumorientierung für Sozialarbeit sinnvoll und nützlich gemacht werden?
  Hier geht es um die Beratung von und Zusammenarbeit mit BerufskollegInnen sowie die Relevanz von Sozialraumorientierung für die praktische Tätigkeit in der Sozialarbeit. In Bezug auf diese Frage werden vor allem sozialarbeiterische Fragestellungen, die in der Zusammenarbeit mit BerufskollegInnen an das Modul herangetragen wurden, besprochen und näher ausgeführt. Der Fokus liegt dabei zum einen auf der Anwendbarkeit der Sozialraumorientierung in der konkreten Fallarbeit, zum anderen auf den Möglichkeiten, die in der so genannten fallunspezifischen Arbeit bestehen.

Zusammenfassend betrachtet drängt sich die dritte Frage auf, die im Sinne eines Ausblickes Erwähnung finden soll:

- Welche Bedeutung hat das Arbeitsprinzip Sozialraumorientierung für das Selbstverständnis von SozialarbeiterInnen im Kontext nahräumlicher Gegebenheiten?
  Es gilt an dieser Stelle, die beiden „Arten" der Beratung zusammenzuführen und Überlegungen in Bezug auf deren Kompatibilität anzustellen.

Die im Artikel wörtlich verwendeten Aussagen stammen aus den ExpertInneninterviews, die während des Kompetenzaufbaus geführt und im Anschluss daran einer Auswertung unterzogen wurden. Die laufend eingeflochtenen Beispiele sind der Beratungstätigkeit entnommen oder entspringen konkreten Gesprächen mit in der Sozialarbeit Tätigen bzw. ExpertInnen der Sozialraumorientierung.

Um die Anonymität der InterviewpartnerInnen und beratenen Personen zu wahren, sind die Beispiele bewusst sehr allgemein gehalten.

2.1 Sozialraumorientierung als Unterstützung für Gemeinden – Chancen und Grenzen in der Beratung

„Wir haben von der Gemeinde keine ausgebildeten Sozialarbeiter, das kann sich keine Gemeinde leisten. Wenn Kontakt da ist, könnte man vielleicht einen Leitfaden - begleitende Maßnahmen bekommen. Schwerpunkt: 'Was kann alles herangetragen werden, wie trete ich einem Menschen gegenüber, der Probleme hat?' Das wird vernachlässigt. Der Sozialarbeiter hat zwar die fachliche Ausbildung, könnte aber von unseren Erfahrungen auch profitieren." (Int P, Abs 6-7)

Das Zitat ist dem Gespräch mit einer niederösterreichischen Gemeinderätin entnommen, die sich – während des Interviews zum Thema „soziale Kommunalpolitik" – für die Förderung von vernetzenden Strukturen zwischen Sozialarbeit und Gemeindepolitik aussprach. Sie sah diese Forderung darin begründet, dass Kleingemeinden häufig in die überfordernde Situation kommen, erste Anlaufstelle für sozial(arbeiterisch)e Probleme zu sein. Es sei – so die weitere Analyse der Interviewpartnerin – von der Qualität und Intensität bzw. vom grundsätzlichen Vorhandensein persönlicher Kontakte zu einzelnen SozialarbeiterInnen der Bezirkshauptmannschaft abhängig, wie gut der Informationsfluss funktioniere.

Der Wunsch nach direktem Zugang zu sozialarbeiterischem ExpertInnenwissen wurde in den Gesprächen klar zum Ausdruck gebracht. Des Weiteren konstatierten die befragten ExpertInnen immer wieder das Fehlen von institutionalisierten Strukturen, welche einen solchen Zugang begünstigen.

Dem Modul „Sozialräumliches Arbeiten" fiel die Aufgabe zu, Know-how über sozialraumbezogene Arbeits- und Organisationsformen in dialogischen Beratungsprozessen anzuwenden und zu verankern. Besonderes Augenmerk lag dabei auf den jeweiligen lokalen Problemstellungen, die von den Betroffenen identifiziert wurden.[3]

Der sozialraumorientierte Blick würde sich dementsprechend auf das an den Anfang des Kapitels gestellte Interviewzitat richten und fragen, ob es denn institutionalisierte Formen des Austauschs zwischen GemeindevertreterInnen und SozialarbeiterInnen gibt, wie sich ein solcher organisieren oder ausweiten ließe, welche Kapazitäten in der Gemeinde vorhanden sind – wenn keine angestellte Sozialarbeiterin, dann steht vielleicht eine Bürgerin oder die Mitarbeiterin einer sozialen Einrichtung vor Ort zur Verfügung. Solche und andere Überlegungen

---

[3] Diese Passage ist sinngemäß dem Antrag zur Durchführung der EQUAL-EntwicklungspartnerInnenschaft Donau-Quality in Inclusion entnommen.

wären hier Gegenstand einer weiterführenden Arbeit gewesen. Aber Aussagen wie die eingangs zitierte belegen das Bestreben, Strategien zu entwickeln, um sozialraumorientierte Denk- und Handlungsprinzipien gezielt an kommunale EntscheidungsträgerInnen und Gremien heranzutragen.

Der Zugang der sozialraumorientierten Kurzintervention, den Peter Pantucek als wissenschaftlicher Begleiter dem Projektkonzept zugrunde gelegt hat, ist Gegenstand der folgenden Ausführungen. Es ist die Absicht darzulegen, was darunter verstanden wird und welche Chancen oder auch Grenzen und Risiken aus jetziger Perspektive darin bestehen.

2.1.1 Zentrale Elemente der sozialraumorientierten Kurzintervention in der Zusammenarbeit mit Gemeinden

Dreierlei „Grundprinzipien" des erprobten Ansatzes sollen einleitend genannt werden:

a. Erstens versteht sich sozialraumorientierte Kurzintervention als Initialzündung. Das ermöglicht die gezielte Unterstützung bei der Ideenfindung, der Problemdefinition oder der Ressourcenortung und die Begleitung bei der Konstituierung von örtlichen Gremien der Zusammenarbeit. Der Bürgermeister einer Kleingemeinde mit ca. 1000 EinwohnerInnen trat im Anschluss an die erste Tagung mit dem konkreten Vorhaben an das Projektteam heran, in seiner Gemeinde einen BürgerInnenbeteiligungsprozess zu initiieren, der im Besonderen die Zweitwohnsitzgemeldeten stärker in die Gemeinde integrieren sollte. In der Beratung ging es darum, seine Ideen aufzugreifen und im Sinne einer sozialraumorientierten Vorgehensweise mit ihm „weiterzuspinnen". Das geschah durch recherchierte Umsetzungsmodelle, Überlegungen, welche Menschen aus der Gemeinde man am besten ansprechen könnte und in welcher Form eine Zusammenarbeit sinnvoll wäre. Nach zwei vorbereitenden Treffen plante der Bürgermeister eine Startveranstaltung. Initialzündung heißt, sich ausschließlich damit zu beschäftigen, Abläufe und Projekte in Gang zu setzen und Abhängigkeiten gar nicht erst entstehen zu lassen. Beratene werden nur mit jenem Wissen ausgestattet, dessen Fehlen bis dahin die konkrete Umsetzung behindert hat.

b. Im sozialraumorientierten Beratungskontext mit VertreterInnen von Gemeinwesen begriffen sich die Beratenden als weitgehend inhaltlich-thematisch abstinente Akteurinnen. Dies lässt sich als eine Form von professioneller Naivität oder auch gezielter Unwissenheit verstehen, welche die Handelnden vor Ort in ihrer Aufgabe belässt und sie in ihrer ExpertInnenschaft um die eigenen Gegebenheiten ernst nimmt bzw. stärkt. Praktische Ausformung fand eine solche Haltung häufig in der Übernahme der Moderation verschiedener Gremien, Arbeitskreise und Zusammenkünfte, deren Zusammensetzung von den Menschen vor Ort selbst bestimmt wurde. Im vorher genannten Beispiel erfolgte die Auswahl und Einladung der TeilnehmerInnen sowie die Organisation ausschließlich durch den Bürgermeister bzw. durch von ihm beauftragte Personen. Die Beratenden beschränkten sich dabei auf Empfehlungen im Vorfeld und die Moderation dieser Veranstaltung, die als Startschuss für weitere Aktivitäten und als Anregung zur Beteiligung daran transportiert wurde.

c. Punkt b. schließt jedoch als drittes Prinzip nicht aus, dass eine sozialraumorientierte Kurzintervention trotzdem Expertise leisten kann. Expertise ist genau dann gefragt, wenn es um sozialraumorientierte Handlungsprinzipien, Grundsätze oder Modelle geht. Hier ist es Aufgabe der Beratung, durch individuelle oder kontextspezifische Recherche und Aufbereitung von punktuellen Inputs den Beratenen Wissen und Kompetenz über sozialraumorientierte Herangehensweisen zu vermitteln. Es widerspräche dem Wesen des gewählten Zugangs, gegenüber Gemeinden als „allwissende" Professionelle aufzutreten und in dieser Funktion stellvertretend für lokale AkteurInnen Umsetzungen zu planen oder gar durchzuführen. Dieser Blickwinkel spielt eine Rolle bei der Frage der Nachhaltigkeit sozialraumorientierter Arbeit.

„Nachhaltig sind Lösungen dann, wenn sie auch nach dem Rückzug der Professionellen Bestand haben, wenn sie Klienten dadurch stark machen, dass das Material, aus dem die Lösung gemacht wird, in deren eigenem Zugriffsbereich liegt und verbleibt." *(Budde/Früchtel/Loferer 2004:14)*

In den oben genannten Grundaspekten liegen gleichzeitig die großen Vorzüge einer Kurzintervention: Stärkung der Selbsthilfekräfte, Wahrung der lokalen ExpertInnenschaft und Selbstverantwortung sowie gezielte Know-how-Vermittlung durch Expertise.

Die Unverbindlichkeit wird als weiterer verstärkender Faktor eines funktionierenden Beratungszuganges wahrgenommen. Eine These, die aus der praktischen Erfahrung resultiert, ist, dass es für beratene GemeindevertreterInnen ein praktikabler Weg zu sein scheint, dann Probleme und Ratlosigkeit zu artikulieren, wenn es sich um punktuelle Angebote ohne weitere Verbindlichkeit handelt. Darunter ist eine Möglichkeit der Kooperation zu verstehen, die besteht, ohne dass sich Beratene zwangsläufig für eine längerfristige Zusammenarbeit oder gar ein Gesamtprojekt binden. Kurzintervention bedeutet hier auch, dass es durchaus möglich ist, sich Beratung zu holen, ohne die Erfolge (mit)teilen zu müssen und ohne der Verpflichtung, ein Vorhaben um jeden Preis zu Ende zu führen.

Dieses Phänomen wird als ein Charakteristikum ländlicher Strukturen beschrieben, wenn es heißt:

„Institutionelle Hilfe, die sich hier einbringen will, erscheint immer noch als ‚Intervention von außen' – als Symbol, dass die dörfliche Normalität oder die betreffende Familie nicht mehr funktioniert – und damit als Bedrohung und Kontrolle." *(Böhnisch/Funk 1991:36)*

Im Verlauf der Interviewtätigkeit bestand eine Wahrnehmung darin, dass „das Soziale" für die InterviewpartnerInnen äußerst diffus und schwer ansprechbar erscheint. Der Faktor der wegfallenden Außenkontrolle durch die Gestaltung als Kurzintervention ist eine mögliche Erklärung für das Gelingen der Artikulation „des Sozialen" im Sozialraum. Die Rolle, die die Sozialarbeiterin in einem solchen Fall einnimmt ist die einer „externen, aber involvierten Beraterin". Sowohl räumliche als auch persönliche Distanz zum Ort und seinen spezifischen Problemlagen geben den dortigen AkteurInnen die Möglichkeit der ausführlichen Situationsdarstellung, sichern die unvoreingenommene Rezeption und belassen die Verantwortung für das konkrete Handeln bei den lokalen AkteurInnen. Die Erfahrungen begründen die Annahme, dass es für politische MandatarInnen vor allem dann praktikabel scheint, ein Problem gegenüber Außenstehenden zu formulieren, wenn diese Außenstehenden nicht den Anspruch auf ExpertInnenschaft und Definitionsmacht im Gemeinwesen erheben.

Die kurzfristige Konsultation einer externen Beraterin zu einer gravierenden und akuten Problemlage ersetzt zwar in keiner Weise spezialisierte professionelle Institutionen sozialer Hilfe, sie kann aber als Türöffner fungieren und damit dem Abbau von Hemmschwellen dienlich sein. Für wichtig wurde dabei erachtet, dass es tatsächlich bei einer Kurz-Intervention bleibt und Sozialarbeit sich (im vorliegenden Kontext) auf knappe Antworten im Sinne von Richtungshinweisen und Empfehlungen beschränkt. Eine sich der Kurzintervention bedienende sozialräumlich orientierte Sozialarbeit muss über konkrete Einschätzungsskills und sozialarbeiterisches sowie politisches Grundlagenwissen verfügen. Sie weiß um ihre Grenze dort, wo es um eine sozialarbeiterische Gesamtschau und spezialisiertes Handlungsrepertoire geht.

2.1.2 Schwächen und Grenzen

Denkt man die vorangegangene Überlegung weiter, stößt man auf mögliche Schwierigkeiten der Kurzberatung. Die Kürze der Intervention und der Wegfall von Kontrolle bergen die Gefahr, dass erarbeitete Lösungen nicht weiterverfolgt werden. Inputs und Initialzündungen scheitern so bisweilen nach einer ersten Phase des Tatendrangs an der Komplexität des Problems und der Vielzahl an verschiedenen involvierten AkteurInnen – wie sie bei einem sozialraumorientierten Vorgehen eingebunden werden. Es bleibt damit zumindest eine mögliche Folge und ein Restrisiko eines Ansatzes, der „nur" begleitet (und selbst das nur kurzfristig), nicht aber „übernimmt": Der Zugang vernachlässigt ein Bedürfnis, das ebenfalls in der Zusammenarbeit mit GemeindevertreterInnen feststellbar war: nämlich *gerade* den Wunsch, Verantwortung abzugeben und ein Problem in „gute Hände" zu legen, die es zur vollen Zufriedenheit aller und ganz unsichtbar von außen lösen. Die Gefahr besteht darin, dass – wenn dem Bedürfnis nach „vorgefertigten Lösungen" nicht nachgekommen wird – die Motivation der direkt und indirekt Beteiligten möglicherweise nicht ausreicht, um den Problemlösungsprozess „auf eigene Faust" weiterzuverfolgen. Eine Strategie, die verfolgt wurde, war es, den Beratenen im Bedarfsfall weitere Termine für punktuelle und inhaltlich abgegrenzte Kurzberatungen anzubieten.

Ein Beispiel für einen Stolperstein in der Kurzintervention sei hier genannt: Im Verlauf der Beratung eines Bürgermeisters, deren Inhalt das Thema „SeniorInnenbeteiligung" war, zog sich dieser sehr schnell aus dem Geschehen zurück. Zwei moderierte Gruppendiskussionen fanden in seiner Abwesenheit statt. Der Bürgermeister als Auftraggeber wurde lediglich über die Inhalte informiert. Die Bereitschaft zu weiterführendem Engagement seitens der Beteiligten war letztlich gering. Hier zeigt sich deutlich, wie wichtig es für das Gelingen einer Kurzberatung ist, dass die Person, die das Anliegen formuliert, dauerhaft in den Prozess einbezogen wird. Denn letztlich besteht der Erfolg in der In-Gang-Setzung nachhaltiger Lösungen.

Die Sinnhaftigkeit einer Kurzintervention in Gemeinden endet – nach Ansicht der Verfasserin – dort, wo es um umfassende Analyse oder Implementierung von konkreten Modellen geht, die einer längerfristigen Konsultation bedürfen. In einer beratenen Gemeinde zum Thema „Sicherheit in der Gemeinde" wurde nach einigen Terminen deutlich, dass es Wunsch der Gruppe, die aus dem Bürgermeister, einigen GemeinderätInnen und BürgerInnen bestand, war, eine Analyse des Sozialraumes durchzuführen und im Anschluss daran weiterführende Interventionen vor Ort zu planen. In diesem Fall wurde die Kapazität des Beratungsangebotes im Projekt deutlich überschritten. Die Unterstützung bestand darin, Möglichkeiten für längerfristige Kooperationen zu überlegen.

2.1.3 Nutzen für Gemeinden?

Nachdem die dem Ansatz der Kurzintervention zugrunde gelegten Prinzipien sowie Schwächen und Chancen dargestellt wurden, steht immer noch die Frage im Raum: Was bringt sozialraumorientierte Kurzberatung, wie sie im Projekt umgesetzt wurde, für Gemeinden? Warum kontaktieren diese jemanden, der dann doch keine Verantwortung übernimmt, inhaltlich abstinent bleibt und „nur" kurz sagt, wo es langgehen könnte? Anders formuliert (und wie anfangs schon erwähnt) könnte die Frage lauten: Wodurch wird sozialraumorientierte Kurzberatung für Gemeinden interessant und verwertbar?

Die vorangestellten Ausführungen bergen schon einige Gesichtspunkte der Nutzbarkeit des Ansatzes: die Wahrung der Verantwortung vor Ort und Wahrnehmung der AkteurInnen als ExpertInnen mit der Kürze der Intervention als methodischem Hintergrund

Zwei weitere Aspekte, die sich im Lauf der Interview- und Beratungstätigkeit herausbildeten, seien hier genannt:

d. maßgeschneiderte Lösungen
    Eine sozialraumorientierte Kurzintervention liefert keine vorgefertigten Angebotspakete, sondern macht sich auf die Suche nach maßgeschneiderten Lösungen für lokale Bedürfnisse.
    „Bedarfserhebungen sind nicht empirisch gewesen, sondern es ist eigentlich immer aus dem Bauch heraus entstanden. Zivilgesellschaftliches Engagement - Leute kommen meist aus Vereinen. ... Toleranzarbeitskreis war Impuls für einiges. Haben ... dafür Preise bekommen. Ist kein Verein mit fixen Vereinsstrukturen sondern bedürfnisorientiert. Türkische Gastarbeiterfamilien ... - haben sich zwar gut integriert, ist aber doch zu Zwischenfällen gekommen. Hatten dann eine türkisch sprechende Gemeinderätin ... Da hat sich der Arbeitskreis für Spielplatzerrichtung entwickelt." (Int P, Abs 25-28)
    In diesen Überlegungen, die aus dem bereits am Anfang des Kapitels zitierten Gespräch stammen, wird sichtbar, dass es in der Arbeit mit Gemeinden kein Master-Konzept geben kann. Was in einer Gemeinde funktioniert, kann für eine andere Gemeinde ganz falsch sein. Die Impulshaftigkeit des gewählten Beratungssettings hat zum Ziel, die „Zeichen der Zeit" (oder des Ortes) zu erkennen und zu nützen. Ein mögliches Beispiel wäre etwa die Etablierung von selbst tragenden Interessensgruppen, wie es in einer Beratung auch als Ziel formuliert wurde. Es geht – und darin kann der Nutzen für eine Gemeinde liegen – um die Schaffung einer individuell auf die Gemeinde zugeschnittenen Basis mit den Eckpfeilern Ergebnisoffenheit und Nutzung von Entwicklungspotential vor Ort.

e. Analyse statt Vermutungen
    BürgermeisterInnen brachten in Gesprächen häufig deren Wahrnehmung von Problemsituationen bzw. des sozialen Bedarfs zum Ausdruck.

„Wir haben … Einwohner. Ich kenne die ganzen Leute. Weiß großteils was mit den Leuten ist. Jedes Jahr muss ich eine Anzahl von Delogierungen verhindern." (Int T, Abs 22-23)
„Int: Was passiert mit Leuten, die ihre Miete nicht mehr zahlen und sich nirgends eingliedern lassen?
Ant: Die sitzen halt auf ihren Bankerln und belästigen alles was so herumgeht. (lacht) Da gibt es Spezielle die kennt man einfach." (Int H, Abs 137-141)
Es scheint zu den Anforderungen an einen Bürgermeister zu gehören, patriarchal zu agieren oder – anders ausgedrückt - „seine Schäfchen" zu kennen. Eine Perspektive, die dabei vernachlässigt wird, ist jene der analytischen und objektivierten Betrachtung dessen, was im „eigenen" Gemeinwesen passiert.
„Menschen handeln in der Regel repetitiv. (…) Selbst bei Irritationen der alltäglichen Praxis oder in ungekannten Situationen ist es möglich, auf Routinen zurückzugreifen. (…) Die Konstitution von Raum geschieht in der Regel aus einem praktischen Bewusstsein heraus, das zeigt sich besonders darin, dass Menschen sich selten darüber verständigen, wie sie Räume schaffen." *(Löw 2001:161f)*
Es ist jedoch – so Martina Löw weiter – möglich, zumindest einen Teil des Wissens um Räume in ein so genanntes „diskursives Bewusstsein" zu überführen. Damit wird es möglich, die Konstitution von Räumen (und damit auch den dort vorhandenen Bedarf) in Worte zu fassen, zu überdenken und letztlich steuernd darauf einzugreifen (Ebenda). Darin liegt eine weitere Möglichkeit der Anwendbarkeit von Sozialraumorientierung für Gemeinden. Es geht auch darum, lokale Gegebenheiten von der Gefühlsebene wegzuführen und durch objektive Fakten und deren Analyse dem Gespräch und der Reflexion zugänglich zu machen.
Die Beratungserfahrung zeigt, dass es manchmal ausreicht, einen Bürgermeister beispielsweise darüber zu informieren, wie viele Jugendliche in seiner Gemeinde tatsächlich leben, um Erstaunen zu verursachen und das Thema von einer diffusen Ebene der Eindrücke und der Vermutungen auf eine konkretere, bearbeitbare zu bringen. Es ist Ziel von solchen Interventionen, die Überschaubarkeit einer Situation zu wahren oder zurück zu erlangen.
Der Bürgermeister einer Kleingemeinde beantwortete die Frage nach der Feststellung des Bedarfs an sozialen Dienstleitungen und dessen Deckung mit folgender Einschätzung:
„Das hat sich ganz von selber ergeben. War eigentlich nicht viel Mithilfe nötig. Sind immer mehr (Anm. d. Autorin: soziale Einrichtungen/Angebote) dazugekommen. Bedarf ist gedeckt. Es ist sehr umfassend." (Int W, Abs 12)
Hier wäre die wissenschaftliche Perspektive der Sozialraumorientierung gefragt. Es geht dabei um das „Zur-Verfügung-Stellen" weiter gehender Kategorien als jener, die das erfahrungspraktische Wissen anbietet. Ein analyti-

scher Blickwinkel ist nicht zuletzt für situationsadäquate Reaktionen auf Missstände oder auftretende Schwierigkeiten unerlässlich. Inwiefern eine sozialraumorientierte Sozialarbeit hier Abhilfe leisten kann oder will, wird unter anderem Gegenstand der näheren Betrachtung der Beratung von FachkollegInnen sein.

2.2 Anwendbarkeit des Arbeitsprinzips Sozialraumorientierung für SozialarbeiterInnen

Wie bereits erwähnt, wurden auch Beratungen mit VertreterInnen sozialer Einrichtungen durchgeführt. Es wird in weiterer Folge deutlich werden, dass diese Beratungen in Inhalt und Struktur mit jenen der GemeindevertreterInnen nicht unmittelbar vergleichbar sind, aber einander möglicherweise ergänzen. Am Anfang des Kapitels steht eine Darstellung der von Seiten der SozialarbeiterInnen artikulierten Einschätzung ihrer Situation im Hinblick auf ihre Rolle und Position im jeweiligen Sozialraum. Im Anschluss daran werden die Ebenen der Sozialraumorientierung, die in der Beratung in Erscheinung traten, anhand von Beispielen erläutert.

2.2.1 Sozialarbeit und sozialer Raum

In Interviews und Beratungen wurde von SozialarbeiterInnen die mangelnde Gelegenheit angesprochen, Gehör zu finden, wenn es um die Identifikation sozialer Probleme und die Formulierung eines konkreten Bedarfs geht. Diese Situation stellt eine eindeutige Schieflage dar: SozialarbeiterInnen, die sich als ExpertInnen der Lebenswelten ihrer KlientInnen und der sozialen Landschaft in einem bestimmten Sozialraum begreifen und dies aufgrund ihrer täglichen Arbeit „am Geschehen" auch sind, finden – so deren Angaben – wenig Struktur vor, Problemlagen zu artikulieren.

> „Bei Sozialabteilungen wird immer gekürzt. Wenn ich mit präventiven Vorschlägen komme, hapert es an Sozialarbeitern (Anm. der Autorin: es gibt zu wenige). (...) Die versteckte Armut am Land oder die Jugendarbeit - da könnte ich mit Hilfe von Sozialarbeit viel präventiv machen, auch was Erwachsenenarbeit betrifft. Wenn Gefahr im Verzug ist, wird gerichtlich beauftragt und ein Sozialarbeiter geschickt, doch es ist kein Spielraum für präventive Arbeit." (Int C, Abs 2)

In dieser Aussage einer interviewten Sozialarbeiterin wird deutlich, dass es aus ihrer Arbeitspraxis sehr wohl Ideen und Vorschläge gibt, wie Problemen auf einer lokalen Ebene begegnet werden kann. Sie berichtet im weiteren Gesprächsverlauf, dass sie sehr wenig Kontakt zu den Gemeinden hat, aus denen ihre KlientInnen stammen und sich damit auch wenig Gelegenheit bietet, diesen gegenüber Wahrnehmungen zu schildern.

„Ich komme gar nicht in die Gemeinden, diesen Luxus kann ich mir nicht leisten. Es wäre aber schon gut, wenn ich z.b. verschiedene Bürgermeister kennen würde." (Int C, Abs 22)

Dieses Bedürfnis wird ergänzt durch folgende Frage, die sinngemäß während der Beratung einer Gruppe von SozialarbeiterInnen, die sich dem Thema „Sozialarbeit und Politik" widmeten, auftauchte: „Wo sind die SozialarbeiterInnen, die um Rat gefragt werden können, wenn es in der Gemeindepolitik darum geht, Strategien auszuarbeiten, um auf die anstehenden sozialen Herausforderungen zu reagieren?"

Im Verlauf derselben Beratung vertrat ein Sozialarbeiter die These, dass die Kommunikation zwischen Sozialer Arbeit und Gemeinde nur dort gut funktioniere, wo SozialarbeiterInnen in das kommunale Geschehen funktional eingebunden sind – sprich: ein (politisches) Amt bekleiden. Eine solche Position wird durch eine weitere Beratung mit einer Kommunalpolitikerin der den Bürgermeister stellenden Fraktion, die gleichzeitig Sozialarbeiterin ist, unterstützt. Die Beratung beschränkte sich in diesem Fall auf einen abgegrenzten Informationsaustausch. Die Beratene verfügte über professionelles Wissen und kommunale Entscheidungskompetenz, die es ihr ermöglichten, in der Beratung gezielte Fragen zu stellen. Die Zusammenarbeit war (in aller Kürze einer Kurzintervention) mit einer einfachen Methodenausstattung und Weitergabe von Praxismodellen abgeschlossen.

Nun ist es aber nicht im Sinne einer professionellen (und damit parteiideologisch unabhängigen) sozialen Arbeit, auf eine politische Verflechtung mit dem Gemeinwesen angewiesen zu sein, um in eine gewisse Einflussposition zu gelangen. Wolfgang Hinte beschreibt sozialraumorientierte Sozialarbeit als „vermittelnde" oder „intermediäre Instanz". Unabhängigkeit von staatlicher oder kommunaler Verwaltung (vgl. Hinte 1994:o.P.) ist dabei aus seiner Sicht Voraussetzung.

„Die Leute in solchen Funktionen kann man nicht kaufen …, aber man kann sie bezahlen und dafür eine Leistung verlangen. Soziale Arbeit … kann hier wesentliche Beiträge leisten." *(Ebenda)*

Fasst man mehrere Aussagen und Beratungsinhalte, die von SozialarbeiterInnen formuliert wurden, zusammen, ließe sich dieser Themenkomplex folgendermaßen umschreiben: Sozialarbeit hat einerseits den Anspruch, als Expertin im Gefüge von KlientInnen und lokalen EntscheidungsträgerInnen wahrgenommen zu werden und damit auch ein gewisses Maß an Raum für die Formulierung von Bedarfswahrnehmungen zu erlangen. Andererseits – so die weiterführende Überlegung der Autorin – stehen SozialarbeiterInnen dadurch vor einer Herausforderung hinsichtlich ihrer Fachkompetenz, die dann ihren Tätigkeitsbereich ganzheitlich auf das soziale Umfeld und die dortigen Gegebenheiten ausweiten muss. Hinte führt zu dem Aspekt weiter aus:

> „Sie (Anm. der Autorin: die Sozialarbeit) ändert ... mehr und mehr ihre Funktion als Einsatzstelle im Bereich des sozialen Zusammenbruchs mit der damit einhergehenden Mentalität einer nachgeordneten Instanz hin zu einer sich in gesellschaftliche Prozesse einmischenden Instanz, die sowohl ihre Fachkompetenz auch für nicht dem Sozialwesen zugerechnete Bereiche verdeutlicht sowie sich in andere Politikbereiche einmischt ...“ *(Ebenda)*

Was aber haben Überlegungen wie diese nun mit Sozialraumorientierung zu tun? Wenn hier von Sozialraumorientierung gesprochen wird, dann hört man einerseits vom Wissen um lokale Gegebenheiten, Strukturen, Brennpunkte und Ressourcen und andererseits von der Nutzung des vorhandenen Wissens. Die Stellung, die eine Sozialarbeiterin in diesem Gefüge einnimmt, ist dadurch jene einer Generalistin und Vermittlerin (vgl. Ebenda).

In diese Position zu kommen ist ein hoher Anspruch in einem System, in dem institutionelle sozialarbeiterische Hilfsangebote hochgradig spezialisiert sind und sich Finanzierungslogiken großteils nach Fallzahlen und Zielgruppen richten. Darin sind eine Orientierung am sozialen Raum und die Möglichkeiten, sich Wissen darüber anzueignen, an sich nicht vorgesehen. Dass aber dennoch ein Bedarf an einer solchen Orientierung besteht, zeigen die Bereiche, in denen sozialraumorientierte Beratung mit FachkollegInnen stattgefunden hat.

2.2.2   Ebenen der Sozialraumorientierung in der Beratung

Im Bezug auf die Sozialarbeit spielt sich Sozialraumorientierung auf drei Ebenen ab (Pantucek 2004:o.P.):

- Eine fallspezifische Ebene bezeichnet die Einzelfallarbeit mit den KlientInnen und die Aufbauarbeit in Bezug auf deren persönliche soziale Netzwerke.

- Auf einer fallübergreifenden Ebene geht es um die Kenntnis, Etablierung und Nutzung ebendieser Netze. Gemeint sind dabei einrichtungsübergreifende Kooperationen, Kenntnis der im Sozialraum vorhandenen Ressourcen und deren Bündelung (vgl. Klawe 2005:31).

- Eine fallunspezifische Herangehensweise beinhaltet Wissen und Aufbauarbeit, die das Sozialkapital (vgl. Pantucek 2006:o.P.) eines Gemeinwesens und dessen Strukturen der Kooperation und Koordination im Hinblick auf die Versorgung mit „sozialem Hilfeangebot“ allgemein betreffen. Soziales Kapital bedeutet dabei die Ressourcen, die mit mehr oder weniger institutionalisierten wechselseitigen Austauschbeziehungen verbunden sind (vgl. Bourdieu 1997:63). Dahinter stehen die Ziele der laufenden Verbesserung von Abläufen und Angebotsstruktur sowie deren flexible Anpassung an den wechselnden Bedarf.

Auf einer fallunspezifischen Ebene nimmt Sozialarbeit eine VermittlerInnenposition ein. Das ist jene Stellung, die sie dazu befähigt und legitimiert, „Empfehlungen" zu geben oder Expertise anzubieten, wenn es um Fragen der Sozialplanung geht. Nicht jede Gemeinde hat SozialarbeiterInnen in ihren Gemeinderatsreihen und nicht jede soziale Organisation in einem Gemeinwesen stellt eine Sozialarbeiterin in den verschiedensten Gemeinderatsgremien.

Es ist also letztlich eine Vorstellung von Sozialarbeit als „Generaldisziplin", die mit Wissen um die örtlichen Gegebenheiten der KlientInnen und des Arbeitsumfeldes ausgestattet ist und Gelegenheit hat, dieses Wissen auch anzuwenden. Das Bild vom GeneralistInnentum soll und kann nicht heißen, dass Spezialisierungen bedeutungslos werden, aber es stellt sich heraus, dass es den Wunsch nach über die spezialisierte Einzelfallarbeit hinausgehenden Strukturen gibt, in denen die Sozialarbeit agieren und ihr Wissen einbringen kann.

Die Antwort auf die Frage, wie Sozialarbeit in diese Position gelangt, und welche Möglichkeiten es gibt auf fallunspezifische Gesichtspunkte einzuwirken. Diese Annahme wird durch die Ergebnisse einer Beratung in Gestalt einer Gruppenarbeit mit 25 SozialarbeiterInnen aus den verschiedensten Handlungsfeldern gestützt. Eine überregionale Koordinationsstelle, Vernetzung mit Schlüsselpersonen vor Ort (Feuerwehr, Vereine, Gemeindepolitik usw.) sowie eine Drehscheibe sind einige der genannten Einfälle auf die Frage „Was brauchen wir, um die Kategorie „Raum" stärker zu berücksichtigen?".

Ausgehend von dieser Auflistung lassen sich – betrachtet man die durchgeführten Beratungen – mehrere Ebenen oder Anliegen einer sozialraumorientierten Sozialarbeit formulieren:

Das in Beratungen formulierte Anstreben einer ExpertInnenposition der Sozialarbeit im sozialen Raum, die über den Einzelfall und die Zielgruppe hinausgeht, kann als fallunspezifische Ebene einer sozialraumorientierten Herangehensweise bezeichnet werden. Es besteht der Wunsch nach Integration einer fallunspezifischen Arbeit in die bestehende Arbeit von SozialarbeiterInnen.

a. Als Beispiel aus der Beratungstätigkeit ist die Zusammenarbeit mit einem sozialarbeiterischen Vernetzungsteam zu nennen. Das Anliegen der Gruppe, in der verschiedenste Handlungsfelder vertreten waren, bestand darin, den wahrgenommenen Bedarf für den Bezirk zu formulieren und gegenüber politischen EntscheidungsträgerInnen darzustellen und zu argumentieren. Das Projekt unterstützte dieses Gremium bei der Strukturfindung und Gewichtung der unterschiedlichen Themen. Des Weiteren wurde eine Diskussion begleitet, in der es um die Frage ging, mit welchen Daten argumentiert werden könne.

Inhalt dieser und weiterer – ähnlich strukturierter – Beratungen war, an Strategien und Strukturen zu arbeiten, die es den betreffenden SozialarbeiterInnen ermöglichen sollten, ihre Wahrnehmungen zu artikulieren – und zwar an Stellen, die unmittelbar Einfluss auf die Gestaltung der „sozialen Angebots- und Institutionenlandschaft" nehmen können.

b. Einen weiteren – allerdings weniger häufig eingeforderten – Beratungsinhalt stellte eine sozialraumorientierte Herangehensweise im fallübergreifenden Handeln dar. In den durchgeführten Beratungen spielten Fragen der Außendarstellung von Sozialarbeit an der Schnittstelle zwischen Kommunalpolitik und Einzelfall eine Rolle. Eine Sozialarbeiterin artikulierte die Wahrnehmung, dass es gehäuft zur Beantragung von Sachwalterschaft bei jungen Erwachsenen nach Heimaufenthalten gäbe. Ihr Schluss aus der Situation war, dass dies durch einen Mangel an begleitenden Maßnahmen für solche Jugendliche zu begründen wäre. In der Beratung wurden bestehende Möglichkeiten diesen Bedarf an entscheidender Stelle zu artikulieren besprochen. Es wurde dafür der im Bezirk bestehende Sozialbeirat identifiziert, an dem VertreterInnen der Gemeinden und der sozialen Einrichtungen teilnehmen. Das Angebot bestand darin, die beratene Sozialarbeiterin bei einer Präsentation im Sozialbeirat mit recherchierten Modellen und Inhalten aus der Sozialraumorientierung zu unterstützen. (Dieses Angebot wurde jedoch nicht in Anspruch genommen.)

c. Die Perspektive einer fallspezifischen sozialraumorientierten Arbeit wurde in den im Rahmen des Projektes durchgeführten Beratungen nicht als präsentiertes Thema angetroffen. Dennoch ist der Versuch der themenbezogenen Kooperation zwischen sozialen Einrichtungen vor Ort und der Gemeindepolitik in Form von Projekten bzw. bei der Planung und Umsetzung gemeinsamer Vorhaben als dritter Punkt zu erwähnen.

In einer Beratung begegnete uns eine bereits bestehende Gruppe von GemeindepolitikerInnen, SozialarbeiterInnen und interessierten BürgerInnen, die schon einige Jahre im Jugendbereich in einer Gemeinde im Hinblick auf verschiedene Projekte und Veranstaltungen zusammen arbeiteten. Deren Anliegen war es, sozialraumorientierte Umsetzungsmodelle kennen zu lernen, die für ihre Ansprüche geeignet sind. Uneinigkeit herrschte vor allem darüber, wofür das vorhandene Budget ausgegeben werden sollte. Diese Situation zeichnete sich dadurch aus, dass bereits viel Vorarbeit geleistet worden war und es vor allem darum ging, Vorhandenes zu strukturieren.

Jede der durchgeführten Beratungen folgte einer eigenen Logik und Dynamik. Die inhaltliche Ausrichtung des Projektes ermöglichte eben jenes Eingehen auf die situationsbezogenen Besonderheiten. Die vorgenommene Einteilung in „fallunspezifisch, fallübergreifend und themenbezogen" demonstriert die Ebenen, auf denen Beratung stattfand.

3 Zusammenfassung

Die Durchführung von Beratungen bewegte sich jeweils in zwei Richtungen: Zum einen handelten die Beratenden gegenüber GemeindevertreterInnen selbst als SozialarbeiterInnen. Das Ziel dahinter war, sozialraumorientierte Grundprinzipien unmittelbar im Gemeinwesen zu verankern. Zum anderen ging es in der Zusammenarbeit mit SozialarbeiterInnen unterschiedlicher Handlungsfelder zumeist um die Artikulation sozialarbeiterischen ExpertInnenwissens im Sozialraum und in den darin herrschenden politischen und sozialen Strukturen. Das Verständnis von Sozialraum und Sozialraumorientierung kristallisierte sich – wie schon deutlich wurde – im hier dargestellten Projekt als ein politisches heraus, das am Gefüge der verschiedenen Interessen im Sozialraum ansetzt und versucht, die vorhandenen Schnittstellen zwischen Sozialarbeit und Sozialraum dort nutzbar zu machen, wo die jeweiligen AkteurInnen einen Bedarf erkennen.

Sozialraumorientierung hat viele Aspekte – einer davon wurde in der Projektarbeit verwirklicht. Dem Projektteam kam dabei die Aufgabe zu, Impulse zu setzen und Anregungen zu geben, die individuell auf die spezifischen Bedürfnisse zugeschnitten waren. Ziel dahinter war, die Beratenen durch Einbringen einer Außensicht dabei zu unterstützen, nach Lösungen vor Ort zu suchen und vorhandene Ressourcen zu stärken bzw. zu nutzen.

Im Angebot sozialraumorientierter Kurzberatung für Gemeinden und SozialarbeiterInnen im ländlichen Raum – durch Moderation, Vermittlung, Recherche, Informationsweitergabe etc. – liegt die Herausforderung, mit gezielter Aufklärungs- und Informationsarbeit den Boden für eine sinnvolle Zusammenarbeit im Gemeinwesen mit zu bereiten. Dafür ist es wichtig, möglichst viele AkteurInnen (BürgerInnen, GemeindevertreterInnen, SozialarbeiterInnen, …) vor Ort als KoalitionärInnen für die Arbeit an einer gemeinsamen Sache zu gewinnen und vor allem die zentralen VerantwortungsträgerInnen einzubeziehen. Denn letztlich braucht es deren Einverständnis und deren Ideen, um Vorhaben auch umzusetzen. Eine Kurzberatung stellt kein Allheilmittel dar und ist keine Universalantwort auf alle anstehenden Schwierigkeiten und Probleme, die auf einer lokalen Ebene auftauchen können. Aber im Projekt wurde versucht, damit eine Methodik zu verwirklichen, die in der Lage ist, spontan, individuell und unbürokratisch dort auf Bedarf zu reagieren, wo es den AkteurInnen oft nur an einem Input, einer Information oder einer Strukturierungshilfe mangelt. Grundvoraussetzung dafür ist, dass die Bereitschaft zur Aktion und zur Übernahme von Verantwortung von Anfang an gegeben ist und bei den betroffenen Personen verbleibt.

Die Projekttätigkeit ist als Erprobung eines Beratungsansatzes zu sehen, der Grundprinzipien der Sozialraumorientierung mit sozialarbeiterischer Kompetenz vereint und versucht, dadurch entstehende Inhalte dosiert an interessierte KooperationspartnerInnen weiterzugeben. Den Beratenen wurde zum einen aufbereitetes Material zur Verfügung gestellt, zum anderen wurden sie kurzzeitig bei der Anwendung und Umsetzung desselben und der Weiterentwicklung ihrer Ideen und Lösungsansätze begleitet. Durch die Kurzintervention wurde Initialzündung für bestehende oder geplante Initiativen, die kooperative, nahraumorientierte Lösungen anstrebten, gefördert. Bedürfnis- und Ressourcenorientierung, Beteiligung und das Aufgreifen vorhandener Potentiale waren dabei wichtige Grundgedanken.

Die Frage lautete: Wie arbeiten SozialarbeiterInnen und Gemeinden zusammen, wenn der Kompetenzbereich beider berührt wird? Der sozialraumorientierten Kurzintervention ging es im dargestellten Projekt darum, in diesem Gefüge Impulse zu setzen oder Vermittlerin zu sein, wenn verschiedene Interessen und Logiken an einen Tisch gebracht werden, um nach adäquaten Lösungen vor Ort zu suchen.

„Die Kirche im Dorf lassen" heißt in diesem Sinne, die Menschen vor Ort als die eigentlichen ExpertInnen wahrzunehmen und unterstützend mitzuwirken, wenn kooperative Projekte und Initiativen geplant oder umgesetzt werden sollen.

Literatur

Böhnisch, Lothar/Funk, Heide (1991): Grundprobleme sozialer Hilfe im ländlichen Raum. In: Böhnisch, Lothar/Funk, Heide/Huber, Josef/Sein, Gebhart (Hg.): Ländliche Lebenswelten. Fallstudien zur Landjugend, Weinheim und München, S29-39.

Bourdieu, Pierre (1997): Die verborgenen Mechanismen der Macht. Schriften zu Politik und Kultur Bd. 1, Hamburg.

Budde, Wolfgang/Früchtel, Frank/Loferer, Andrea (2004): Ressourcencheck. Ein strukturiertes Gespräch über Stärken und was daraus zu machen ist. In: Sozialmagazin, 29.Jg., (Nr. 6), S14-22.

Hinte, Wolfgang (1994): Intermediäre Instanzen in der Gemeinwesenarbeit. Die mit den Wölfen tanzen. In: http://stadtteilarbeit.de/seiten/Internetprogramm/gwa/aufsaetze/ hinte_intermediaere_instanzen.htm, 20.09.2006.

Klawe, Willy (2005): Subjektorientierte Netzwerkarbeit zwischen Fallbezug und Sozialraum. In: Sozialmagazin, 30.Jg., (Nr. 6), S24-32.

Löw, Martina (2001): Raumsoziologie, Frankfurt am Main.

Pantucek, Peter (2004): Sozialräumliches Arbeiten in der Stadt und am Land. Referat auf der Fachtagung „Sozialräumliches Arbeiten in der Provinzverwaltung" Bozen am 29.09.2004. In: http://pantucek.com/texte/sozialraumbozen.html, 20.09.2006.

Pantucek, Peter (2006): Das Ende der Psychowelle. Aktuelle Entwicklungen sozialarbeiterischer Methodik, Referat auf der Jahrestagung Beratung und Diagnostik für Kinder und Jugendliche (vormals Mobile Beratungsdienste) am 18. Mai 2006, Wagrain. In: http://www.pantucek.com/texte/2006_mobile/referat_mobile.html, 10.11.2006.

Weitere Quellen

Diverse ExpertInneninterviews, geführt im Rahmen der EntwicklungspartnerInnenschaft „Donau - Quality in Inclusion". Inhaltliche Koordination, Fachhochschule St.Pölten, Studiengang Soziale Arbeit, 2005 – 2007.

AutorInnenprofile:

Manuela Brandstetter
Projektleiterin des Moduls „Sozialräumliches Arbeiten in ländlichen Gemeinden Niederösterreichs". Sozialarbeiterin und Soziologin. Dozentin am Studiengang Soziale Arbeit – Fachhochschule St.Pölten.

Dr. Werner Freigang
Studium und Promotion in Tübingen, anschließend mehrjährige Tätigkeit in der Kinder- und Jugendhilfe, seit 1993 Professor für Pädagogik, Sozialpädagogik und Hilfen zur Erziehung an der Hochschule Neubrandenburg.

DI Dr. Martin Geser
Lehrbeauftragter an den Fachhochschulen Vorarlberg und Joanneum/Graz sowie freiberufliche Tätigkeit in der Gestaltung und Umsetzung von Projekten.
Kontakt: martin.geser@aon.at

Peter Hämmerle
Amt der Vorarlberger Landesregierung, Abteilung Gesellschaft und Soziales, Fachbereich Senioren, Pflegesicherung und Sozialhilfe.
Kontakt: peter.haemmerle@vorarlberg.at

Prof. Dr. Wolfgang Hinte
Praxis in Gemeinwesenarbeit und Therapie, seit 1980 Hochschullehrer für Sozialpädagogik am Institut für Stadtteilbezogene Soziale Arbeit und Beratung (IS-SAB) der Universität Duisburg-Essen. Arbeitsschwerpunkte: Sozialraumorientierung in der Jugendhilfe, regionale Finanzierungsformen, Quartiermanagement, Organisationsentwicklung.

Mag.(FH) Ralf Eric Kluschatzka
Sozialarbeiter, Schwerpunkte während des Studiums: Gemeinwesenarbeit und Sozialraumorientierung, Umsetzung in der Praxis der Mobilen Jugendarbeit bis Mitte 2007.
Kontakt: ralf.eric.kluschatzka@gmx.at

DSA Mag.ᵃ Gertraud Pantuček
Professorin an der FH St. Pölten, Studiengang Soziale Arbeit, Sozialarbeiterin, Sozialanthropologin, Supervisorin. Langjährige Erfahrung in der Praxis von Sozialarbeit und als Supervisorin. Arbeitsschwerpunkte: Organisation Sozialer Arbeit, Familien- und Jugendarbeit, Diversität und Gender, Ethnizität, Qualitätsbewertung in der Sozialen Arbeit.

Dr. phil. Peter Pantuček
Sozialarbeiter, Soziologe und Supervisor; leitet den Bachelor-Studiengang Soziale Arbeit sowie das Ilse Arlt Institut für Soziale Inklusionsforschung an der FH St. Pölten. Publikationen zu Sozialarbeitsmethodik und Sozialarbeitstheorie. Kontakt: www.pantucek.com

DSA Katrin Pollinger
Sozialarbeiterin, Supervisorin, Lektorin an der FH St. Pölten Sozialarbeit, freie Journalistin; Sozialarbeit mit langzeitarbeitslosen Menschen, Schwerpunkt Frauen; Projekte mit Studierenden an der FH St. Pölten: Frauen an der EU-Erweiterungsgrenze; regionales Diversitymanagement; (Soziale) Sicherheit im ländlichen Raum; sozialräumlichorientiertes Jugendpartizipationsprojekt im ländlichen Raum.

Sandra Rostock
Diplom-Sozialpädagogin, Masterstudium Sozialmanagement an der Universität Bonn. Jugendhilfeplanerin im Jugendamt Kamp-Lintfort (seit 2007) und Lehrbeauftragte an der Fakultät für Angewandte Sozialwissenschaften der Fachhochschule Köln. Von 2000 bis 2007 wissenschaftliche Mitarbeiterin im Forschungsschwerpunkt Sozial-Raum-Management an der Fachhochschule Köln.

Prof. (FH) Dr. Tom Schmid
Doktor der Politikwissenschaft mit Zusatzausbildung Sozialmanagement. Leiter der Sozialökonomischen Forschungsstelle und Professor für Sozialpolitik an der FH St. Pölten, Studiengang Sozialarbeit. Zusätzlich Lehraufträge an der FH IMC Krems, an der Donauuniversität Krems und an der Alpe-Adria-Universität Klagenfurt/Celovec. Zahlreiche wissenschaftliche Publikationen. Kontakt: tom.schmid@sfs-research.at

Mag.ᵃ (FH) Ursula Stattler
Absolventin der Fachhochschule St. Pölten, Diplomstudiengang Sozialarbeit
(2005). Mitarbeiterin beim EQUAL Projekt Donau - Quality in Inclusion, Modul: Sozialräumliches Arbeiten (2005-2007). Ko-Leiterin zweier Projektstudien mit Schwerpunkt Sozialraumorientierung im ländlichen Raum: „Soziale Sicherheit in Loosdorf" (2006-2007) und „Youth Wanted - Jugend gefragt" (seit 2007).

Mag.ᵃ (FH) Sigrid Wieland
Assistentin des Departments Soziales & Gesundheit / FH-Kollegiums sowie FH-Lektorin an der Fachhochschule St. Pölten. Schwerpunkt während des Studiums: Bio-psychosoziale (Betriebliche) Gesundheitsförderung.
Kontakt: sigrid_wieland@yahoo.de

Sabine Wolf
Diplomierte Sozialarbeiterin; ist seit 2000 Geschäftsführerin / Fachliche Leitung des Vereins Jugendinitiative Triestingtal, niederschwellige Jugendberatung, Schulsozialarbeit, Aufbau Mobiler Jugendarbeit im Triestingtal und den angrenzenden Gemeinden, freie Mitarbeiterin der Fachstelle für Suchtvorbeugung.